本书为河南省“中原历史文化”特色学科群研究成果

本书出版得到郑州大学

历史文化遗产保护研究中心

考古学一级学科博士点学科建设项目

资助

"中原历史文化"研究丛书

郑州大师姑城址研究

李　锋　著

科　学　出　版　社
北　京

内 容 简 介

本书在郑州大师姑城址2002～2003年考古发掘资料的基础上，分析了城址中二里冈文化早期壕沟与二里头文化晚期城墙的共时关系，提出了郑州大师姑城址既是一座二里头文化晚期城址，又是一座二里冈文化早期城址的新论点。根据后者取代前者的考古实际，结合二里冈早期文化源与流的追溯，论证了郑州大师姑二里冈文化早期城址为商汤灭夏前所建韦亳的新观点，从地域和文化面貌上树立起了晚夏文化与先商或早商文化分界的有效界标。据此探讨了夏商分界于偃师二里头文化二期与三期、商汤灭夏前后曾分别居南亳与北亳、偃师二里头文化遗址三期西亳说、偃师商城太甲桐宫说及郑州商城隞都说等学术观点的合理性。

本书适合从事考古学研究的学者、大专院校相关专业的师生参考、阅读。

图书在版编目（CIP）数据

郑州大师姑城址研究 / 李锋著. —北京：科学出版社，2018. 8
（“中原历史文化”研究丛书）
ISBN 978-7-03-058496-0

Ⅰ. ①郑…　Ⅱ. ①李…　Ⅲ. ①二里头文化-文化遗址-研究-郑州　Ⅳ. ①K878.04

中国版本图书馆CIP数据核字（2018）第181684号

责任编辑：张亚娜　胡文俊 / 责任校对：邹慧卿
责任印制：肖　兴 / 封面设计：张　放

科学出版社 出版
北京东黄城根北街16号
邮政编码：100717
http://www.sciencep.com

中国科学院印刷厂 印刷
科学出版社发行　各地新华书店经销
*
2018年8月第　一　版　　开本：787×1092　1/16
2018年8月第一次印刷　　印张：9 3/4
字数：214 000
定价：98.00元
（如有印装质量问题，我社负责调换）

目　录

1 引　　言

1.1 研究的目的和意义

夏商分界于二里冈下层文化与二里头文化四期之间或二里头文化一至四期是现今学术界的主流认识。然而，考古学文化因素分析法的相对性和现存都城界标法的局限性，致使晚夏与早商文化的标准难以统一，最终造成夏商分界和商汤亳都问题迄今未能尘埃落定。这不仅严重制约着夏商考古学的深入研究，同时也影响着以此为基础的“中华文明探源工程”的深入开展。

2002年，郑州市西北郊大师姑村发现了一座二里头文化晚期城址，分析其发掘资料后发现，该城还是一座二里冈文化早期城址。尤为引起我们关注的是，二里冈文化早期城址是在打破二里头文化晚期城址的基础上重新形成的城址。由于该城正好处在二里冈文化由东向西取代二里头文化的要道上，加之后者取代前者的相对年代又在公元前1600年前后，与传统商代夏的纪年基本吻合。因此，我们认为二里冈文化早期城址取代二里头文化晚期城址的考古实际，不仅是二里冈文化与二里头文化之间发生质变的真实反映，更有可能就是商文化替代夏文化的真实反映。因此，选择郑州大师姑城址作为楔入点，不仅对研究夏商分界问题具有重要意义和学术价值，而且对商汤亳都的研究也具有重要的学术意义和价值。

1.2 问题的提出与选题的背景

1.2.1 问题的提出

夏商分界和商汤亳都问题在学术界久讼未决，究其原因是没有找到关于夏商分界的有效界标。尽管学术界目前存有“二里头遗址三期宫殿界标说”“偃师商城界标说”“郑州商城界标说”等多种观点，但这些界标因皆有局限性而不能得到学术界公认。因此，确立有效的夏商分界界标就成为解决夏商分界和汤亳问题的关键。

1.2.2 选题的背景

大师姑城址是二里头遗址之外发现的一座重要的二里头文化晚期城址，因其位于二里头遗址的东部，又是夏代晚期的军事重镇或是夏代方国韦或昆吾的都城，必然成为商汤由东向西灭夏过程中必须占领的军事要地。分析其发掘资料后，不仅发现了城内存有二里冈文化早期遗存取代二里头文化晚期遗存的考古实际，更重要的是发现了二里冈文化早期城壕与二里头文化晚期城墙有机结合后，又形成一座二里冈文化早期城址的考古实际。这使我们认识到这座城址蕴含着重要的有关商代夏方面的学术价值，即这座城址的考古实际有可能显示的是商代夏的历史实际。这一发现如果所据考古资料不误，则其结论不仅对夏商分界问题研究有重要价值，而且对商汤亳都问题的研究也有重要学术价值。

1.3 夏商分界及汤亳问题研究现状与困境

1.3.1 夏商分界及汤亳问题研究现状

夏商分界与汤亳问题是一双孪生的学术难题，对这一难题的研究大致经历了四个阶段。

第一，肇始阶段。时间约在20世纪50年代末期。其学术基础主要有四个方面：一是安阳殷墟文化因有自报家门的甲骨文实证而被公认为商代晚期文化。二是郑州发现的二里冈文化和商代城址，因早于殷墟文化[①]，而基本被公认为商代中期文化和仲丁隞都[②]。三是郑州发现的洛达庙文化早于二里冈文化，大多学者将其与商代早期文化相联系[③]；另有学者则将其与夏代文化相联系[④]。四是不少学者认为龙山文化是夏文化[⑤]。在此学术背景下，徐旭生研究员于1959年率“夏墟”调查团前往豫西调查夏文化，在偃师二里头遗址发现“大约属于商代早期”的遗物，并将其与文献所载商汤西亳相联系，指出“如果乡人所说不虚，那在当时实为一大都会，为商汤都城的可能性很不小”[⑥]。从此，拉开了夏与早商文化研究的序幕。

第二，二里头文化期内夏商分界说的初步形成阶段。时间约在20世纪70年代中期以前。随着二里头遗址的考古发掘，“二里头遗址商汤西亳说”（下称旧西亳说）基本成为当时学术界的不二之论[⑦]。发掘者根据二里头文化一期与二期在文化因素方面上的差别，

① 邹衡．试论郑州新发现的殷商文化遗址［G］//邹衡．夏商周考古学论文集［M］．北京：文物出版社，1980：3～29；安金槐．郑州市殷商遗址地层关系介绍［J］．文物参考资料，1954，（12）；安金槐．安金槐考古文集［M］．郑州：中州古籍出版社，1999：136～144.

② 安金槐．试论郑州商代城址——隞都［J］．文物，1961，（4～5）；安金槐．安金槐考古文集［M］．郑州：中州古籍出版社，1999：142～152.

③ 河南省文化局文物工作队第一队．郑州洛达庙商代遗址试掘简报［J］．文物参考资料，1957，（10）.

④ 李学勤．近年考古发现与中国古代社会［J］．新建设，1958，（8）.

⑤ 中国社会科学院考古研究所．中国考古学·夏商卷［M］．北京：中国社会科学出版社，2003：25.

⑥ 徐旭生．1959年夏豫西调查“夏墟”的初步报告［J］．考古，1959，（11）；杜金鹏，许宏．偃师二里头遗址研究［M］．北京：科学出版社，2005：579～590.

⑦ 中国科学院考古研究所洛阳发掘队．1959年河南偃师二里头试掘简报［J］．考古，1961，（2）；杜金鹏，许宏．偃师二里头遗址研究［M］．北京：科学出版社，2005：591～594；中国科学院考古研究所洛阳发掘队．河南偃师二里头遗址发掘简报［J］．考古，1965，（5）；杜金鹏，许宏．偃师二里头遗址研究［M］．北京：科学出版社，2005：595～604；中国科学院考古研究所二里头工作队．河南偃师二里头早商宫殿遗址发掘简报［J］．考古，1974，（4）；杜金鹏，许宏．偃师二里头遗址研究［M］．北京：科学出版社，2005：605～619.

将夏商分界确定在二里头文化早期与中期之间（后称一、二期。——笔者）[①]。由于发现了属于三期的宫殿遗址，从而使夏商分界于二期与三期的学术观点逐步确立[②]。

一、二期分界说的主要依据是纹饰与器形。一期以篮纹为主，并有方格纹和细绳纹；器形多平底。二期以细绳纹为主，有少量篮纹和大方格纹，出现了云雷纹和回纹等商代常见纹饰；器物形制与前期之别是平底器减少，圜底器增多[③]。

二、三期分界说的依据是，在二里头遗址的第三次发掘中发现了宫殿基址（后称1号宫殿），从地层关系和出土器物的特征判断其年代属于二里头三期，并将其推定为商汤西亳之载体；且该期^{14}C所测年代的上限又在公元前1600年左右，与商代夏于公元前1600年左右的通行说法比较吻合[④]；加之当时的三、四期遗存与一、二期遗存之间存有较大差别，即三期遗存“不仅包含了一、二期中常见的那组陶器，还出现了以鬲、斝、卷沿圜底盆、大口尊等一组新的陶器”，故将分界厘定在二、三期之间[⑤]。这一观点在学术界影响深远。

可以看出，本段两种分界说的分歧主要集中在两个方面：一是对文化因素差异所导致文化性质不同的认识问题；二是对传统商代夏的年代存在不同认识。一、二期分界说认为二里头文化一至四期联系密切，无本质区别。之所以将一期确定为夏文化，是因为“一期不仅从文化遗存的分布范围、内涵看，远不如二、三期，根本不具王都条件。从^{14}C的年代看，其年代也超出了商代年代的任何一种说法的范围，因而它不属早商，而属夏代，即为夏文化”[⑥]。而二、三期分界说则认为，二里头文化一至四期的文化特征，“一方面反映出四期文化是一脉相承的，二里头文化经历了一个持续发展的不同阶段；另一方面又反映出二、三期文化之间存在着较多的差异，其间似乎是包涵较大的变革原因”[⑦]。因其信

---

① 中国科学院考古研究所洛阳发掘队. 河南偃师二里头发掘简报［J］. 考古，1965，（5）；杜金鹏，许宏. 偃师二里头遗址研究［M］. 北京：科学出版社，2005：595～604.

② 中国科学院考古研究所二里头工作队. 河南偃师二里头早商宫殿遗址发掘简报［J］. 考古，1974，（4）；杜金鹏，许宏. 偃师二里头遗址研究［M］. 北京：科学出版社，2005：605～619.

③ 中国科学院考古研究所洛阳发掘队. 1959年河南偃师二里头试掘简报［J］. 考古，1961，（2）；杜金鹏，许宏. 偃师二里头遗址研究［M］. 北京：科学出版社，2005：591～594；中国科学院考古研究所洛阳发掘队. 河南偃师二里头发掘简报［J］. 考古，1965，（5）；杜金鹏，许宏. 偃师二里头遗址研究［M］. 北京：科学出版社，2005：595～604.

④ 中国科学院考古研究所二里头工作队. 河南偃师二里头早商宫殿遗址发掘简报［J］. 考古，1974，（4）；杜金鹏，许宏. 偃师二里头遗址研究［M］. 北京：科学出版社，2005：605～619.

⑤ 殷玮璋. 二里头文化探讨［J］. 考古，1978，（1）；杜金鹏，许宏. 偃师二里头遗址研究［M］. 北京：科学出版社，2005：9～13.

⑥ 郑光. 试论二里头商代早期文化［G］//中国考古学会编. 中国考古学会第四次年会论文集（1983年）［M］. 北京：文物出版社，1985：18～24.

⑦ 赵芝荃. 二里头考古队探索夏文化的回顾与展望——在“登封告成遗址发掘现场会”上的发言［J］. 河南文博通讯，1978，（3）；杜金鹏，许宏. 偃师二里头遗址研究［M］. 北京：科学出版社，2005：14～18.

从商代夏于公元前1600年左右的通行说法，且^{14}C所测三期年代的上限又在公元前1600年左右，故力主二、三期分界说。显然，考古类型学本身的相对性难以区分上述观点的是非曲直。值得注意的是，双方都把宫殿建筑基址视为夏商分界的界标，这对以后的夏商分界问题研究影响深远。

第三，二里头文化与二里冈文化分界说的产生、形成与一、二期分界说的巩固阶段。时间在1975～1983年。1975年，《从偃师二里头文化遗址看中国古代国家的形成与发展》一文首将二里头文化厘定为夏文化，并将其与夏代都城斟鄩相联系，从而奏响了二里头文化是夏文化研究的序曲①。1977年，在登封告成遗址发掘现场会上，有学者明确提出郑州商城是商汤亳都、二里头文化是夏文化的新观点②，并在其后的文章中对该观点进行了系统、缜密的论述，使二里头文化为夏文化、郑州二里冈文化为商代早期文化、郑州商城为商汤亳都、夏商分界在二里头文化晚期第四段与商文化第二期——早商期第二段第Ⅲ组（相当于二里冈下层二期——笔者）的观点逐渐成为学术界的又一强音③（下称“郑亳说”）。自此，引发了“郑亳说”与“旧西亳说”两大不同学术体系的激烈对峙。在“郑亳说”基础上，另有学者对二里头文化进行了深入研究，认为二里头文化三期与四期之间差别明显，“四期遗存较之三期遗存，陶鬲、卷沿圜底盆的数量大大增加，篮的数量和型式都明显增多；前三期典型的器形三足盘在四期消失，口沿饰扭花绳纹的陶罐也很少在四期中发现，三期常见的三角形足罐形鼎在四期变成了浅盆形鼎；纹饰在此期出现了夔龙纹等三期不见的新纹饰，器壁内侧施麻点纹的做法更加盛行。陶器的型式，已同二里冈期的同类陶器十分相似，圜底、卷沿、袋足等二里冈期的特征正在逐步代替前三期折沿平底的特征，二里冈期商文化的许多特点都已表现在二里头四期文化中，成为二里头四期的主要文化作风。这种文化面貌的相似，反映了二者文化性质的一致”④。二里头文化三期与四期分界说初露端倪。

另外，随着二里头遗址发掘资料的不断出土，尤其是在2号宫殿遗址的下面发现有较大面积的二期夯土基址⑤，使二里头文化一、二期分界说找到了有力的载体。持此观点的

---

① 李民，文兵．从偃师二里头文化遗址看中国古代国家的形成与发展［J］．郑州大学学报（哲学社会科学版），1975，（4）；杜金鹏，许宏．偃师二里头遗址研究［M］．北京：科学出版社，2005：3～8.

② 邹衡．关于探索夏文化的途径——1977年11月在“河南登封告成遗址发掘现场会”上的发言摘要［G］//邹衡．夏商周考古学论文集（续集）［M］．北京：科学出版社，1998：11～13.

③ 邹衡．郑州商城即汤都亳说（摘要）［J］．文物，1978，（2）邹衡．夏商周考古学论文集（续集）［M］．北京：科学出版社，1998：97～100；邹衡．试论夏文化［G］//邹衡．夏商周考古学论文集．北京：文物出版社，1980：95～182.

④ 孙华．关于二里头文化［J］．考古，1980，（6）；杜金鹏，许宏．偃师二里头遗址研究［M］．北京：科学出版社，2005：103～108.

⑤ 中国科学院考古研究所二里头队．河南偃师二里头二号宫殿遗址［J］．考古，1983，（3）；杜金鹏，许宏．偃师二里头遗址研究［M］．北京：科学出版社，2005：645～657.

学者进一步研究认为，“从二、三期的文化内涵、特点，特别是陶器的品类、形制特征看，两期是一脉相承、紧密相连的，是一个文化的不同阶段”，且^{14}C所测二期年代上限与传统的商代夏年代（即公元前1751年或公元前1766年）基本一致。故力主一、二期分界说[①]。

第四，百家争鸣阶段。时间在1983年以后。1983年，又一座商代早期城址在偃师尸乡沟发现，勘探与发掘资料显示其始建年代不晚于二里冈文化下层，尤其是偃师商城所处之地与文献所记汤亳地望更加吻合，从而又催生了“偃师商城商汤西亳说”的形成（下称“新西亳说”），并得到了多数“旧西亳说”者的支持。该说不仅把其前的二里头文化确定为夏文化、把二里头遗址确定为夏都斟鄩，还把偃师商城立为夏商分界的界标[②]。尽管“新西亳说”主张的二里头文化为夏文化的观点与“郑亳说”基本一致，但其所主张的“偃师商城西亳说”和“偃师商城夏商分界界标说”却不为“郑亳说”者所认同，后者力主的偃师商城桐宫或陪都说成为与“新西亳说”对峙的大旗[③]。此后，夏商分界与界标问题就成了学术界百家争鸣的焦点。

随着考古资料的不断积累和研究的继续深入，原主二里头文化二期与三期分界说的学者大多转向支持二里头文化三期与四期分界说[④]。同时，二里头文化晚期和二里冈文化下层[⑤]、二里头文化四期与二里冈文化下层一期[⑥]、二里头文化四期偏早时期与偏晚时

---

① 郑光. 试论二里头商代早期文化［G］//中国考古学会编. 中国考古学会第四次年会论文集（1983年）［M］. 北京：文物出版社，1985：18～24；郑光. 二里头陶器文化论略（代前言）［G］. 中国社会科学院考古研究所编. 二里头陶器集粹［M］. 北京：中国社会科学出版社，1995：1～27.

② 中国社会科学院考古研究所. 中国考古学·夏商卷［M］. 北京：中国社会科学出版社，2003：39～45.

③ 邹衡. 偃师商城即太甲桐宫说（摘要）［J］. 北京大学学报（哲学社会科学版），1984，（4）；邹衡. 夏商周考古学论文集（续集）［M］. 北京：科学出版社，1998：120～122；邹衡. 西亳与桐宫考辨［G］//北京大学考古系编. 纪念北京大学考古专业三十周年论文集［M］. 北京：文物出版社，1990：108～149；邹衡. 夏商周考古学论文集（续集）［M］. 北京：科学出版社，1998：123～158.

④ 中国社会科学院考古研究所. 中国考古学·夏商卷［M］. 北京：中国社会科学出版社，2003：27.

⑤ 刘绪. 从墓葬陶器分析二里头文化的性质及其与二里冈期商文化的关系［J］. 文物，1986，（6）；杜金鹏，许宏. 偃师二里头遗址研究［M］. 北京：科学出版社，2005：167～174.

⑥ 高煦. 略论二里冈期商文化的分期和商城年代——兼论其与二里头文化的关系［J］. 中原文物，1985，（2）；李伯谦. 先商文化探索［G］//《庆祝苏秉琦考古五十五年论文集》编辑组编. 庆祝苏秉琦考古五十五年论文集［M］. 北京：文物出版社，1989：280～292.

期[①]等分界观点竞相纷呈。“偃师商城界标说”[②]、“郑州商城界标说”[③]相互争鸣，促成了空前繁荣的学术局面。然而，夏商分界与界标问题研究却陷入了莫衷一是的困境。

尽管“两京制”[④]、“双亳说”[⑤]、“主陪都说”[⑥]及“郑州先商方国之亳与偃师商城早商王国之亳说”[⑦]等观点的产生，使汤亳问题的分歧出现了逐渐弥合之势，但各方仍在具体的界标与分界期别等问题上未能形成共识。

近年，随着二里头遗址考古工作的不断深入，尤其是发现了二里头文化四期修建的宫殿基址[⑧]，加之三期年代不晚于公元前1600年的^{14}C测年结果，又使二里头遗址西亳说和二里头文化一期与二期或二期与三期夏商分界说获得了新的生机。

1.3.2　目前的困境与症结

1.3.2.1　困境

通过对夏商分界和汤亳问题研究历程的简单回顾与分析不难发现，学术界在围绕夏商分界与商汤亳都问题上已经形成了三大相斥的学术体系：一为“二里头西亳说”体系。该体系以偃师二里头遗址为汤亳，将遗址内发现的宫殿作为界标，划夏商分界于二里头文化一期与二期之间或二期与三期之间。二为“郑亳说”体系。该体系以郑州商城为汤亳，将郑州商城的始建作为界标，把夏商分界或划分在二里头文化四期与二里冈文化下层二期之间，或划分在二里头文化三期与四期之间，或划分二里头文化晚期和二里冈文化下层之间，或划分在二里头文化四期与二里冈文化下层一期之间。三为“偃师商城西亳说”体

① 岳洪彬. 二里头文化第四期及相关遗存再认识［G］//中国社会科学院考古研究所编. 21世纪中国考古学与世界考古学［M］. 北京：中国社会科学出版社，2002：238～257；杜金鹏，许宏. 偃师二里头遗址研究［M］. 北京：科学出版社，2005：405～423.

② 中国社会科学院考古研究所. 中国考古学·夏商卷［M］. 北京：中国社会科学出版社，2003：39～45.

③ 河南省文物考古研究所. 郑州商城北大街商代宫殿遗址的发掘与研究［J］. 文物，2002：（3）.

④ 许顺湛. 中国最早的“两京制”——郑亳与西亳［J］. 中原文物，1996，（2）；杜金鹏，王学荣. 偃师商城遗址研究［M］. 北京：科学出版社，2004：202～205.

⑤ 张国硕. 郑州商城与偃师商城并为亳都说［J］. 考古与文物，1996，（1）；杜金鹏，王学荣. 偃师商城遗址研究［M］. 北京：科学出版社，2004：206～214.

⑥ 邹衡. 综述早商亳都之地望［G］//中国社会科学院考古研究所编. 中国商文化国际学术讨论会论文集［M］. 北京：中国大百科全书出版社，1998：85～87；邹衡. 夏商周考古学论文集（续集）［M］. 北京：科学出版社，1998：117～119.

⑦ 杜金鹏. “偃师商城界标说”解析［G］//河南省文物考古研究所编. 华夏文明的形成与发展——河南省文物考古研究所建所五十五周年庆祝会暨华夏文明的形成与发展学术研讨会论文集［M］. 郑州：大象出版社，2003：252～264.

⑧ 中国社会科学院考古研究所二里头工作队. 河南偃师二里头遗址中心区的考古新发现［J］. 考古，2005，（7）.

系。该体系以偃师商城为商灭夏后所建商汤西亳，将偃师商城的始建作为界标，把夏商分界或划分在二里头文化三期与四期之间，或划分在四期早段与晚段之间。三大体系相互纠葛，迄今仍然各持己见。

1.3.2.2 症结

夏商分界与汤亳问题之所以至今仍然莫衷一是，主要原因有四：一是对文献记载的汤亳数量与汤亳地望方面认识不一；二是在夏文化与商文化的判定标准方面缺乏统一认识；三是对^{14}C测年数据的可信性方面看法不同；四是在夏商分界界标方面各持己见。

首先，关于文献记载的汤亳数量和地望问题。“旧西亳说”和“新西亳说”皆信从多亳说，且以《汉书·地理志》等文献所记汤亳地望为据立说。然而，由于后世文献在诠释汤亳的具体方位上记载不同，导致了“二里头遗址西亳说”与“偃师商城西亳说”的争议。“郑亳说”则认为这些文献的相对年代比较晚而不足为凭，他们另辟蹊径地利用郑州出土的战国“亳”字陶文，并结合《左传》中郑州一带有“亳城”的记载，而将汤亳厘定在基本被公认为仲丁隞都的郑州商城，并且信从商汤只有一亳，即郑州商城。由于在二里头城址、偃师商城和郑州商城中皆未发现自报家门的确切文字，而现有文献又相互纠葛，故现阶段的文献资料很难使汤亳及夏商分界问题的争议一朝落锤。

其次，关于夏、商文化的标准问题。二里冈文化因有与殷墟晚商文化一脉相承的文化面貌而被公认为商文化，在其前的二里头文化与二里冈文化之间不存在发展序列上的缺环也是学界的共识。但是，由于对二里头文化各期和二里头文化晚期与二里冈文化早期之间所存文化因素方面认识不一，从而导致在二里头文化是夏或是商或部分是夏部分是商的问题上产生了分歧。“郑亳说”和“新西亳说”尽管都对二里头文化的一脉相承性不持异议，但在一至四期属夏或一至三期属夏及四期偏早以前属夏的问题上却始终看法不一。而“旧西亳说”则以三期出现鬲、斝、甗、簋等商文化因素为据，将二里头文化一、二期归入夏，三、四期归入商。考古学文化面貌发展变化的不平衡性，尤其是在判定夏、商文化面貌上缺乏统一标准，致使何期属商、何期属夏迄今也没有定论。

再次，关于^{14}C测年数据的可信性问题。近年，随着^{14}C测年技术的不断改进，尤其是系列样品方法的研究与应用，大大提高了测年数据的精确度，应该说其结果是相当可信的。然而，不可否认的是由于在检测标本的出土层位、所在文化层的堆积性质、标本的质地及年代拟合等方面仍然存在不够完善的地方，故而现今仍然不能把^{14}C测年数据当成夏商分界问题一朝冰释的融雪剂（附表一~附表一七）。

最后，关于夏商分界的界标问题。就现有方法论而言，都城界标法应当是解决夏商分界问题的最佳方法。遗憾的是目前学术界所树立的界标，无论是偃师二里头遗址、偃师商城或是郑州商城，三者皆在其所处的遗址中只存有界标以后的都城遗存，而缺乏界标以前的都城遗存，即只能界其后而不能界其前。换言之，就是这些界标在其所在的遗址中，只存在界标以后的商代都城遗存，而没有界标之前的夏代晚期都城遗存。这种只能界其后而不能界前的不完备界标，就成为导致界标相同却分界有别之尴尬学术局面的症结所在。当然，近年在二里头遗址内发现的三期2号宫殿基址叠压打破二期3号宫殿基址的新资料，也确实为二里头遗址夏商分界界标提供了重要的考古学实证，遗憾的是二期宫殿的布局结构尚不完全清楚，其与三期宫殿之间的关系还有待进一步探讨，尤其是二、三期文化分布的区域基本相同，再加之其间的差别又小于其一脉相承的一致性而难以将前者归为夏、后者归为商，故其界标之实恐仍需时日。

1.4 解决问题的方法与思路

1.4.1 方法

通过对上述症结的简单分析不难发现，文献对汤亳地望模糊不清的记载已成为无法改变的事实，基于现有条件下测年数据的可信性和夏、商文化标准等问题是难以让人异口同声的。因此，目前唯一能够让夏商分界问题柳暗花明的方法仍然是都城界定法。只不过，作为夏商分界的都城界标，不能仅仅存有界标之后的早商时期都城遗存，更重要的是界标之前必须要有夏代晚期都城，或夏代方国的都城遗存。唯此，才能克服以前所立界标只能界其后而不能界其前的局限性，从而能为久讼未决的夏商分界及汤亳问题的最终冰释送上一缕春风。

本书主要是运用考古地层学和类型学方法，首先确定大师姑城址不仅是一座二里头文化晚期的城址，还是一座二里冈文化早期的城址。根据大师姑二里冈文化早期城址取代大师姑二里头文化晚期城址的年代、性质，结合文献利用“二重证据法”确立大师姑二里冈文化早期城址为商汤灭夏前的韦亳所在，从而确立夏商分界的有效界标。以此为基础，采用考古学文化因素分析法论述商汤南亳与北亳及二里头遗址三期宫城为商汤灭夏后所建“西亳说”、“偃师商城桐宫说”及“郑州商城隞都说”的合理性。

1.4.2 思路

根据对相关考古资料的梳理，确定郑州大师姑二里头文化晚期城址内不仅存在二里冈文化早期城壕、灰坑打破二里头文化晚期城壕、房基的考古实际，而且存有二里冈早期文化城址直接替代二里头文化晚期城址的考古实际，尤其是分析两城交替前后的考古学文化因素也发生了明显的变化。在此基础上论述发生在郑州大师姑城址内的二里冈文化早期遗迹打破二里头文化晚期遗迹，尤其是二里冈文化早期城址直接取代二里头文化晚期城址的考古实际，应该是不同性质考古学文化之间发生质变的真实反映。学术界普遍认为商代夏的相对年代在公元前1600年前后，而近年所测的二里头文化晚期年代和二里冈文化早期的相对年代基本上都在公元前1600年左右（附表一～附表五）。这表明，在郑州大师姑城址内发生的二里冈文化早期城址取代二里头文化晚期城址的考古实际，很可能就是商代夏历史事实的真实反映。因此，以郑州大师姑二里冈早期城址直接取代二里头文化晚期城址的考古资料作为楔入点，分析大师姑二里冈文化一期的渊源与性质，得出大师姑二里冈文化一期遗存属先商或早商文化；大师姑二里头文化一、二段属晚夏文化；三到五段属夏遗民文化的结论，就为夏商分界以及汤亳问题的探讨提供了一条比较合理可行的途径。略显欠缺的是，郑州大师姑城址的发掘资料还很薄弱，导致文中的看法不可能尽善尽美，故而不当之处，尚需专家多多指正。

1.5　本书结构安排

本书共分7部分：①引言；②论述大师姑二里头文化晚期城址形状、年代与性质；③确定大师姑二里冈文化早期城址的存在与年代；④论述大师姑二里冈文化早期城址的性质；⑤论述大师姑二里冈文化早期城址对夏商分界问题研究的重要作用；⑥论述大师姑二里冈文化早期城址对商汤亳都问题研究的重要作用；⑦结语。

2 郑州大师姑二里头文化晚期城址

郑州大师姑城址位于郑州市西北郊，隶属荥阳市广武镇大师姑村，东南距郑州商城22千米，西南距荥阳市约13千米（图2.1）。2002年，郑州市文物考古研究所（现改为郑州市文物考古研究院）发现该城，两年后出版的《郑州大师姑》一书披露了其2002～2003年的发掘资料，发掘者认为该城是一座二里头文化晚期的城址。

2.1 大师姑二里头文化晚期城址形状

根据考古调查和发掘的资料，大师姑二里头文化时期的城址呈东西宽、南北窄的横长方形。现今的索河由西向东穿城址东南部后，再折向北穿北墙偏西处北流，将城址分为东西两部分。其中，城址大部分在东岸，仅西南少部分在西岸（图2.2）。目前发现的遗存主要有城墙、城壕、房基、墓葬和灰坑等。

2.1.1 城墙

城墙埋于现今地表之下1米左右，为夯土筑成。目前已经发现的城墙分别为南墙西段480米，西墙北段80米，北墙西段220米，其他地段暂未发现。现存城墙顶部宽7米，底部宽约16米，残存高度为3.75米。从T3和T7的东壁剖面看，城墙为二里头文化层所叠压。其中，T3内被第5b层叠压，T7内被第12层叠压。根据解剖的情况分析，城墙曾经过多次续建和修补。属第一阶段的夯7，南北宽0.5米，残存高度为1.3米，发掘者推断其为寨墙类遗存，因无出土物而年代不明；第二阶段的夯6和夯5，可能是当时的城墙或城墙基槽；第三阶段的夯4是以夯7、夯6、夯5为基础而夯建；第四阶段的夯3、夯2、夯1则是续建或修补的城墙（图2.3）。夯5、夯4内所出遗物年代属大师姑遗址二里头文化第一段，T3内叠压城墙的第5b层所出遗物年代也属大师姑遗址二里头文化第一段，结合大师姑遗址内最早遗存年代也属二里头文化第一段的实际，发掘者推断城墙的始建年代为二里头文化第一段。夯3出土有大师姑二里头文化第二段遗物，直接叠压夯1的T7第8层所出遗物年代为大师姑二里头文化第三段，因此，夯3、夯2、夯1续建或修补城墙的年代应在大师姑二里头文化第二段与三段之间。“由于缺乏直接打破城墙的遗迹单位，夯土城垣的废弃年代尚不清楚。”[①]

① 郑州市考古研究所. 郑州大师姑·2002—2003［M］. 北京：科学出版社，2004：337.

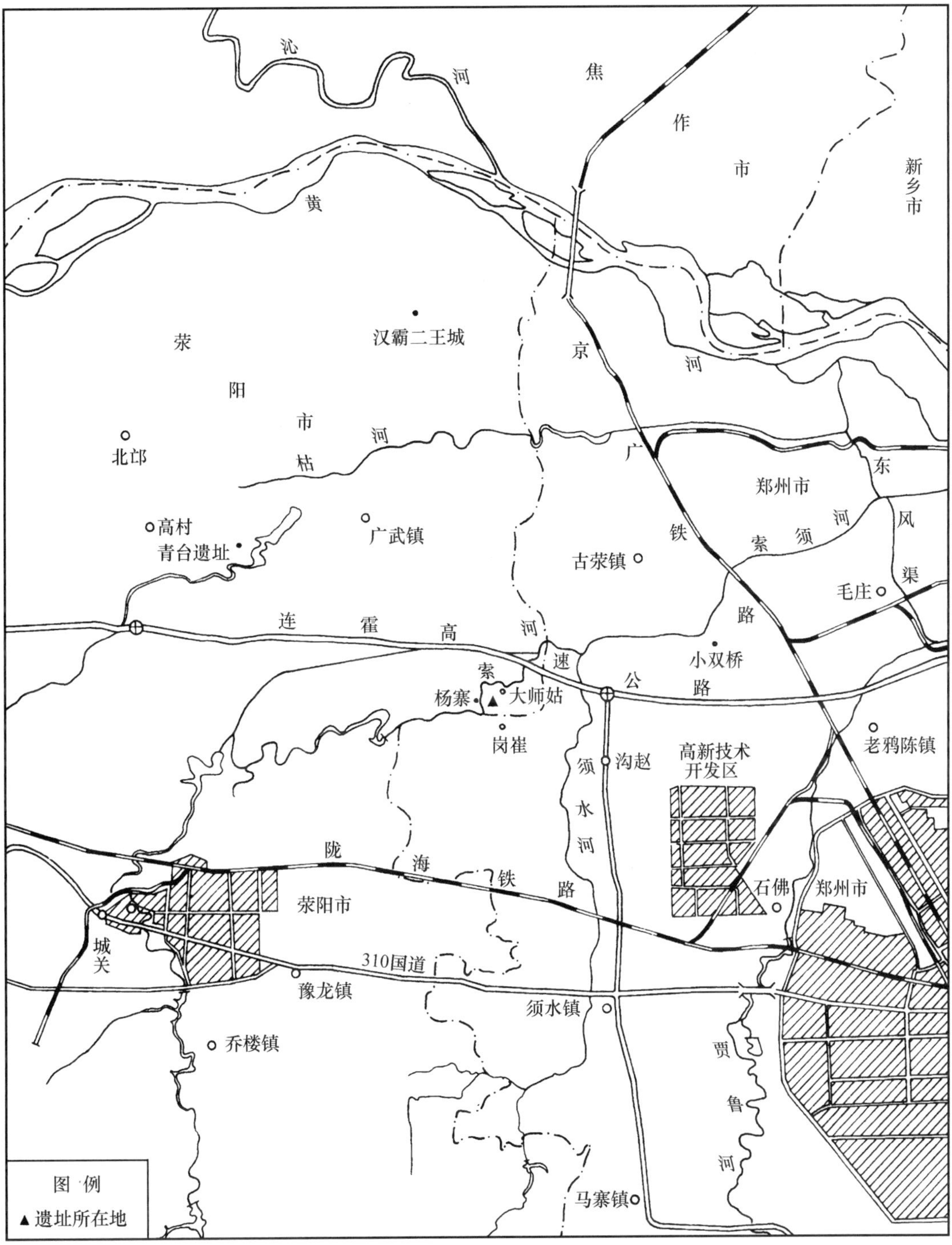

图2.1　大师姑遗址位置示意图

（自《郑州大师姑》2页图一）

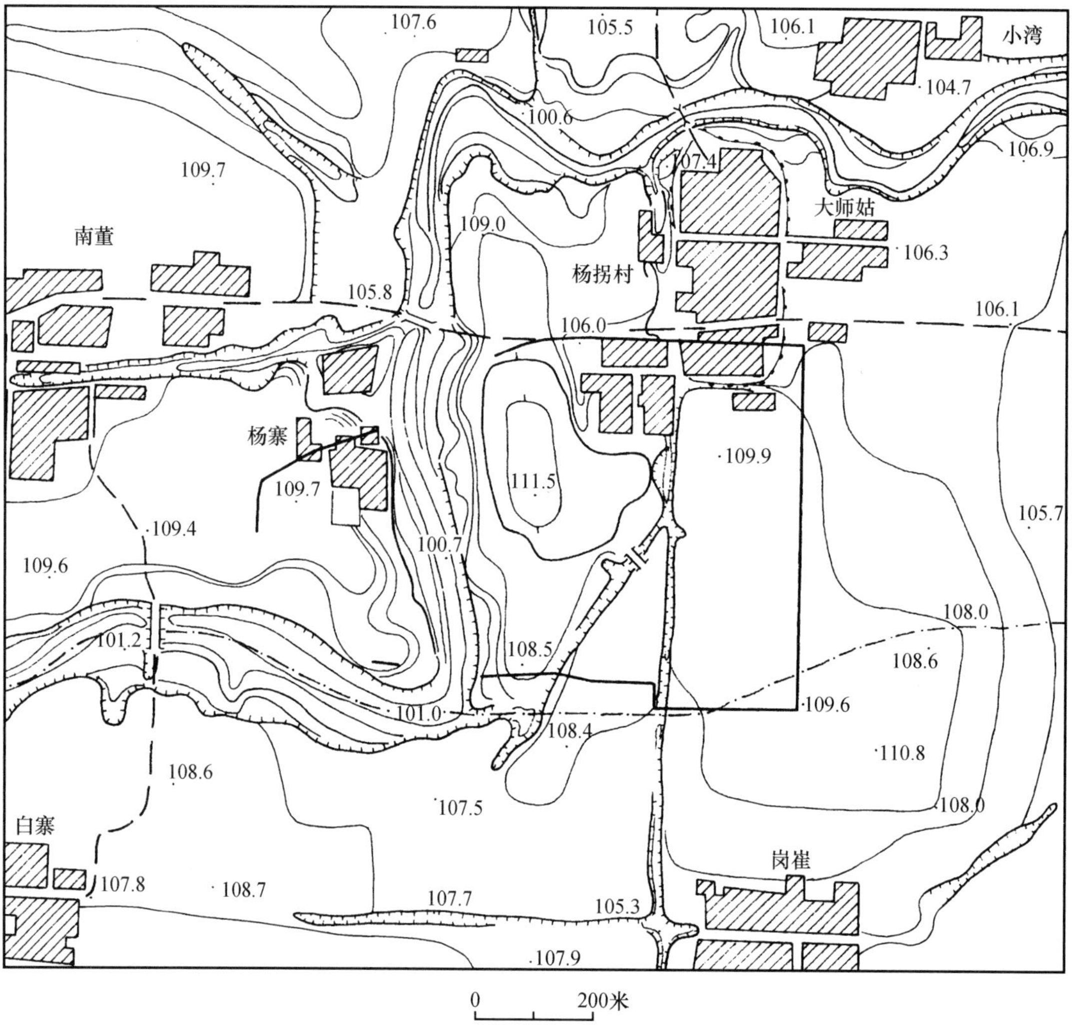

图2.2　大师姑遗址地形平面图

（自《郑州大师姑》3页图二）

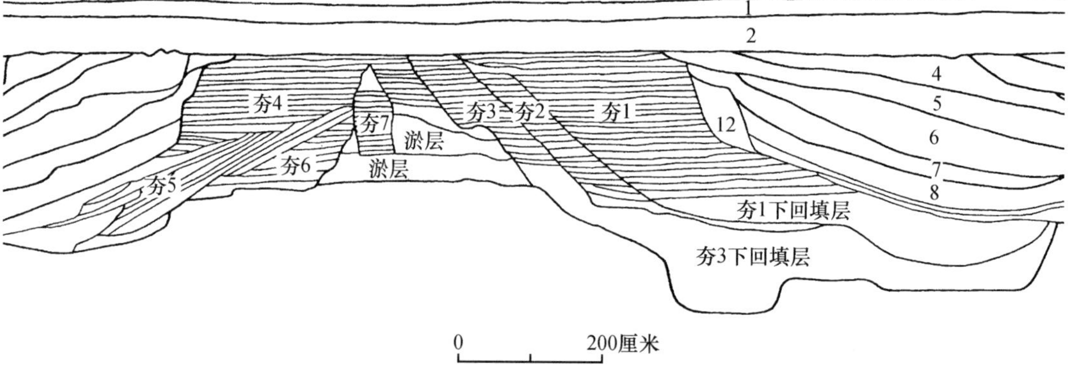

图2.3　大师姑遗址夯土墙结构

（自《郑州大师姑》8、9页图八局部）

2.1.2　城壕

城壕位于城墙外侧，已经发现的部分有东城壕620米，北城壕980米，西城壕发现长度80米、复原长度300米，南城壕发现长度770米、复原长度950米。总周长发现2450米，复原周长约2900米，城内总面积达51万平方米。解剖后发现，城壕分为内外两条。外侧为二里头文化晚期城壕，内侧为二里冈文化早期城壕。二里头文化时期城壕的内壁多被内侧的二里冈文化早期城壕打破，保存不甚完整。现存上口宽5～9米，深2～2.8米。城壕下直接打破生土。城壕内所出遗物较少，特征属二里头文化。因其上被二里冈文化早期壕沟打破，故其年代被发掘者厘定为二里头文化时期[①]（图2.4）。

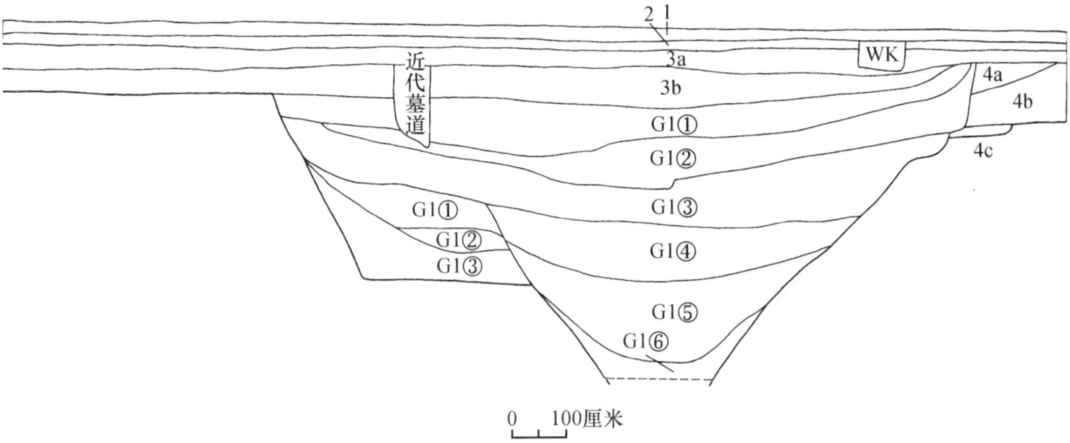

图2.4　大师姑遗址T2南壁剖面图

（自《郑州大师姑》8页图七）

1. 耕土　2. 扰土　3a. 明清层　3b. 汉代层　4a. 红褐土　4b. 黄白褐花土　4c. 黄褐花土

2.1.3　城内遗存

除城墙和城壕外，城内共开挖探方7个，发掘面积540平方米。其中，T1、T6分别位于城址的东部偏北区域，T5位于城址中部略偏西处，T2位于东城壕的中部略偏北，T3、T4、T7则分别位于南城墙和城壕的中部略偏西（图2.5）。发现二里头文化时期的遗迹主要有灰坑56个（附表一有期段的二里头文化灰坑53个）、灰沟4条（附表一有期段的二里头文化灰沟3个）、房基1座、墓葬5座（附表二有期段的二里头文化墓葬2座）。其中，属于第一段的单位有H1、H2、H41、H56、H57、H79、H80、H81、H83、H84、H85、H86、H87、H88、G9、夯4、夯5、夯6、夯7、T5⑥c、T3⑤d、T5③a、T5③b等。属于第二段的单位有H45、H65、H70、H75、H76、H78、G8、T3⑤a、T3⑤b、T3⑤c、T4⑥、T4⑤f、T4⑤e、T4⑤d、T5⑥b、F1、夯3等。属于第三段的单位有H36、H37、H42、H43、H47、H53、H54（附表一未注期别）、H58、H63、H64、H67、H68、H69、H71、

① 郑州市考古研究所. 郑州大师姑·2002—2003［M］. 北京：科学出版社，2004：27～28.

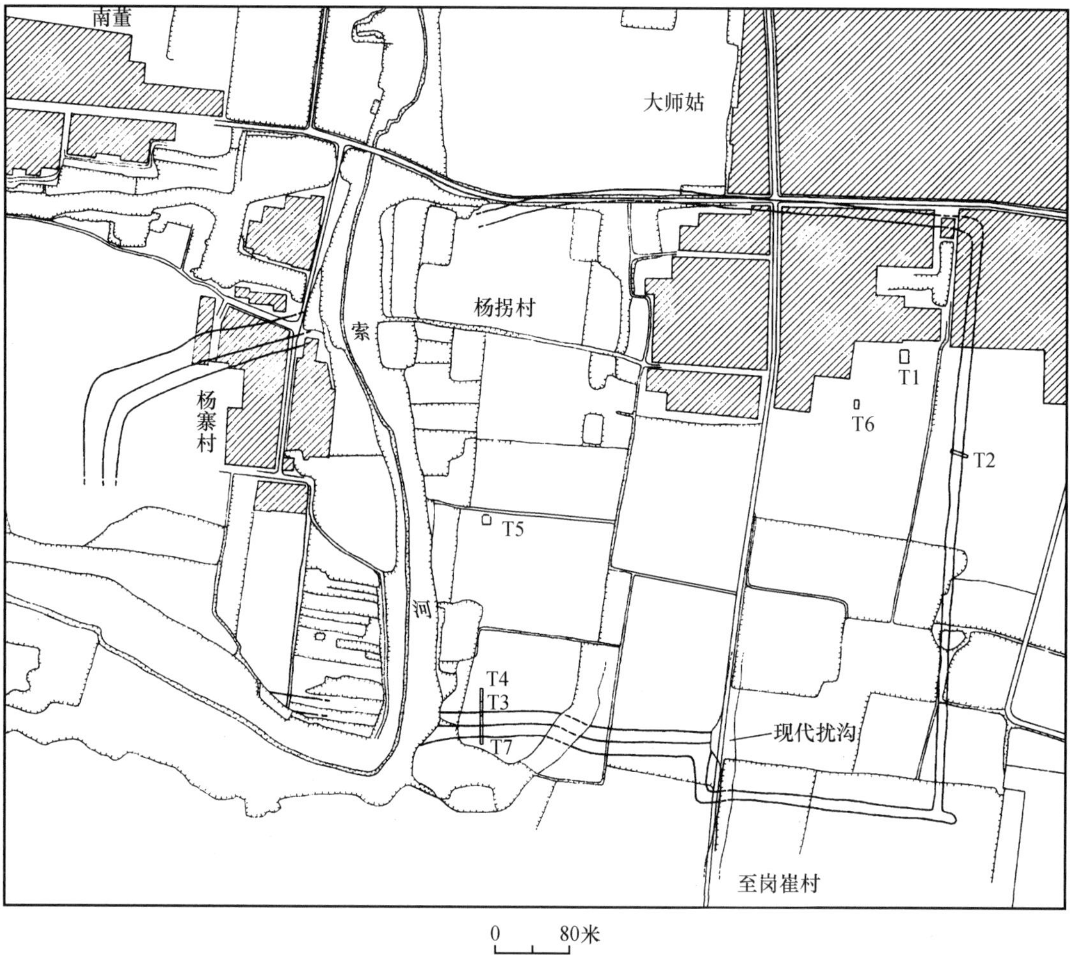

图2.5　大师姑遗址总平面及探方分布图

（自《郑州大师姑》4页图三）

H72、H73、H74、G5、T3④c、T4⑤c、T6③等。属于第四段的单位有H35、H60、H61、H62、H66、T3④a、T3④b、M5、T3③d、T3③c、T3③b、T4⑤b、T4⑤a、T4⑤e、T4④d、T4④c、T4④b等。属于第五段的单位有H16、H17、H18、H19、H20、H23、H24、H27、H34、H35、H38、H39、H51、M1等。以上五段中，“以第二段和第三段遗存最为丰富，遗迹众多，分布范围遍及整个遗址，表明此时为大师姑遗址二里头文化的繁盛期。……第四段发现的遗迹数量较少，地层堆积主要集中在遗址南部。第五段遗存仅在遗址个别地方发现有少量的遗迹单位，没有发现普遍堆积的地层”[①]。

2.2　二里头文化晚期城址的年代与性质

2.2.1　年代

二里头文化晚期城址的年代主要由城址内的出土物特征决定。第一段陶器特征以泥质

① 郑州市考古研究所. 郑州大师姑·2002—2003［M］. 北京：科学出版社，2004：272～273.

灰陶为主，陶色以灰陶为大宗，褐陶次之，黑皮褐陶数量较少。纹饰以绳纹为主，附加堆纹和弦纹次之，还有少量编织纹。其中，绳纹以中粗者最多，细者次之，粗者少见。个别单位还发现了极少量篮纹。器类中鼎、深腹罐、圆腹罐较多，平底盆、敛口罐、豆、尊等器相对较少（图2.6）。本段遗物整体面貌与二里头遗址二期偏晚阶段的遗物面貌相近，年代应该与其相近或略晚。

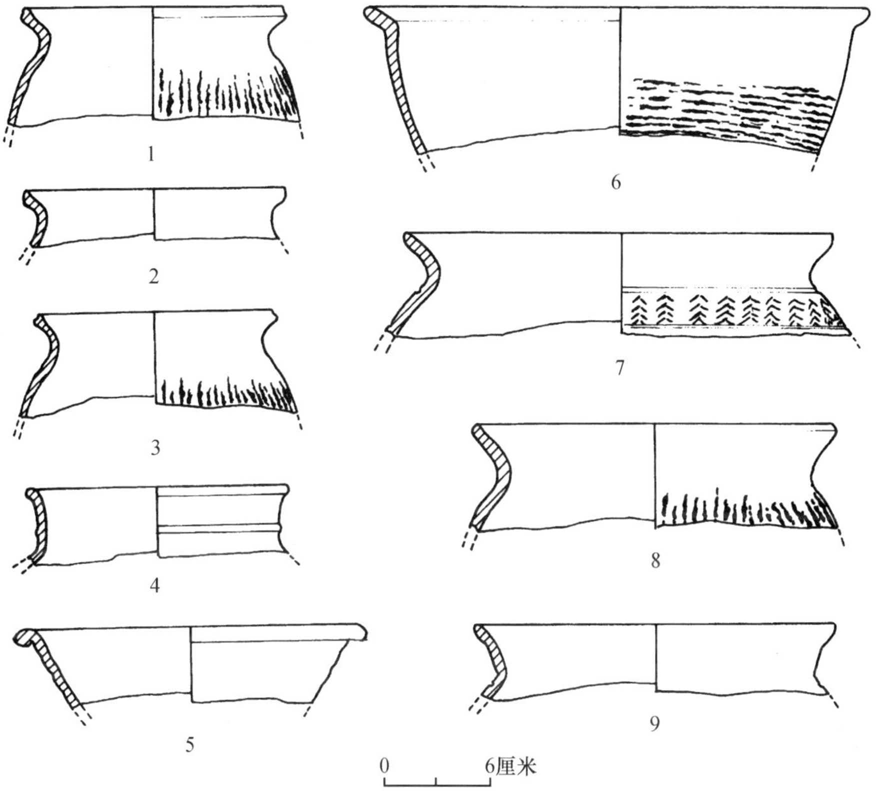

图2.6　二里头文化第一段H85出土陶器

1～3. C型Ⅰ式卷沿圆腹罐（H85：2、H85：6、H85：3）　4. Aa型Ⅰ式高领罐（H85：14）　5. Aa型Ⅰ式豆盘（H85：7）　6. E型Ⅰ式卷沿盆（H85：1）　7. Bb型Ⅰ式小口高领瓮（H85：4）　8. C型Ⅰ式卷沿深腹罐（H85：11）　9. D型Ⅰ式高领罐（H85：10）

（自《郑州大师姑》158页图一〇六）

第二段陶器的质地、陶色和纹饰与第一段基本相同，差别仅为粗绳纹比例有所上升。器类中新出现了少量的鬲，大口尊大量出现；深腹罐由前期卷、折沿基本相当变为卷多折少；圆腹罐则多长圆腹，圆肩较窄，最大径多在中部（图2.7）。本段遗物整体面貌与二里头遗址第三期早段的遗物面貌相近，年代应该与其相近。

第三段陶器的质地、陶色和纹饰与第二段不同的是，夹砂褐陶比例上升，黑皮褐陶数量有所增加，粗绳纹、弦纹、附加堆纹占一定比例，并出现了细如线的细绳纹。器物组合与上段相同，只是深腹罐圆唇增加，圆鼓腹取代了桶腹；圆腹罐多为球形腹，短直径，流行小折肩作风（图2.8）。本段遗物整体面貌与二里头遗址第三期偏晚阶段的遗物面貌相近，年代应该与其相当。

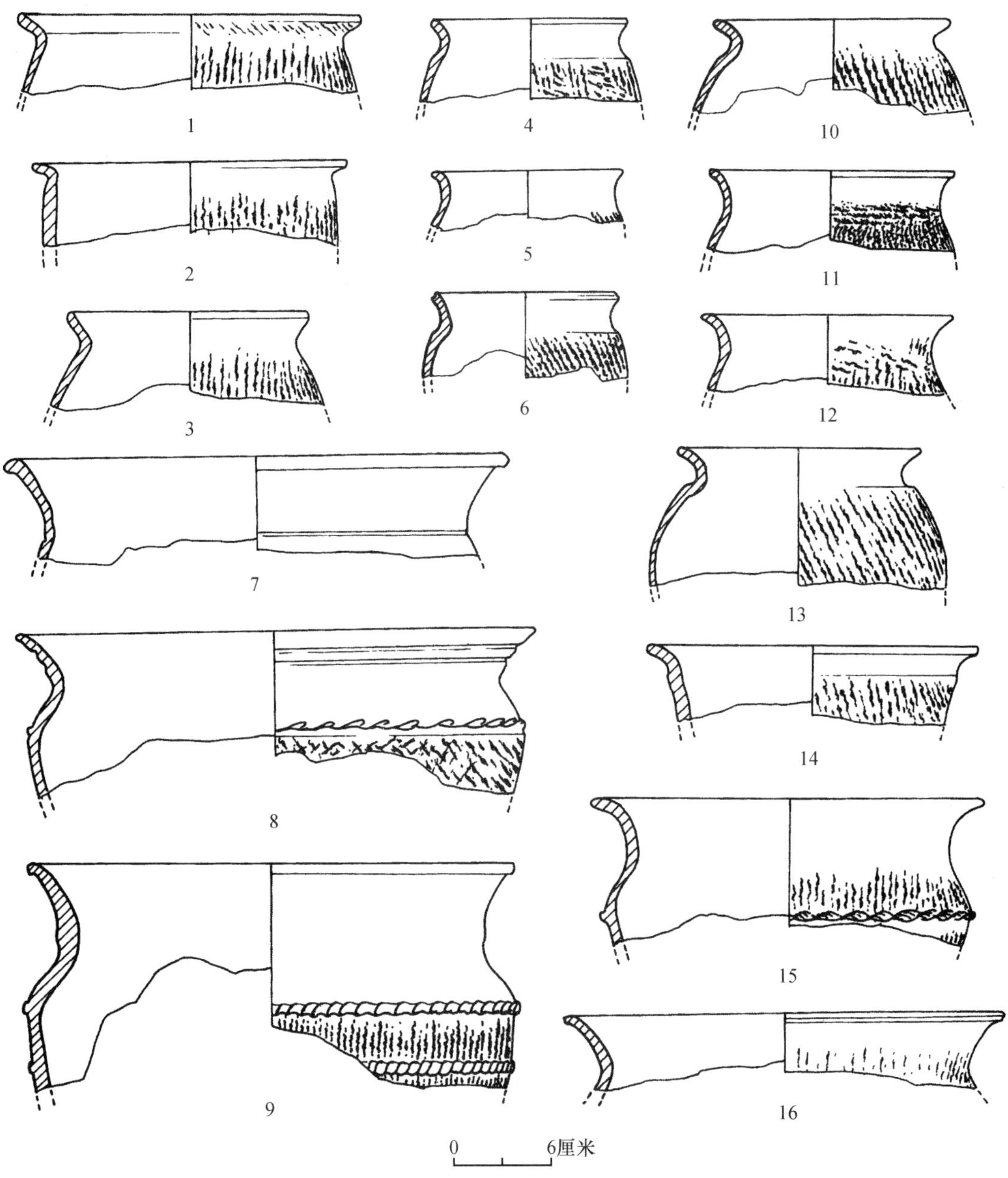

图2.7　二里头文化第二段H70出土陶器

1. A型Ⅱ式卷沿深腹罐（H70：22）　2. A型Ⅰ式卷沿深腹罐（H70：11）　3. C型Ⅱ式卷沿圆腹罐（H70：14）　4、5、10～13. D型Ⅰ式卷沿圆腹罐（H70：18、H70：21、H70：10、H70：9、H70：13、H70：15）　6. E型Ⅰ式卷沿圆腹罐（H70：8）　7. B型Ⅱ式大口尊（H70：27）　8、9、15. Ca型Ⅰ式大口尊（H70：26、H70：7、H70：24）　14. Aa型Ⅱ式甑（H70：23）　16. D型Ⅰ式大口尊（H70：25）

（自《郑州大师姑》129页图八四）

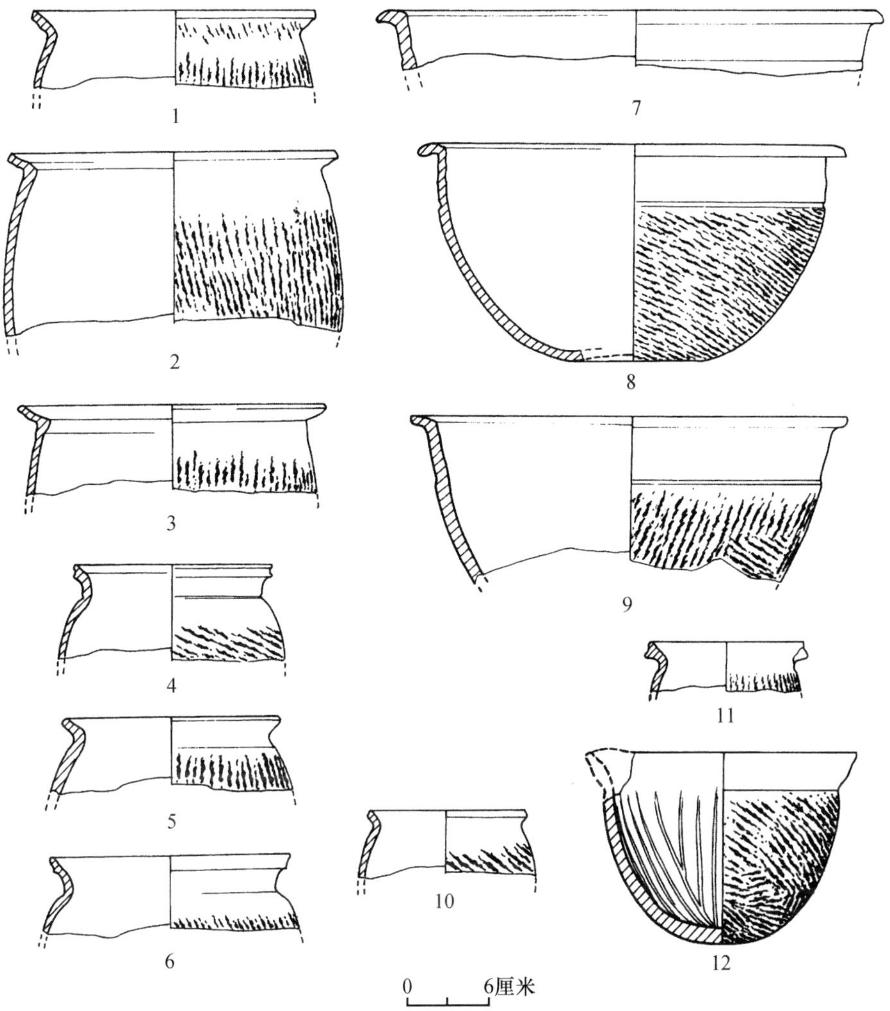

图2.8　二里头文化第三段H43出土陶器

1. C型Ⅲ式卷沿深腹罐（H43：19）　2. A型Ⅲ式折沿深腹罐（H43：14）　3. C型Ⅲ式折沿深腹罐（H43：15）　4. A型Ⅲ式卷沿圆腹罐（H43：18）　5. C型Ⅲ式卷沿圆腹罐（H43：17）　6. B型Ⅲ式卷沿圆腹罐（H43：25）　7、9. B型Ⅱ式折沿盆（H43：21、H43：12）　8. A型Ⅲ式卷沿盆（H43：30）　10. D型Ⅱ式卷沿圆腹罐（H43：24）　11. Bb型Ⅱ式捏口罐（H43：26）　12. Ab型Ⅱ式刻槽盆（H43：2）

（自《郑州大师姑》112页图七三）

第四段遗迹种类和数量突然变少。陶器的质地、陶色和纹饰与前段基本相同，不同的是新出现了少量的篦纹。器物中深腹罐多为宽沿、束颈、宽斜肩，腹部变瘦；圆腹罐腹部变浅，前期带鋬作风消失；大口尊肩部更斜、腹部变瘦，口径一般大于肩径（图2.9、图2.10）。本段遗物整体面貌与二里头遗址第四期偏早阶段的遗物面貌相近，年代应该与其相当。

第五段遗迹种类发现了灰坑和1座墓葬（附表二有五段墓葬1座，即M1①，发掘者王文

① 郑州市考古研究所. 郑州大师姑·2002—2003［M］. 北京：科学出版社，2004：361.

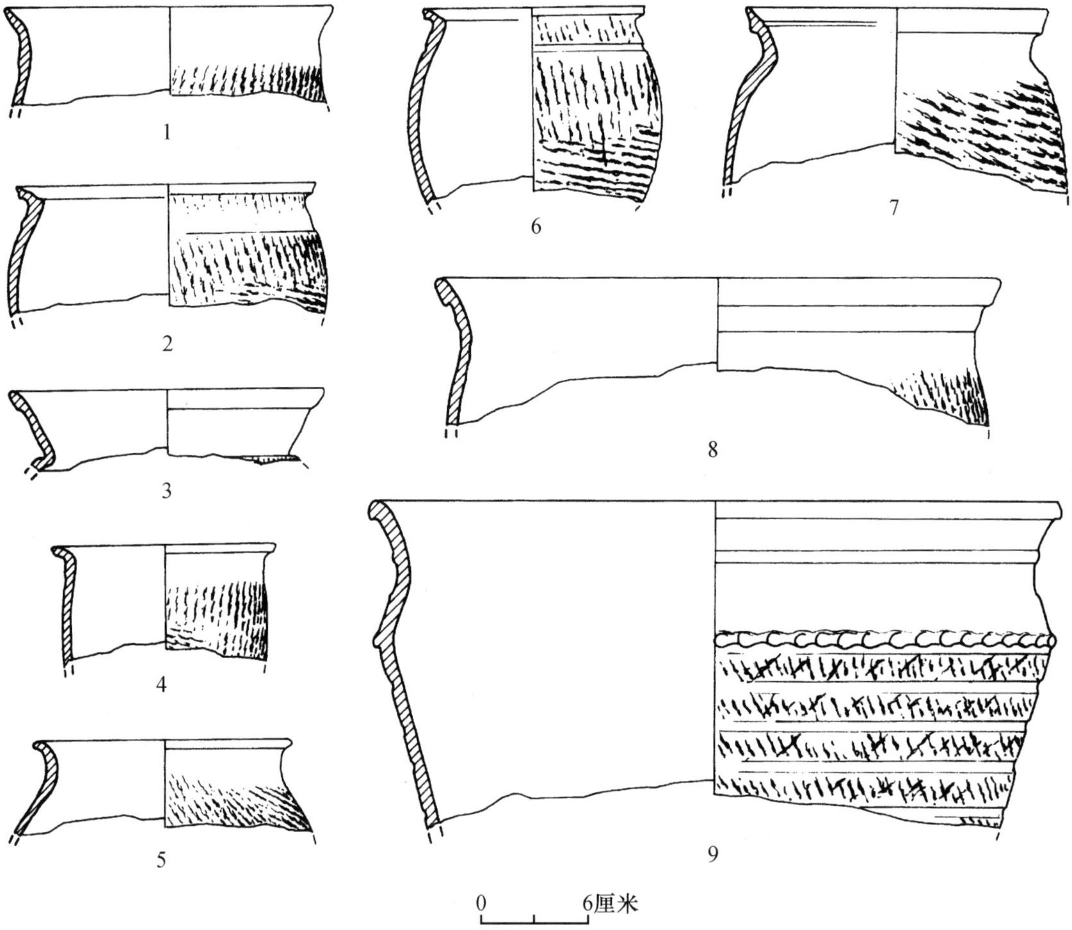

图2.9　二里头文化第四段H61出土陶器

1. B型Ⅲ式卷沿盆（H61：12）　2、5、6. A型Ⅳ式卷沿圆腹罐（H61：7、H61：2、H61：4）　3、7. B型Ⅳ式卷沿圆腹罐（H61：8、H61：6）　4. A型鬲（H61：1）　8. Aa型Ⅲ式缸（H61：9）　9. Aa型Ⅲ式大口尊（H61：19）

（自《郑州大师姑》122页图七九）

华视其为早商①）。陶器以夹砂为主，灰陶占大多数，褐陶次之，黑皮陶较少。纹饰与前期差别不大。器类中，鬲的数量增多，薄胎细绳纹鬲出现；深腹罐数量最多，沿部较长，鼓腹明显；圆腹罐、大口尊数量变少（图2.11～图2.14）。本段遗物整体面貌与二里头遗址第四期偏晚阶段的遗物面貌相近，年代应该与其相当②。

大师姑二里头文化主要由偃师二里头文化发展而来，偃师二里头是整个二里头文化的中心，大师姑则只是个方国的中心。根据考古学文化发展的不平衡性，我们认为两者尽管在相对应的期别之间文化面貌基本相近，但大师姑二里头文化与同期别的偃师二里头文化

① 王文华. 从大师姑遗址的发掘看二里头四期文化的性质（提要）[G]// 杜金鹏，许宏主编. 二里头遗址与二里头文化研究. 中国·二里头遗址与二里头文化国际学术研讨会论文集[M]. 北京：科学出版社，2006：257～258.

② 郑州市考古研究所. 郑州大师姑·2002—2003[M]. 北京：科学出版社，2004：273～274.

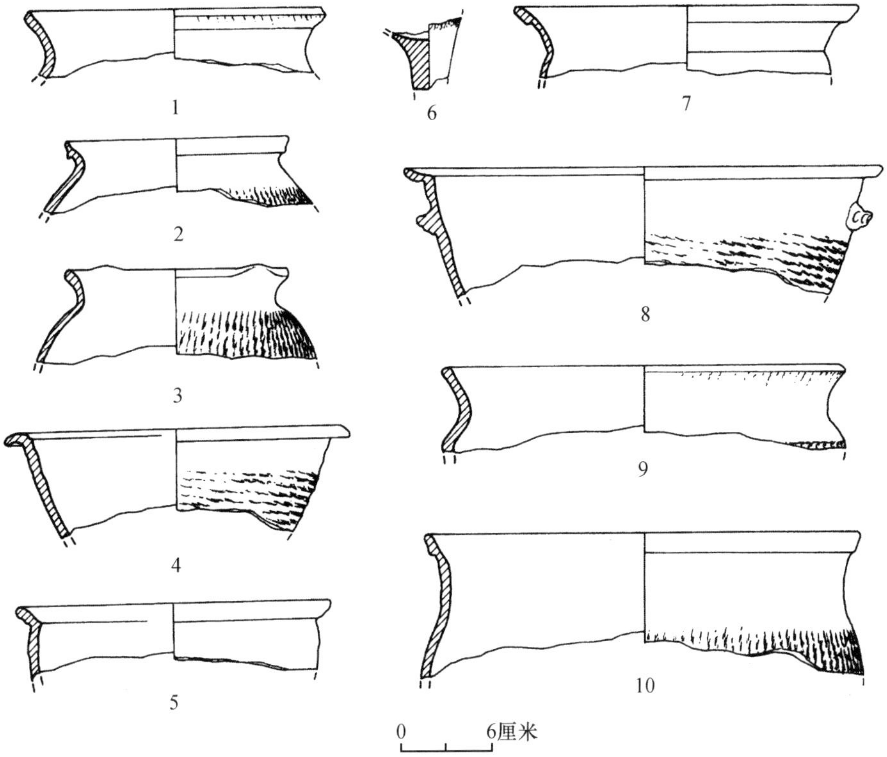

图2.10　二里头文化第四段H62出土陶器

1. A型Ⅳ式卷沿深腹罐（H62：9）　2. B型Ⅳ式卷沿圆腹罐（H62：20）　3. Bc型Ⅱ式捏口罐（H62：7）　4. C型Ⅲ式卷沿盆（H62：17）　5. 盆（H62：16）　6. A型鬲足（H62：13）　7. B型Ⅲ式大口尊（H62：2）　8. B型Ⅲ式折沿盆（H62：14）　9. Cb型Ⅱ式大口尊（H62：1）　10. Aa型Ⅲ式缸（H62：6）

（自《郑州大师姑》123页图八〇）

在年代上肯定前者要晚于后者，至于晚到何种程度，恐怕是考古类型学的无奈，只能希望更精确的^{14}C测年数据来回答，遗憾的是，现今还没有关于这方面的数据测定。

2.2.2　大师姑城址发展的阶段性

根据大师姑二里头文化地层堆积中的地层与地层、地层与遗迹、遗迹与遗迹之间的层位关系，尤其是根据主要遗迹内堆积内涵的考察，发现该城曾经历过几个不同的发展阶段，这不仅对于探讨大师姑二里头城址的性质十分重要，而且对于探讨其取代者的性质尤为重要。

2.2.2.1　城墙

从解剖情况看，城墙结构分为7部分（图2.3），其中，夯7是最早的寨墙类遗迹，夯5、夯6是城墙或城墙基槽遗存，夯4是城墙遗存，夯3、夯2、夯1是城墙修补遗存。夯7、夯6和夯5年代属大师姑二里头文化第一段，相当于偃师二里头文化第二期或偏晚；夯3出有大师姑二里头文化第二段遗物，直接叠压夯2和夯1的是大师姑二里头文化第三段遗存，大师姑二里头文化第二段、第三段分别与偃师二里头文化第三期偏早、第三期偏晚年代相

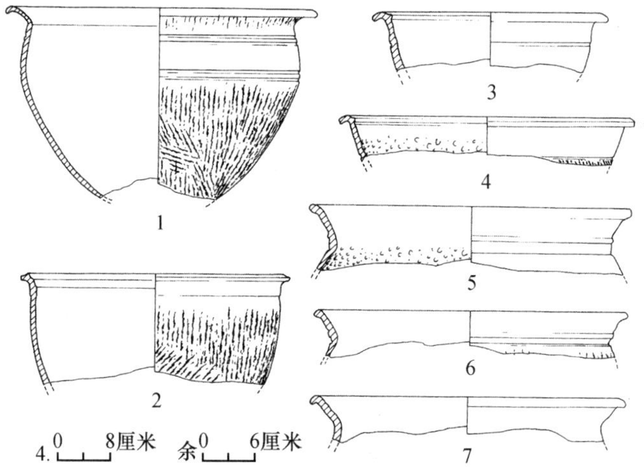

图2.11　二里头文化第五段H20出土陶器（一）

1、2. 盆（H20：4、H20：6）　3、4. C型Ⅲ式卷沿盆（H20：21、H20：7）　5、7. B型Ⅲ式大口尊（H20：5、H20：18）　6. D型Ⅲ式大口尊（H20：10）

（自《郑州大师姑》103页图六七）

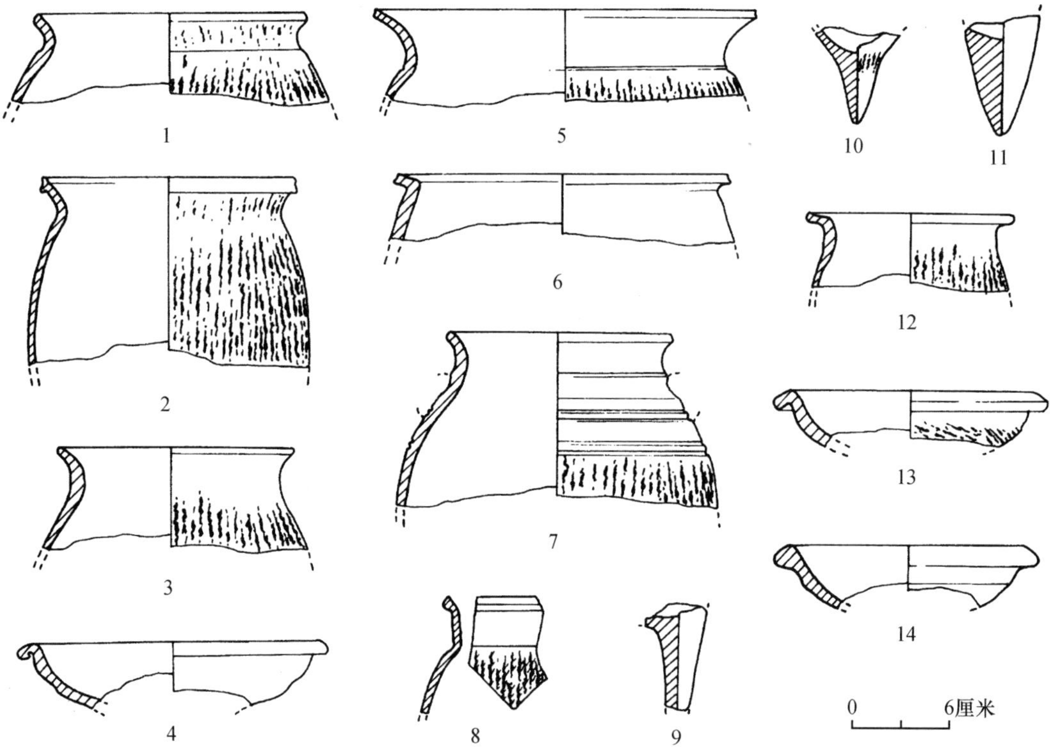

图2.12　二里头文化第五段H20出土陶器（二）

1、12. C型Ⅳ式卷沿圆腹罐（H20：12、H20：24）　2. A型Ⅴ式卷沿深腹罐（H20：14）　3. A型Ⅴ式卷沿圆腹罐（H20：26）　4、13、14. 豆盘（H20：15、H20：19、H20：16）　5. C型Ⅳ式卷沿深腹罐（H20：25）　6. C型Ⅲ式敛口罐（H20：11）　7. Ca型壶（H20：8）　8. Aa型Ⅲ式捏口罐（H20：20）　9～11. 鬲足（H20：17、H20：23、H20：22）

（自《郑州大师姑》102页图六六）

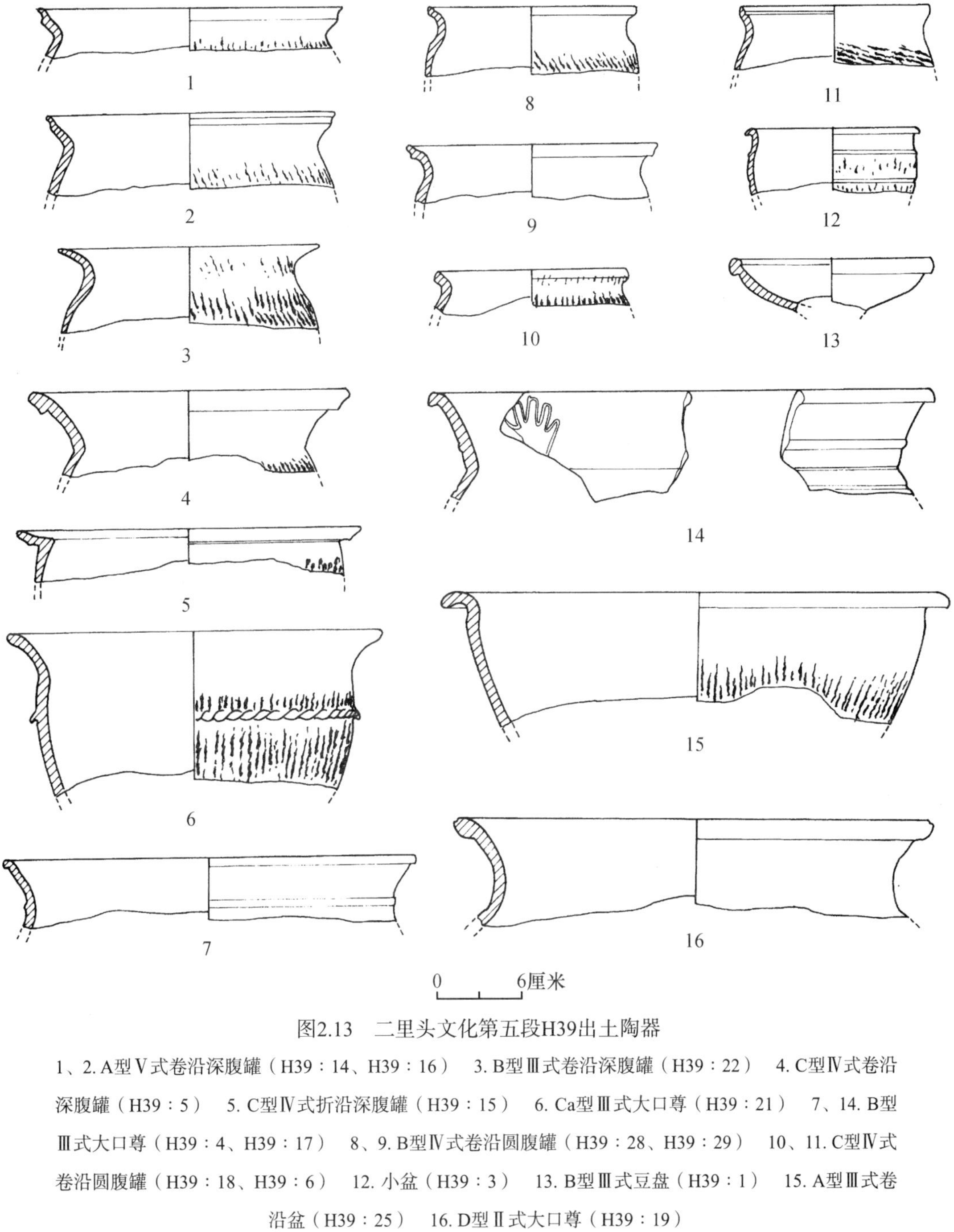

图2.13 二里头文化第五段H39出土陶器

1、2. A型Ⅴ式卷沿深腹罐（H39：14、H39：16） 3. B型Ⅲ式卷沿深腹罐（H39：22） 4. C型Ⅳ式卷沿深腹罐（H39：5） 5. C型Ⅳ式折沿深腹罐（H39：15） 6. Ca型Ⅲ式大口尊（H39：21） 7、14. B型Ⅲ式大口尊（H39：4、H39：17） 8、9. B型Ⅳ式卷沿圆腹罐（H39：28、H39：29） 10、11. C型Ⅳ式卷沿圆腹罐（H39：18、H39：6） 12. 小盆（H39：3） 13. B型Ⅲ式豆盘（H39：1） 15. A型Ⅲ式卷沿盆（H39：25） 16. D型Ⅱ式大口尊（H39：19）

（自《郑州大师姑》109页图七一）

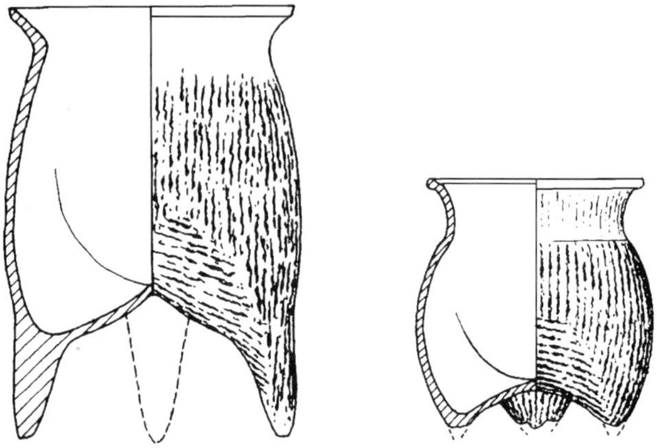

图2.14　二里头文化第五段陶鬲

1. H27：13　2. M1：1

（自《郑州大师姑》50页图三三，1；图三三，10）

当，因此大师姑二里头文化城墙的始建与使用年代为二里头文化二期或偏晚，修补时间为二里头文化三期。

2.2.2.2　各期主要遗迹关系及堆积内涵

根据报告提供的资料，第一段主要遗迹有H1、H2、H41、H56、H57、H79、H80、H81、H83、H84、H85、H86、H87、H88、G9等。第二段主要遗迹有H45、H65、H70、H75、H76、H78、G8、F1等。第三段主要遗迹有H36、H37、H42、H43、H47、H53、H54（依附表，此坑无出土器物，不明期段，见《郑州大师姑》347页）、H58、H63、H64、H67、H68、H69、H71、H72、H73、H74、G5等。第四段主要遗迹有H35、H60、H61、H62、H66、M5等。第五段主要遗迹有H16、H17、H18、H19、H20、H23、H24、H27、H34、H35、H38、H39、H51、M1等。其中，第二段遗迹没有直接打破第一段遗迹的；第三段遗迹中，G5直接打破第二段的H75、间接打破第二段的H76、H78（图2.15），H53直接打破第二段的F1。第四段遗迹中，H62直接打破第三段的H64、H67，H61直接打破第三段的H67，H66直接打破第三段的H68（见《郑州大师姑》7页图六）、H69（图2.16）。第五段遗迹中也没有直接打破第四段者。表明一、二期之间和四、五期之间的遗迹很少相互打破，其间发生剧变的可能性极小，而二、三期和三、四期间的遗迹相互间打破关系较多，故而发生剧变的可能性较大。

在各段遗迹堆积中，第一段的H79、H80、H83、H86、H87、H88等堆积有较多的草木灰和烧土块，堆积大量草木灰的遗迹占40%；其他遗迹堆积则或为青灰、青褐或褐灰、黄褐色灰等。堆积内的遗物主要是陶质生活用具，生活成分明显。第二段遗迹中，除H45堆积为青黄色水锈土外，其他遗迹内堆积皆为大量草木灰和烧土块，堆积大量草木灰的遗迹占83%。堆积内的遗物同样是以陶质生活用具为主，生活成分比较明显。出土物与前期不同的是纹饰中绳纹数量增加，尤其细绳纹的比例有所上升。器类中，大口尊大量出见，仅在H76、H75两个灰坑中就出土1件鬲和3件鬲足。第三段遗迹中，H42、H43、H47、

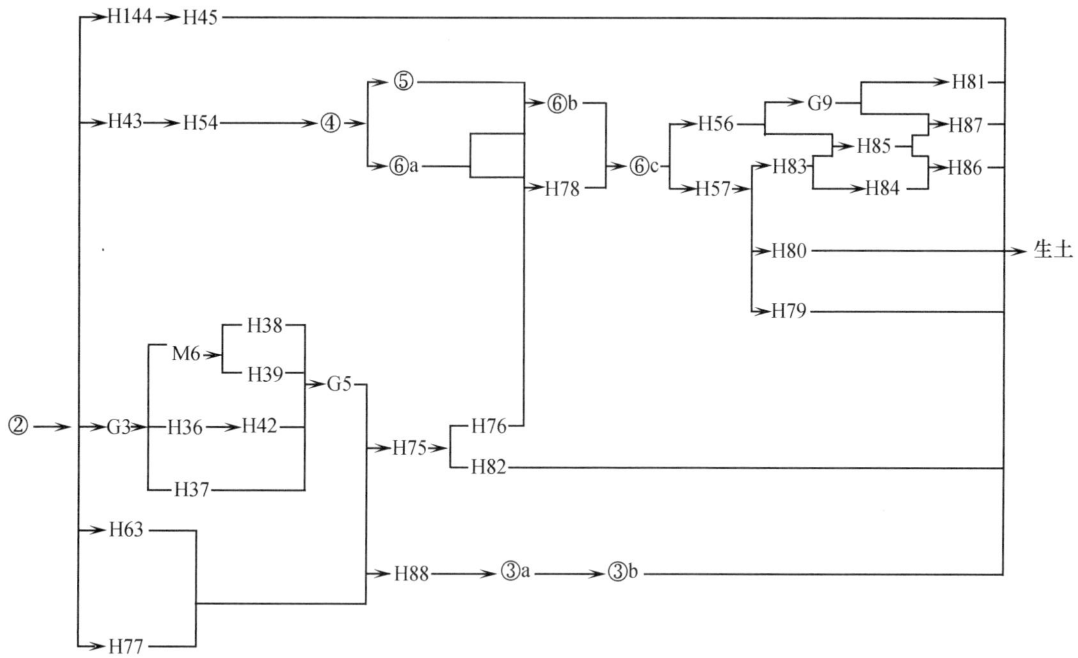

图2.15　大师姑遗址T5地层关系图

（自《郑州大师姑》14页）

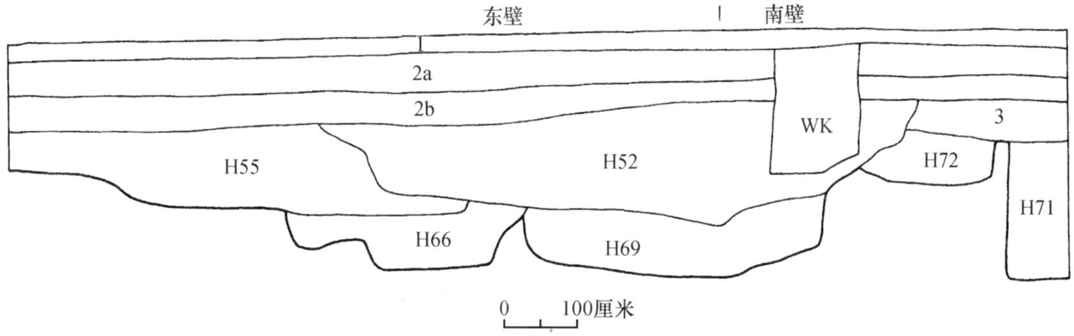

图2.16　大师姑遗址T6东、南壁剖面图

1. 耕土　2a. 黄褐灰土　2b. 黄褐土　3. 青褐土

（自《郑州大师姑》14页图一〇）

H63、H68、H72、H73、G5等堆积中含有大量草木灰，堆积大量草木灰的遗迹约占该段遗迹总数的50%。值得关注的是，G5内不仅堆积有大量的草木灰，还堆积大量的原始夯土块及陶质排水管道残片，H69中则堆积有房屋建筑用的草拌泥土，这些堆积显示城墙和建筑物曾遭到破坏。出土物不同的是夹砂褐陶比例上升，黑皮陶数量有所增加。纹饰以中绳纹为主，细绳纹次之，粗绳纹、弦纹、附加堆纹占一定比例，本段出现细如线纹的细绳纹。器类中鬲的数量有所增加，出土鬲的单位有所增多，如G5①a、G5①b、G5①d、G5②c、H53、H68、H71等。第四段遗迹中不见有大量草木灰堆积。出土物器类和前段差别不大，但鬲的数量增加明显，大部分单位都出土鬲，如H60、H61、H62、H66等。第五段遗存中，H16、H17、H18、H19、H20、H23、H34、H39、H51等遗迹中含大量草木灰，占

该期遗迹的69%。出土物中主要以灰陶为主，褐陶次之，黑皮陶数量较少。纹饰以中绳纹最多，细绳纹较少。器类中，陶鬲数量增多。

根据上述遗迹层位关系、遗迹内堆积成分及各段出土物文化因素的变化情况，我们认为在大师姑二里头文化城址兴建之前，即大师姑二里头文化第一段偏早，这里曾是二里头文化时期的村寨遗址，偏晚时期才兴建为城址。这一结论是根据夯土墙的解剖实际得出的。由于资料不足，偏早和偏晚的遗迹单位还难以分清。第二段虽然遗迹数量不太多，但是本次发掘中发现的唯一一座房基就属该段，表明是二里头文化城址的使用时期。第三段遗迹数量虽然最多，但其堆积中，大量草木灰和大型建筑等废弃堆积非常突出，这些堆积占本段堆积的50%以上。大量草木灰的出现与大量用火有关，结合大型建筑物废弃堆积的实际，我们认为这应当与发生大规模的破坏行为有关，联系到本段文化面貌中突然出现了鬲等新因素的事实，不难发现该城在第二段与第三段之间发生了明显的质变。大师姑二里头文化第四段和第五段之时，该城的二里头文化遗存已经处于明显的衰落局面。因此，我们认为作为大师姑二里头文化时期的城址，其始建和使用年代大致相当于大师姑二里头文化第一段偏晚到第二段之时，第三段时遭到毁灭性破坏而发生质变，这与二里冈早期城壕打破二里头三期地层的考古实际十分吻合。第四段和第五段之时二里头文化就完全衰落，被二里冈文化完全取代。

2.2.3　性质

大师姑二里头文化城址西距二里头遗址约70千米，根据城址规模和城内出土物的情况，发掘者认为该城有可能是夏王朝设置在东境的军事重镇，或是夏代东部方国韦或顾的都城所在。“军事重镇说”主要文献依据是《史记·孙子吴起列传》，文云：“夏桀之居，左河济，右泰华，伊阙在其南，羊肠在其北。”表明夏王朝东境在河济之间。另据《尚书·禹贡》《汉书·地理志》《水经注》等文献记载，河济相交处位于今温县、武陟和黄河南岸的荥阳一带，大师姑城址北距今沁水入黄河处约13千米，东北距古荥镇约8.5千米，故其应为夏之东境的军事重镇。夏代方国韦或顾说主要是信从邹衡先生所考证夏代方国韦或顾在郑州一带及信从王国维和陈梦家先生所考证“顾”在怀庆府的沁水附近等成果而得出的①。另外，有学者认为该城是夏代方国昆吾的都城②，还有学者认为其建立于二里头三期，主要使用和繁荣于三期晚段，性质则是夏人为阻止商人西进而设立的③。在没有确切文献记载或没有出土“自报家门”的文字之前，上述诸说皆存有合理的空间。不过，笔者则比较赞同其为夏代方国韦的都城④。尤要说明的是，不论其为夏王朝设置在东境的军事重镇，还是夏代东部方国韦或顾的都城，或夏代方国昆吾的都城，其作为城址的使用时间仅为大师姑二里头文化的第一段和第二段。第三段多为废弃遗存，第四段到第五段则是二里头文化被商文化取代后的遗民所留。

---

① 郑州市考古研究所．郑州大师姑·2002—2003［M］．北京：科学出版社，2004：338～339.

② 马世之．郑州大师姑城址性质试探［J］．中原文物，2007，（3）.

③ 袁广阔．郑州大师姑二里头城址发现的意义［N］．中国文物报，2005-03-25.

④ 李锋．郑州大师姑城址商汤韦亳之我见［J］．考古与文物，2007，（1）.

3　郑州大师姑二里冈文化早期城址的厘定

大师姑二里冈文化早期城址在其发掘报告中并未述及，而是笔者根据其披露的考古资料分析后重新确定的。

3.1　大师姑二里冈文化时期遗存

报告中披露的大师姑二里冈期文化遗存主要有城壕、灰坑和墓葬等。

3.1.1　城壕

二里冈文化时期城壕就是指报告中所述的内侧壕沟。该城壕位于二里头文化城墙与城壕之间，并打破二里头文化时期城壕。根据对城壕解剖的情况，二里冈文化城壕与二里头文化时期的城壕一样，均是平行地分布在大师姑城墙四周的，环壕的"外侧或打破二里头文化护城壕沟，或利用该壕沟的外侧壕壁，内侧则为新挖，并打破了叠压城墙外侧的二里头文化地层"。这说明二里冈文化时期的环壕是在二里头文化城壕的基础上扩充而成的，二里冈文化时期壕沟的内侧完全打破了二里头文化时期城壕的内壁，外侧则或多或少地保留有二里头文化时期的壕沟外壁（图3.1）。二里冈文化时期壕沟断面形状呈喇叭形，口宽13～14.55、底宽1.5～2、深4～7.4米。沟内堆积可分6层。

第1层：黑褐色土。厚0.3～1米。夹杂有少量红烧土粒，出土少量陶片。

第2层：青褐色土。厚0.15～0.8米，含少量的烧土粒、螺壳及大量料姜石块，出土陶片稍多。

第3层：黄褐沙土。厚0.3～1.2米。含沙量大，夹杂少量炭屑、烧土粒和螺壳，出土陶片较少。

第4层：黄褐淤土。厚0.4～1米。出土少量红褐陶片及残碎绳纹陶片。

第5层：青褐淤土。厚0.3～1.5米。夹杂少量烧土粒、炭屑和大量水锈，出土少量残陶片和兽骨。

第6层：青褐土。厚1.5～3米。夹杂大量水锈，没有发现陶片。其下经钻探可知1米以下为生土（图2.4）。

壕沟内出土的遗物可辨认的器形有大口尊、盆、敛口瓮、缸、甑、深腹罐等①（图3.2）。其中，缸、大口尊等形制分别与郑州二里冈下层一期C1H9：53缸，C1H14：3、C1H14：75大口尊形制相近，故其年代也应与二里冈文化下层一期年代相当②。

---

① 郑州市考古研究所. 郑州大师姑·2002—2003［M］. 北京：科学出版社，2004：273～284.

② 河南省文物考古研究所. 郑州商城（上）［M］. 北京：文物出版社，2001：172.

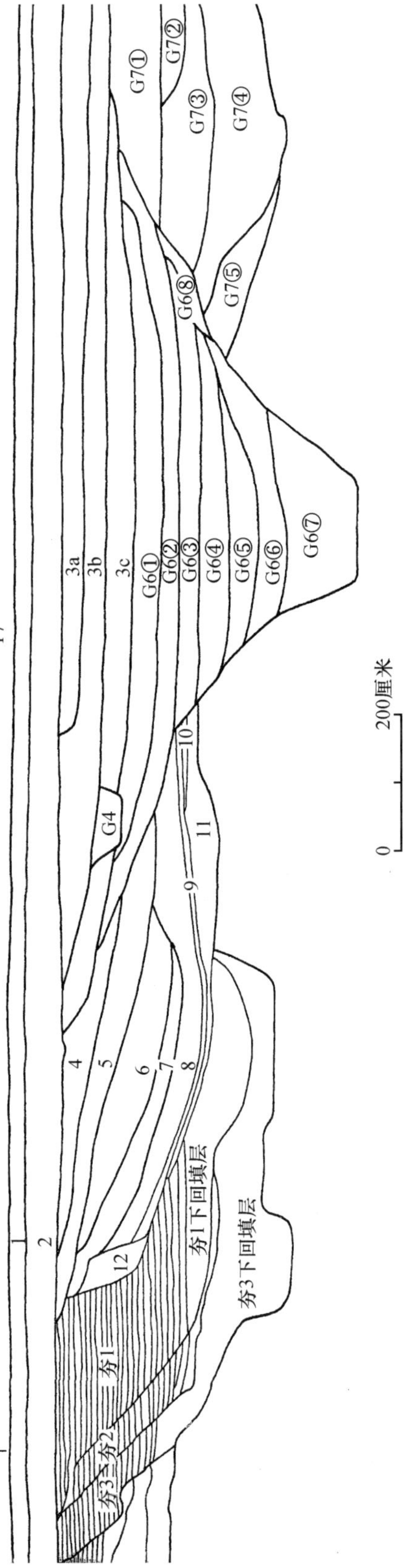

图3.1　大师姑遗址壕沟与城墙剖面图

（自《郑州大师姑》8、9页插图八局部）

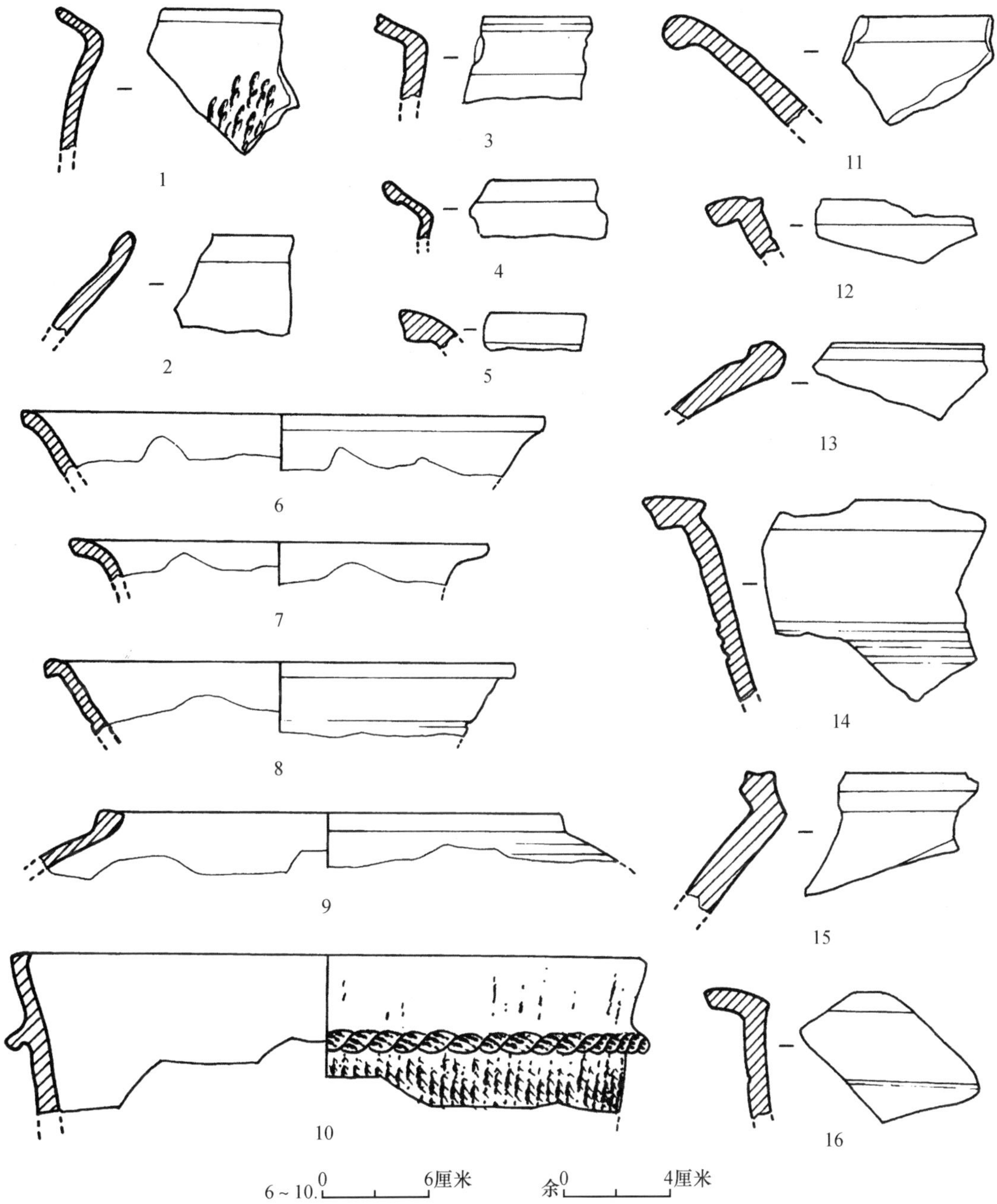

图3.2　壕沟内出土陶器

1. 圆腹罐（G1③：3）　2、9、13、15. 敛口瓮（G1④：1、G1③：1、G1②：4、G1②：1）　3、4、12、14、16. 盆（G1②：2、G1③：2、G1③：6、G1①：1、G1③：5）　5～8、11. 大口尊（G1③：4、G1③：1、G1⑤：1、G1①：2、G1②：3）　10. 缸（G1④：2）

（均自《郑州大师姑》283页图一九八）

3.1.2　灰坑、墓葬遗存

大师姑城址内的二里冈文化遗存也比较丰富，本次共发现了灰坑32个、墓葬1座。其中，第一期遗存主要有H9、H13、H29、H30、H33、H40、H59等。第二期遗存主要有H52和H12。第三期遗存主要有H3、H4、H5、H6、H7、H8、H10、H11、H14、H15、H26、H28和M2等。表明城址的繁荣期主要是在第一期和第三期。

3.1.3　二里冈文化遗存的年代

第一期出土器物以H55为代表。“陶质以泥质陶为主，夹砂陶次之。陶色以灰陶为主，褐陶次之，黑皮褐胎陶较少。红陶主要见于夹砂篦纹罐。纹饰以绳纹为大宗，其中中粗绳纹最多，占40%以上，细绳纹次之，占23.9%以上，粗绳纹少见。弦纹和磨光占相当比例，有一定数量的篦纹。”[①]器类主要有鬲、甗、篦纹罐、大口尊、盆、瓮等（图3.3、图3.4），其中，陶鬲多卷沿，高实足根，饰细绳纹，与以二里冈C1H9：36鬲、

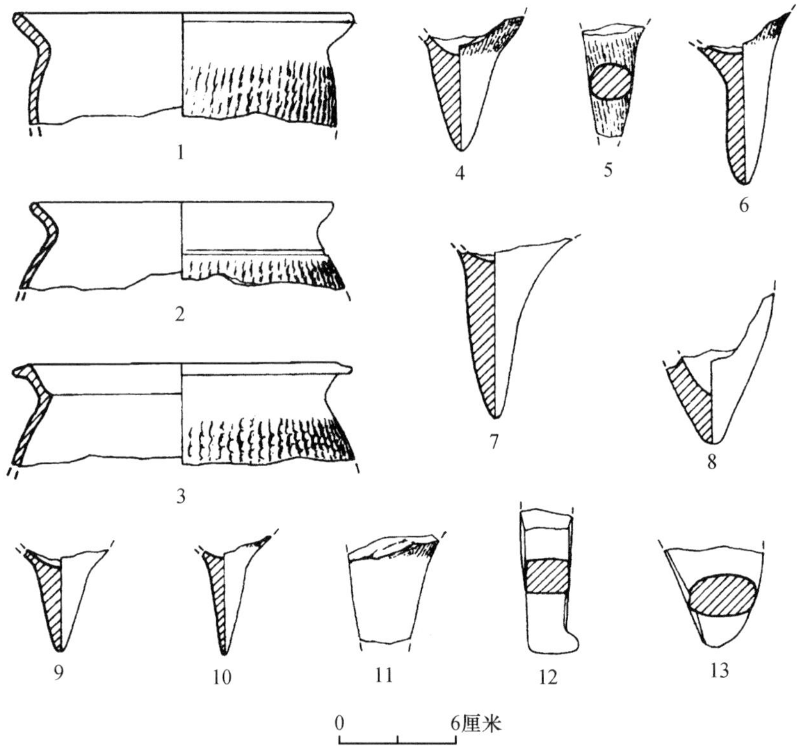

图3.3　二里冈文化第一期H55出土陶器（一）

1～3. 鬲（H55：10、H55：22、H55：12）　4～7、9、10. 鬲足（H55：11、H55：30、H55：24、H55：18、H55：17、H55：20）　8、11. 甗足（H55：13、H55：31）　12、13. 鼎足（H55：9、H55：15）

（自《郑州大师姑》319页图二二八）

① 河南省文物考古研究所. 郑州商城（上）［M］. 北京：文物出版社，2001：172.

C5T5②：91鬲等为代表的二里冈下层一期出土的鬲形制接近；罐H55：45与二里冈下层一期C1H14：80罐形制接近；大口尊与二里冈下层一期C1H14：3大口尊形制接近。所以该期的年代应相当于二里冈下层一期的年代①。

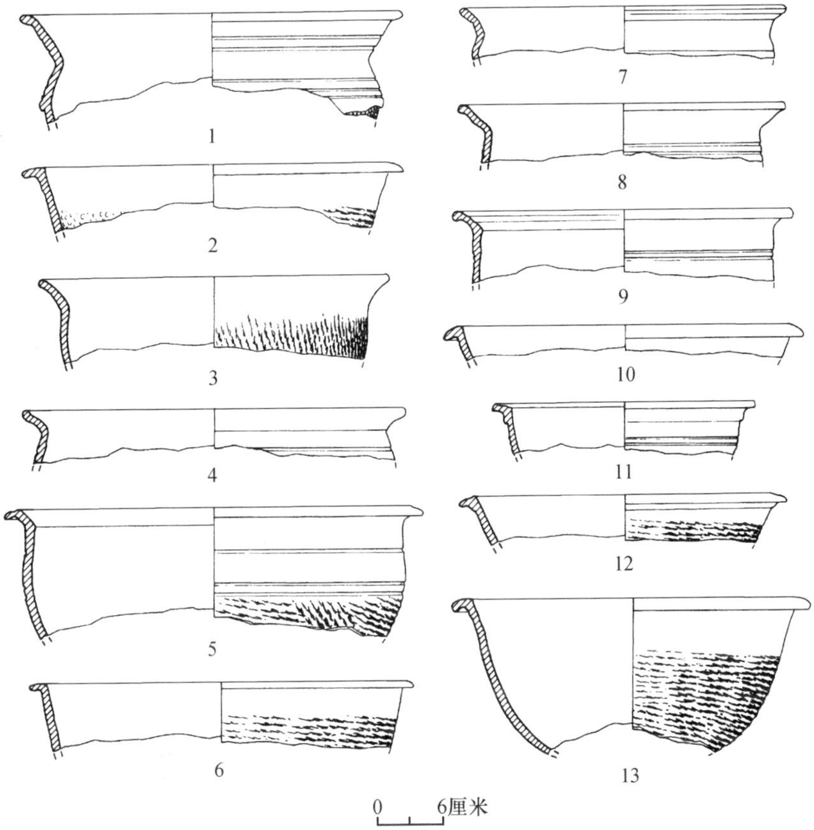

图3.4　二里冈文化第一期H55出土陶器（二）

1. 大口尊（H55：40）　2、6、11、13. 中腹盆（H55：91、H55：112、H55：109、H55：122）　3～5、7～9. 深腹盆（H55：96、H55：104、H55：94、H55：58、H55：92、H55：97）　10、12. 浅腹盆（H55：105、H55：103）

（自《郑州大师姑》321页图二三〇）

第二期，以H52为代表。“泥质陶数量上升，占73%以上，夹砂陶数量减少，占26%左右。陶色以灰陶为主，约占63%，褐陶数量约占31%，黑皮褐胎陶和红陶数量较少。纹饰以中、细绳纹为主，约占总数的64%，粗绳纹少见，仅占2%。弦纹和附加堆纹占一定比例，不见圆圈纹。”②器类主要有鬲、罐、瓮、豆等（图3.5～图3.7）。其中，陶鬲口沿多起榫，特征与郑州二里冈C1H17：13、C11H142：13等面貌接近；中口罐H52：14（图3.7，8）、中口罐H52：18（图3.7，7）与二里冈C7H104：10罐形制相近；豆盘H52：15（图3.5，8）、豆盘H52：89（图3.5，7）与二里冈C1M115：1、C11T103③：150豆盘

① 河南省文物考古研究所. 郑州商城（上）［M］. 北京：文物出版社，2001：163～172.

② 郑州市考古研究所. 郑州大师姑·2002—2003［M］. 北京：科学出版社，2004：293～312.

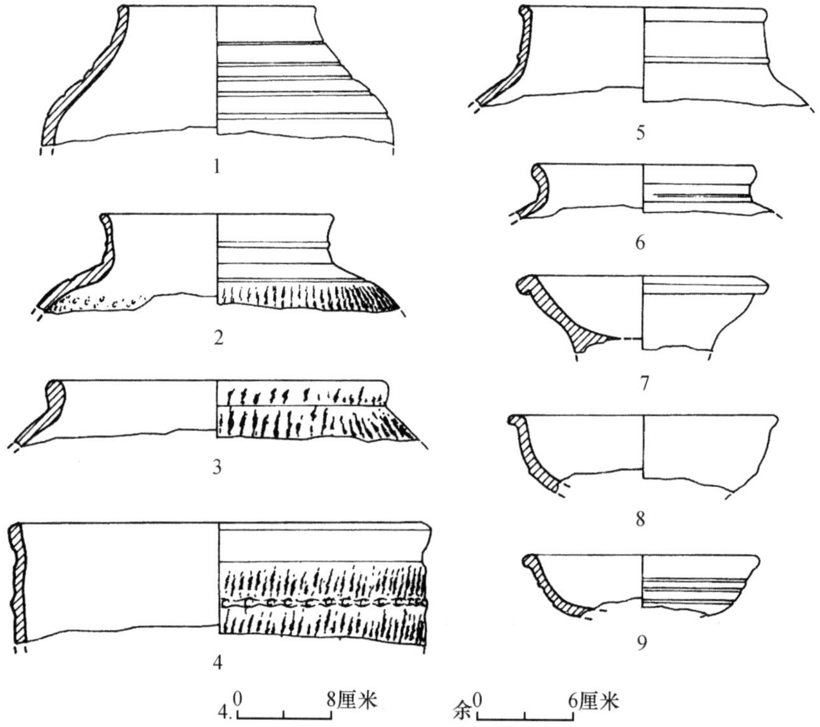

图3.5 二里冈文化第二期H52出土陶器（一）

1～3、5、6. 小口瓮（H52：74、H52：80、H52：76、H52：94、H52：93） 4. 缸（H52：48）

7～9. 豆盘（H52：89、H52：15、H52：59）

（自《郑州大师姑》316页图二二五）

等形制相近。因此，本期的年代应相与郑州二里冈C1H17的年代相当，即二里冈下层二期①。

第三期，以H21为代表。陶器“以泥质陶为主，夹砂陶次之。陶色以灰陶为主，褐陶次之，见极少量红陶。纹饰以粗绳纹为主，主要饰于夹砂器上，中绳纹略少，主要见于泥质器上，细绳纹极少见，绝大部分饰于泥质器上。圆圈纹为该期新出纹饰，另有少量饕餮纹和窗棂纹”②。陶鬲为翻缘方唇，中口罐折沿内勾，口下出宽棱，短平折沿圆唇假腹豆分别与二里冈C9.1H115：5、C11M148：16鬲，C8H20：4、C15T3②：32、C15H5：118罐，C11M148：18假腹豆形制相近（图3.8～图3.12）。

因此，本期整体面貌与郑州二里冈上层一期文化面貌相近，年代大体相当③。很显然，大师姑城址内的二里冈文化时期遗存从二里冈下层一期一直到二里冈上层一期中间没有间断。

① 河南省文物考古研究所. 郑州商城（中）［M］. 北京：文物出版社，2001：626～642.

② 郑州市考古研究所. 郑州大师姑·2002—2003［M］. 北京：科学出版社，2004：332～334.

③ 河南省文物考古研究所. 郑州商城（中）［M］. 北京：文物出版社，2001：725～739.

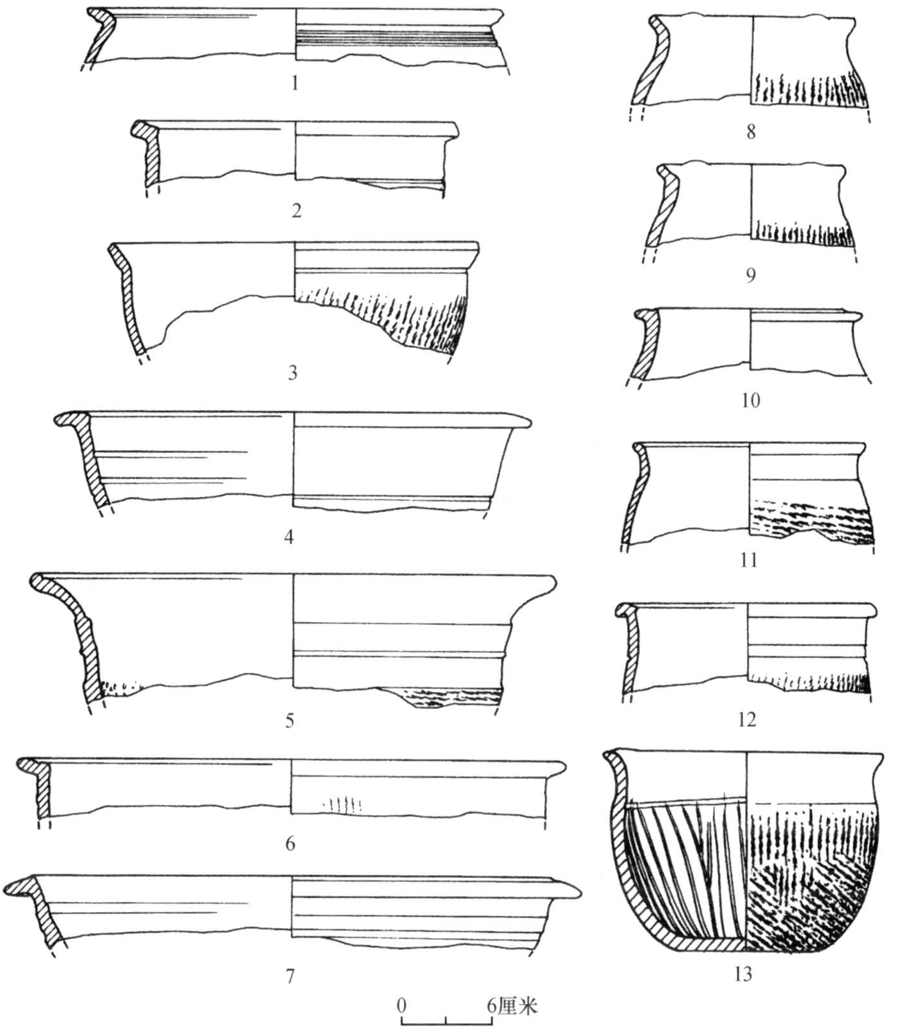

图3.6 二里冈文化第二期H52出土陶器（二）

1. 鼓腹盆（H52：56） 2、5、6. 深腹盆（H52：70、H52：75、H52：66） 3. 中腹盆（H52：95） 4、7. 浅腹盆（H52：54、H52：57） 8～11. 捏口罐（H52：62、H52：60、H52：101、H52：42） 12. 小簋（H52：67） 13. 刻槽盆（H52：4）

（自《郑州大师姑》314页图二二四）

3.2 大师姑二里冈文化早期城址的厘定

根据以上考古资料，我们认为大师姑城址中的二里冈文化遗存也应该是一座二里冈文

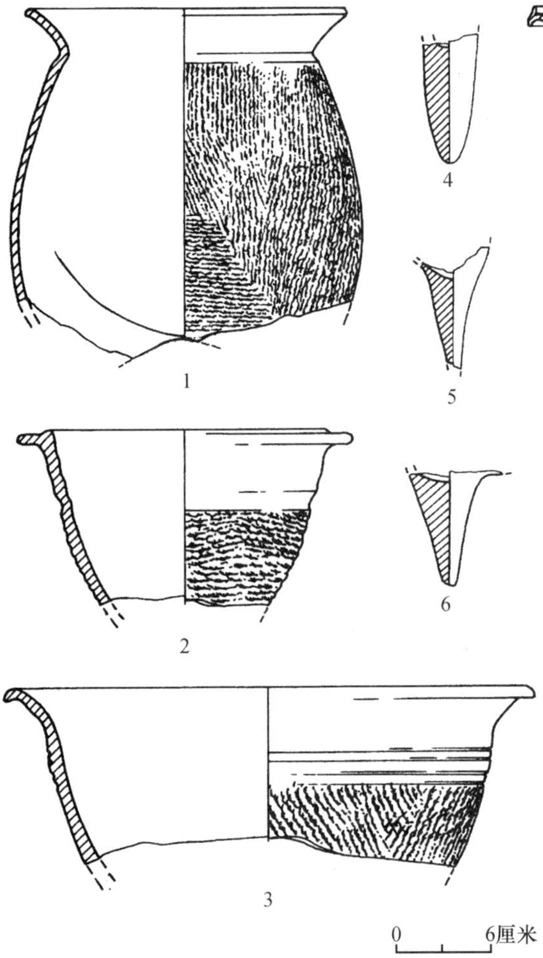

图3.7　二里冈文化第二期H40、H52出土陶器（三）

1. 鬲（H40：6）　2. 甑（H40：2）　3. 深腹盆（H40：3）　4～6. 鬲足（H52：41、H52：20、H52：29）

7、8. 中口罐（H52：18、H52：14）　9、11. 鬲（H52：17、H52：32）　10. 小口罐（H52：38）

（自《郑州大师姑》313页图二二三）

化早期的城址。理由如下。

3.2.1　二里冈文化早期壕沟与二里头文化时期城墙是有机的整体

二里冈文化时期的壕沟位于二里头文化城墙之外，与城墙并行。G1和G6的剖面显示，二里冈文化时期的环壕是在二里头文化城壕的基础上扩充而成的，除保留二里头文化晚期城壕的外侧壁外，二里头文化晚期城壕的内壁基本上被全部挖掉（图2.4、图3.1）。同时，二里冈文化早期城壕也并没有对二里头文化时期的城墙造成任何破坏。显然，二里冈文化早期壕沟此时已经不仅仅是一个孤立的城壕遗迹，开挖二里冈文化早期城壕的目的毫无疑问已经是在有计划地利用和保护城墙，二里冈文化早期城壕与二里头文化时期的城

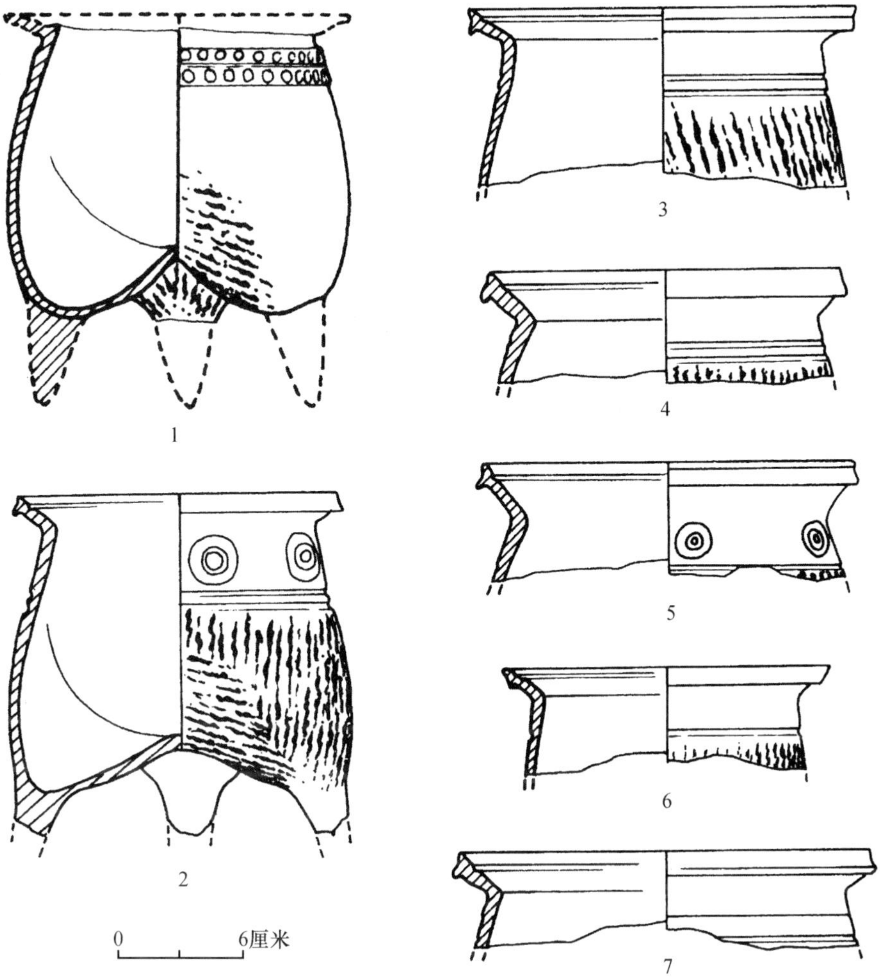

图3.8　二里冈文化第三期H21出土陶器（一）

1～7. 鬲（H21：58、H21：59、H21：51、H21：52、H21：50、H21：39、H21：49）

（自《郑州大师姑》298页图二一一）

墙已经形成了一个有机的整体。

3.2.2　二里冈文化早期壕沟与二里头文化时期城墙及城址内的二里冈文化遗存共同组成了二里冈文化时期的新城址

根据“缺乏直接打破城墙的遗迹单位”之考古实际分析①，尽管城墙是二里头文化时期修筑的，但是随着城内二里头文化被新的以二里冈下层一期C1H9为代表的考古学文化所取代，城墙本身的功能和性质也发生了质的变化，即其功能由以前的保护二里头文化时期的遗存，转化为保护现在的二里冈文化时期的遗存，其性质也就毫无疑问地由二里头文化时期的城墙转变为二里冈文化时期的城墙。

① 郑州市考古研究所. 郑州大师姑·2002—2003［M］. 北京：科学出版社，2004：337.

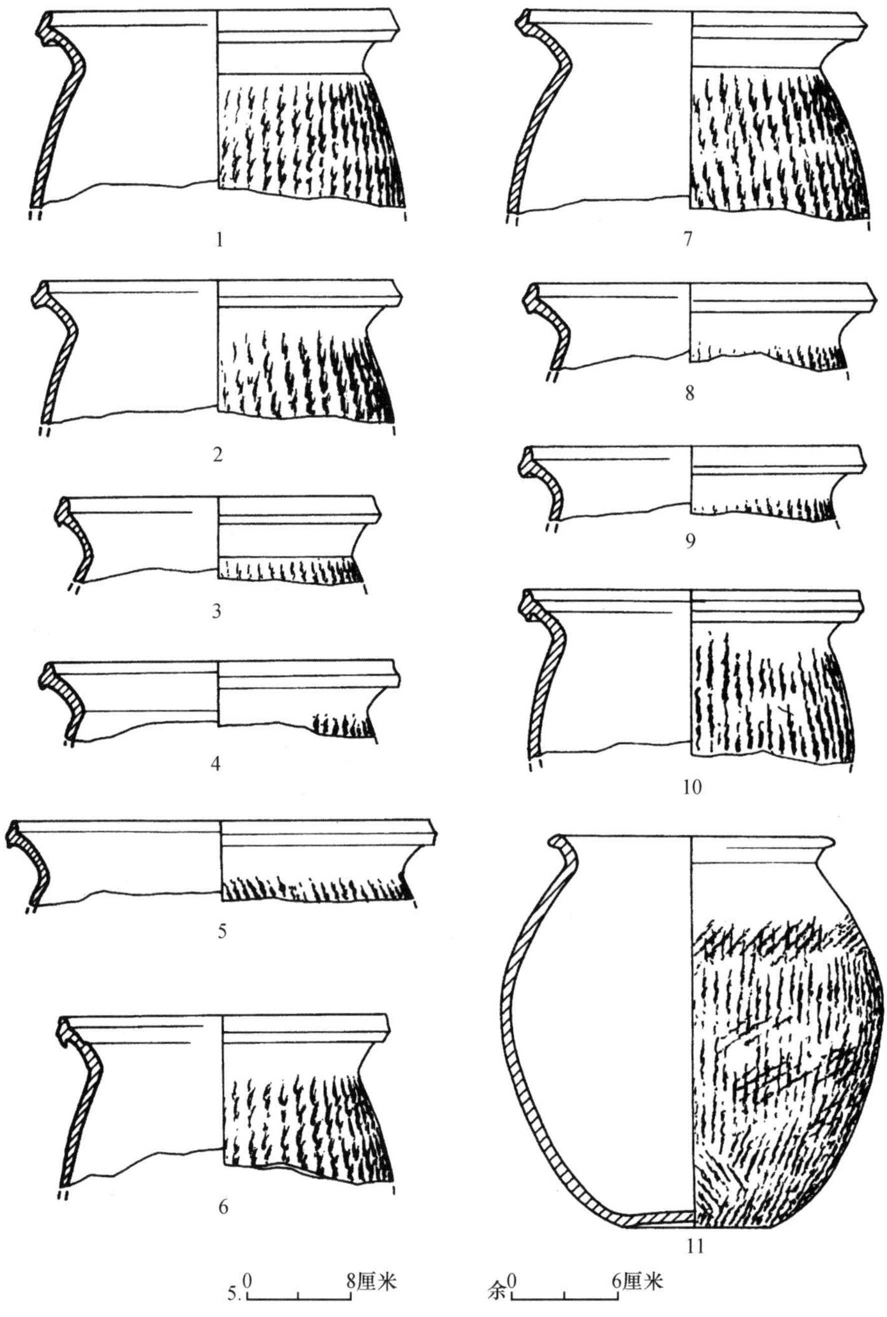

图3.9　二里冈文化第三期H21出土陶器（二）

1～10. 中口罐（H21：36、H21：37、H21：38、H21：40、H21：41、H21：43、H21：44、H21：42、H21：45、H21：48）　11. 小口罐（H21：54）

（自《郑州大师姑》299页图二一二）

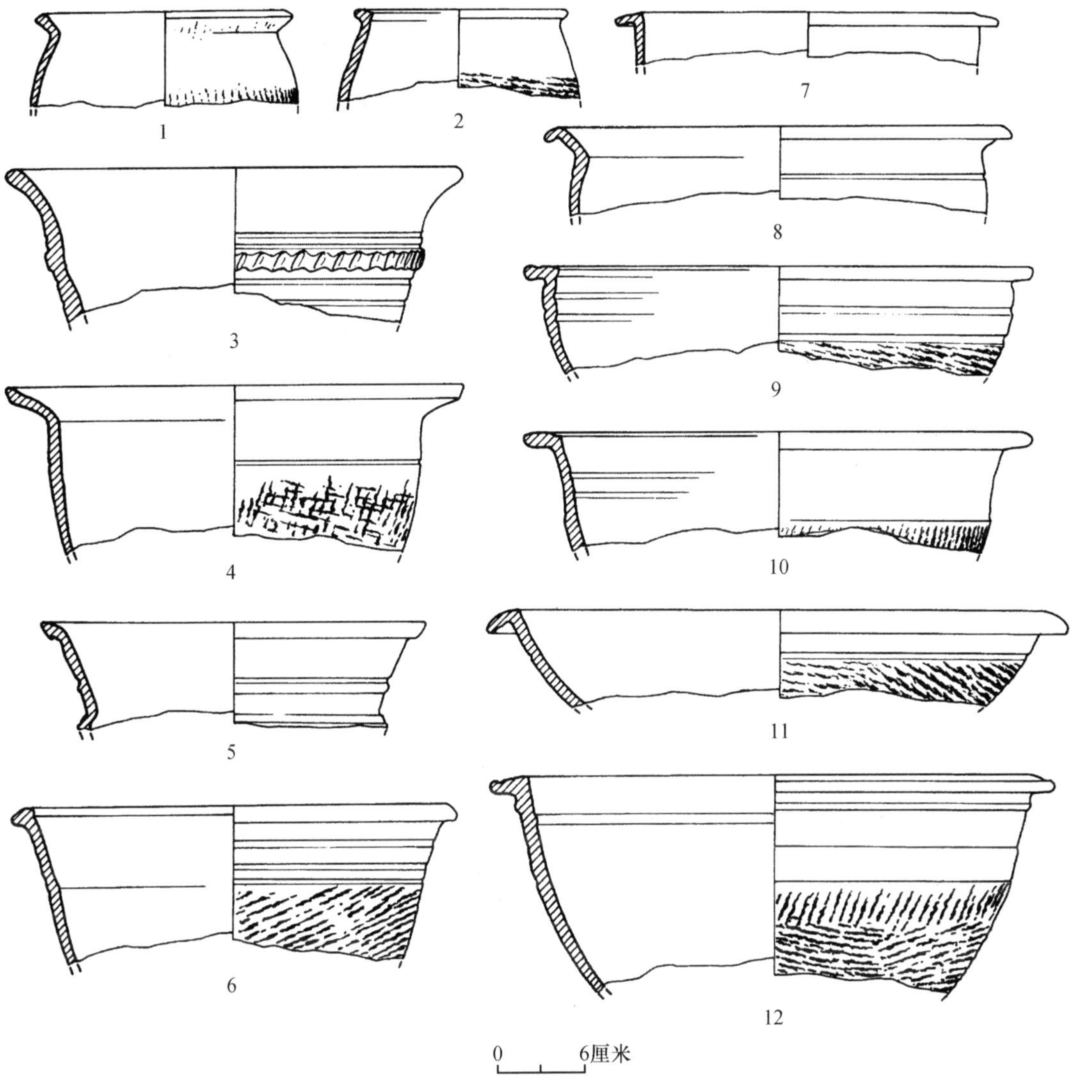

图3.10　二里冈文化第三期H21出土陶器（三）

1、2、4、7、8. 深腹盆（H21：12、H21：15、H21：35、H21：21、H21：31）　3、5. 大口尊（H21：5、H21：13）　6. 甑（H21：3）　9、10、12. 中腹盆（H21：28、H21：9、H21：7）　11. 深腹盆（H21：6）

（自《郑州大师姑》300页图二一三）

至此，则不难发现，不晚于二里冈下层一期C1H9阶段的二里冈文化早期环壕已经不仅仅是孤立的二里冈文化早期环壕，事实上，二里冈文化早期环壕已经和城墙及城内的二里冈文化遗存一起，又共同组成了一座新的城址，即二里冈文化时期的城址。随着二里冈文化早期环壕的开挖与使用，不仅标志着二里头文化晚期城址的终结，同时又标志着二里冈文化早期城址的新生。因此，我们认为，郑州大师姑城址既是一座二里头文化晚期的城址，又是一座二里冈文化早期的城址，它是迄今发现的唯一一座具有二里冈文化和二里头文化两个时期城址遗存的城址。因此，探讨这座城址的性质不仅对厘清学术界关于二里冈

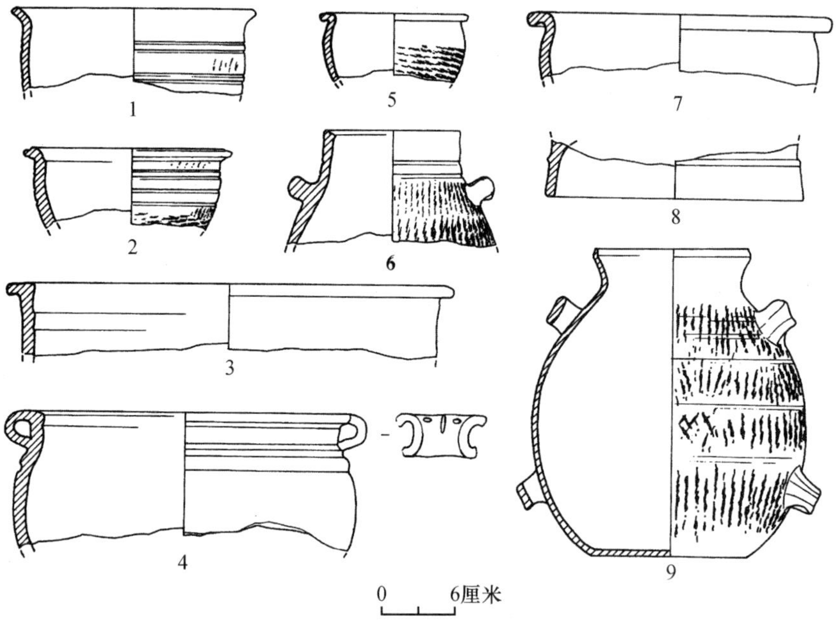

图3.11　二里冈文化第三期H21出土陶器（四）

1、2、5. 小盆（H21：4、H21：17、H21：18）　3、4、7. 簋（H21：33、H21：32、H21：24）

6、9. 壶（H21：23、H21：57）　8. 簋足（H21：22）

（自《郑州大师姑》302页图二一四）

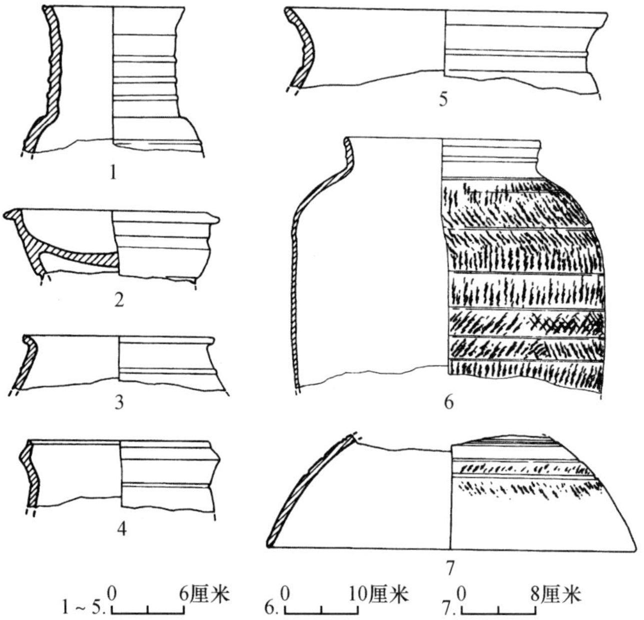

图3.12　二里冈文化第三期H21出土陶器（五）

1. 壶（H21：16）　2. 豆（H21：19）　3. 小口瓮（H21：20）　4. 斝（H21：53）　5、6. 大口瓮（H21：56、H21：55）　7. 器盖（H21：2）

（自《郑州大师姑》303页图二一五）

文化是早商文化或是中商文化以及二里头文化是早商或是晚夏文化的争议，即对夏商分界问题具有重要的学术价值，更重要的是对久讼未决的商汤亳都问题的最终冰释大有裨益。

4 大师姑二里冈文化早期城址的性质

大师姑二里冈文化早期城址的性质是由大师姑二里冈文化早期城址取代大师姑二里头文化晚期城址的年代、方式及取代前后的考古学文化性质所决定的。

4.1 大师姑二里冈文化早期城址取代二里头文化晚期城址的年代

大师姑二里冈文化早期城址取代二里头文化晚期城址的年代，主要是由城址内二里冈文化遗存取代二里头文化遗存的年代和二里冈文化早期城壕替代二里头文化晚期城壕的年代所决定的。

4.1.1 二里冈文化遗存替代二里头文化遗存的年代

根据报告提供的资料分析，我们认为大师姑二里冈文化早期遗存取代大师姑二里头文化晚期遗存的上限约在大师姑二里头文化第三段，或大师姑二里冈文化第一段之上限。

首先，大师姑二里头文化第三段遗存中堆积有大型夯土建筑上的废弃物。典型单位如G5和H69。G5是大师姑二里头文化第三阶段比较有代表性的灰沟。灰沟内的堆积可分为4大层11小层。其中，第1大层内含有大量草木灰，出土大量二里头文化晚期陶片和陶水管道残片。第3大层内的堆积主要是坍塌的夯土墙体。这些夯土墙体是用黄白色沙土和褐色黏土掺杂后夯打而成，夯层厚6～7厘米，夯窝为圆形圜底，直径4、深1厘米。第4层内保存一段较为完整的直立墙体，体长200、高80、厚60～65厘米，墙体两侧较平整，应为原始墙体。这种规格的原始墙体应该是大型建筑所用墙体。H69位于T6东南角，东、南两面分别压在隔梁下（图2.16）。开口于H66下，打破生土。发掘部分平面呈不规则扇形，口部最长2.75、宽1.6、深0.6～1.2米。坑内分为3层。第1层，黑灰土，含有少量草木灰与黄沙土块及红烧土粒。堆积内埋葬一具成年女性骨架。第2层，红褐色土，较纯净。第3层，红褐色草拌泥土，含有少量红烧土粒及较多的草朽痕，这应是房屋建筑用草拌泥。以上这些遗迹内的夯土块、草拌泥土、陶水管道残片等堆积都明显是建筑废弃遗存，表明大师姑二里头文化第三段之时，城内曾遭受过严重破坏。

其次，根据报告提供的资料，二里冈文化时期的壕沟直接打破二里头文化时期城壕[①]。城壕内主要出土有大口尊、盆、敛口瓮、缸、甑、深腹罐等器形（图3.2），其形制特征与以二里冈下层一期C1H9、C1H14为代表的二里冈下层一期的同类器物特征基本相同，年代也应与之大体相当。进一步证明大师姑二里冈文化替代二里头文化的年代不会晚于二里冈下层一期的年代，这一年代基本上相当于大师姑二里头文化第三段。

---

① 郑州市考古研究所. 郑州大师姑·2002—2003［M］. 北京：科学出版社，2004：8～9.

最后，T7内揭露了二里冈城壕打破二里头文化层第4～12层，第4～12层叠压夯1、夯2、夯3的地层关系，夯3属大师姑二里头文化二段，其他单位出土的器物有盆、甑、罐、鬲、豆盘等[①]。其中，T6⑥：2、T7⑧：1罐与大师姑二期H76：38、H76：43、H75：7、H75：162罐形制相类，T7④：3、T7⑦：1盆与大师姑一期H85：1盆形制相近。表明二里冈早期城壕打破二里头文化的年代不晚于大师姑二里头文化三期（图4.1）。

根据以上考古实际，我们认为二里冈文化早期城址替代二里头文化晚期城址的时间大致在大师姑二里头文化第三段，或大师姑二里头文化第二段与大师姑二里冈文化第一期之间。

尽管也有大师姑早商一期的单位如H55打破大师姑二里头四期H66、H40打破五期H34等现象，但这些大师姑早商一期单位的陶器特征都属于早商一期偏晚阶段的。根据早商文化向西取代二里头文化的考古实际，那么大师姑二里冈早期城址的年代就应该以最早打破二里头文化的早商遗迹年代为准。换言之，打破城址内二里头文化最早的早商遗迹的年代就是大师姑二里冈早期城址取代大师姑二里头文化城址的年代，即二里冈下层一期之始。

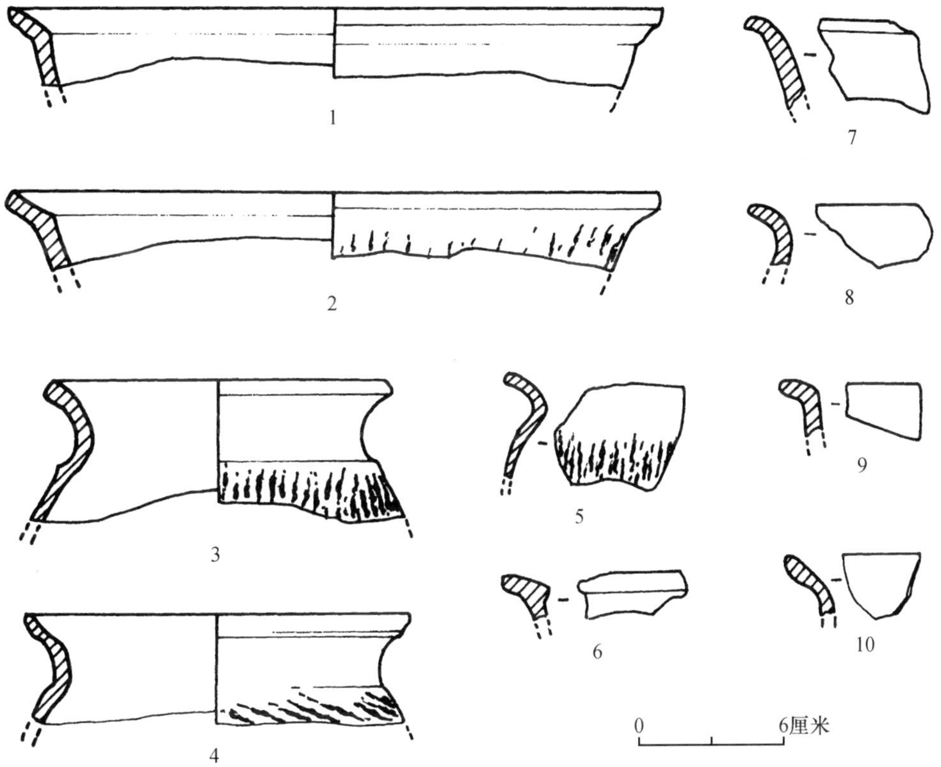

图4.1　叠压城墙外侧地层中出土陶器

1. E型Ⅱ式卷沿盆（T7④：3）　2. Aa型Ⅰ式甑（T7⑦：1）　3. D型Ⅱ式卷沿深腹罐（T7⑥：2）　4. B型Ⅱ式卷沿圆腹罐（T7⑧：1）　5、8. A型鬲（T7④：1、T7④：2）　6. B型Ⅰ式豆盘（T7⑧：3）　7、9. 盆（T7⑦：2、T7⑦：4）　10. 深腹罐（T7⑧：2）

（自《郑州大师姑》270页图一九一）

① 郑州市考古研究所. 郑州大师姑·2002—2003［M］. 北京：科学出版社，2004：269～270.

4.1.2　二里冈文化城址取代二里头文化城址的方式

根据报告提供的资料分析，二里冈文化城址替代二里头文化城址的方式应该是一种破坏和利用式的取代方式。

4.1.2.1　二里冈文化城壕取代二里头文化城壕的方式应该是一种破坏式的取代方式

报告提供的资料显示，二里冈文化早期环壕的“外侧或打破二里头文化护城壕沟，或利用该壕沟的外侧壕壁，内侧则为新挖，并打破了叠压城墙外侧的二里头文化地层”①。说明二里冈文化时期的环壕是在二里头文化城壕的基础上扩充而成的，二里冈文化时期壕沟的内侧完全打破了二里头文化时期城壕的内壁，外侧则或多或少地保留有二里头文化时期的城壕（图3.1）。二里冈文化时期壕沟取代二里头文化城壕完全是一种破坏式的更新。

4.1.2.2　G5及H69内的堆积遗存是经过暴力破坏后所遗留

第一，在G5内的堆积中，不仅含有大量草木灰和大量二里头文化晚期陶片、陶水管残片，而且填埋有大量坍塌的、厚60～65厘米的原始夯土墙体。这些陶水管和原始夯土墙体应该是大型建筑的组成部分②。

第二，H69内的草拌泥堆积也明显是建筑的废弃遗物③。

上述遗迹内所堆积的遗存皆为建筑废弃遗物，尤其是原始夯土墙、陶排水管道等大型建筑物废弃堆积的现象表明，当时的城内应该是遭受了严重的破坏，把地下陶水管道都能够“折腾”出来，可见其破坏规模之大、程度之深，既不像自然力破坏所致，也不像是自身拆旧建新行为所为，应该与暴力方式有关。

4.1.3　大师姑二里头文化晚期城址与大师姑二里冈文化早期城址交替前后考古学文化因素的变化

根据大师姑遗迹登记表登记的遗物看，大师姑城址内二里头文化在二、三段之间的文化因素确实发生了变化。

4.1.3.1　取代之前的文化因素

大师姑二里冈文化早期城址取代二里头文化城址之前的大师姑二里头文化第一段与第二段的文化面貌分别有以下几个特点。第一段陶器以泥质陶居多，夹砂陶次之。陶色以灰陶为大宗，褐陶次之，黑皮陶数量较少。纹饰以绳纹为主，附加堆纹和弦纹次之，有少量编织纹，其中以中绳纹最多，细绳纹次之，粗绳纹少见，个别单位见极少量篮纹。器类中，大口尊极少见，出土鼎足较多，深腹罐、圆腹罐、平底盆、敛口罐、器盖、豆等常见。第二段与第一段基本相同，陶器仍以泥质陶最多，夹砂陶次之。陶色也仍以灰陶为大宗，褐陶次之，黑皮陶数量较少。纹饰以绳纹为主，附加堆纹和弦纹次之，少量编织纹，其中以中绳纹最多，细绳纹次之，但比例有所上升。器类中，大口尊大量出见，深腹罐、

① 郑州市考古研究所. 郑州大师姑 · 2002—2003［M］. 北京：科学出版社，2004：275.

② 郑州市考古研究所. 郑州大师姑 · 2002—2003［M］. 北京：科学出版社，2004：21～23.

③ 郑州市考古研究所. 郑州大师姑 · 2002—2003［M］. 北京：科学出版社，2004：350.

圆腹罐、盆、敛口罐、豆、甑等常见。仅在H76、H75两个灰坑中共出土1件鬲和3个鬲足。

4.1.3.2 取代之后的文化因素

大师姑二里冈文化早期城址取代二里头文化晚期城址之后的大师姑二里头文化第三段的文化面貌如下。陶器以泥质陶最多，夹砂陶次之。陶色以灰陶为主，褐陶次之，这些特征与取代前的文化特征基本相同。不同的是夹砂褐陶比例上升，黑皮陶数量有所增加。纹饰以中绳纹为主，细绳纹次之，粗绳纹、弦纹、附加堆纹占一定比例，本段出现细如线纹的细绳纹。器类和前段差别不大，但鬲的数量有所增加，出土鬲的单位也有所增多，如G5①a、G5①b、G5①d、G5②c、H53、H68、H71等单位皆有出土。

因此，无论是从取代的方式或是从文化因素方面发生的质变情况而言，皆证明郑州大师姑二里头文化晚期城址与郑州大师姑二里冈文化早期城址之间发生了质变，大师姑二里冈文化早期城址的形成在郑州地区就是明显有效的二里头晚期文化与二里冈早期文化分界的界标。二里冈早期文化取代二里头晚期文化的相对年代不会晚于大师姑二里头文化第三段。根据遗迹和城壕的层位关系，我们认为后者替代前者的相对年代应当不会晚于大师姑二里头文化第三段。由于二里冈早期文化是二里头晚期文化的替代者，因此，我们认为用替代者的最早年代当作两者的交替年代应当更符合历史实际。故大师姑二里冈早期城址取代大师姑二里头文化晚期城址的年代应当以二里冈下层一期的最早年代为是。

4.2 大师姑二里冈文化城址性质

要探讨大师姑二里冈文化早期城址的性质，就必须首先解决二里冈文化本身的性质，而解决二里冈文化本身的性质问题，则必须梳理清楚二里冈文化的发展序列与源流。

4.2.1 二里冈文化发展序列

二里冈文化发现于20世纪50年代，因其早于安阳殷墟晚期文化，同时又有着与安阳殷墟文化一脉相承的面貌而被公认为商文化。之后，有研究者将其分为“郑州殷商早期”和“郑州殷商中期”[①]，发掘报告则将其分为“二里冈期下层”和“二里冈期上层”[②]。随着发掘资料的不断积累和相关问题研究的不断深入，有关二里冈文化的发展序列问题先后出现了三段五组[③]、两层四期[④]、两期四段八组[⑤]、两期六段[⑥]等诸多观点。尽管期段划分

① 邹衡．试论郑州新发现的殷商文化遗址［J］．考古学报，1956，（3）．

② 河南省文化局文物工作队第一队．郑州商代遗址的发掘［J］．考古学报，1957，（1）；河南省文化局文物工作队．郑州二里冈［M］．北京：科学出版社，1959：9～42.

③ 邹衡．试论夏文化［G］//邹衡．夏商周考古学论文集［M］．北京：文物出版社，1980：107～115.

④ 安金槐．关于郑州商代二里冈期陶器分期问题的再探讨［J］．华夏考古，1988，（4）．

⑤ 张立东．论辉卫文化［D］．北京：北京大学博士学位论文，1994；张良仁．论二里头文化分期与性质［G］//杜金鹏，许宏．偃师二里头遗址研究［M］.北京：科学出版社，2005：458，注143.

⑥ 张良仁．论二里头文化分期与性质［G］//杜金鹏，许宏．偃师二里头遗址研究［M］．北京：科学出版社，2005：435～458.

粗细有别，但都对以C1H9为代表的遗存分属二里冈下层早段和以C1H17为代表的遗存分属二里冈下层晚段不持异议。而分歧则主要集中在C1H17之前的考古学文化即二里冈文化下层早期的发展序列和性质问题上。

在郑州地区，以C1H17为代表的二里冈下层晚段遗存之前除以C1H9为代表的二里冈下层一期遗存之外，还分别发现有南关外中、下层遗存和洛达庙文化遗存等。关于它们之间的关系问题，目前学术界存在多种不同看法。第一种观点认为，南关外中、下层遗存和以C1H9为代表的遗存同属一组考古学文化，即先商文化，发展序列上早于C1H17阶段，年代上等同于二里头文化四期。其源头为豫北冀南的“漳河型”先商文化①。第二种观点虽然也认为南关外中、下层遗存和以C1H9为代表的遗存同属一组考古学文化，但其性质则属早商文化，源头为洛达庙文化，南关外遗存则是来自于湖北盘龙城的外来文化遗存②。第三种观点认为，南关外中层和以C1H9为代表的遗存属一组考古学文化，性质为中商考古学文化，发展序列上早于C1H17阶段，晚于南关外下层和二里头文化四期。其源头是商代洛达庙晚期（即二里头晚期），南关外遗存来自于淮河中游的固始县东部泉河店部分遗址③。第四种观点认为，南关外下层、C1H9、南关外中层、C1H17属于前后发展的关系，南关外下层属夏末或夏商之际，C1H9属早商文化④。第五种观点则将南关外下层、中层和C1H9划分为前后不同阶段的三组，认为南关外下层属先商文化⑤。由于除了南关外中层直接叠压南关外下层外，其他文化遗存之间基本上不存在直接的地层叠压关系，因而上述学者根据各遗存出土遗物形态变化所得出的早晚发展序列也就只能仁者见仁，智者见智了。

早在《郑州南关外商代遗址的发掘》一文中，发掘者就曾经指出：“根据该层（南关外中层——笔者）出土陶器形制来看，绝大多数和郑州二里冈下层是相同的”⑥，但是也有一部分陶器的形制和陶质、陶色与南关外下层出土陶器相同或比较接近，因此说，其年代“最晚应和郑州商代二里冈下层属于同时或稍早”⑦。随后，有学者认为南关外中层的部分典型器物如“侈缘厚胎鬲和细腰斝等”⑧应属于二里冈下层典型器物，将南关外中、下层与C1H9等二里冈下层期的部分单位划为同时期遗存⑨。而随着资料的积累和研究的深入，不少学者主张南关外中层与C1H9为代表的二里冈下层文化面貌基本相同、年代基本

---

① 邹衡. 试论夏文化［G］//邹衡. 夏商周考古学论文集［M］. 北京：文物出版社，1980：95～182.

② 袁广阔. 关于“南关外期”文化的几个问题［J］. 中原文物，2004，（6）.

③ 安金槐. 对于郑州商代南关外期遗存的再认识［J］. 华夏考古，1989，（1）.

④ 杜金鹏. 郑州南关外中层文化遗存再认识［J］. 考古，2001，（6）.

⑤ 谢肃，张翔宇. 试论南关外型商文化的年代分组［J］. 中原文物，2003，（2）.

⑥ 河南省博物馆. 郑州南关外商代遗址的发掘［J］. 考古学报，1973，（1）.

⑦ 河南省博物馆. 郑州南关外商代遗址的发掘［J］. 考古学报，1973，（1）.

⑧ 河南省博物馆. 郑州南关外商代遗址的发掘［J］. 考古学报，1973，（1）图一一：3；图一一：10.

⑨ 邹衡. 试论夏文化［G］//邹衡. 夏商周考古学论文集［M］. 北京：文物出版社，1980：107.

相当[①]。当然，也有学者认为南关外中层与C1H9为代表遗存的面貌有所差异，年代上早晚不一。例如，有学者认为南关外下层、C1H9、南关外中层、C1H17早晚相连[②]；另有学者认为南关外下层、南关外中层、C1H9、C1H17早晚相连。由于缺乏确凿的地层关系，上述两种看法若仅从类型学角度而言则均不无道理。不过，若从文化的源流方面去分析，则我们主张以C1H9为代表的遗存和南关外下层、南关外中层、洛达庙晚期等遗存皆为同时期的文化遗存。

第一，从层位关系而言，除南关外中层直接叠压南关外下层外，南关外中层[③]、C1H9为代表的二里冈下层一期遗存[④]、洛达庙晚期遗存[⑤]等皆被二里冈文化下层二期遗存即以C1H17为代表的遗存所叠压。

第二，从文化因素的构成方面而言，虽然他们之间部分文化因素，尤其是核心因素有别，如南关外遗存以棕褐色陶和连裆鬲为核心因素[⑥]，洛达庙遗存以灰褐色陶和鼎为核心因素[⑦]，而C1H9为代表的二里冈下层一期遗存则以灰色陶和分裆鬲为核心因素[⑧]，但它们之间的共性也相对比较突出。例如，陶器中分别共有分裆鬲、甗、斝、豆、盆、尊、罐等器形，且形制又比较相近。因此，我们赞同郑州地区的南关外中、下层，洛达庙晚期和C1H9为代表的二里冈下层一期遗存等四类考古学文化在年代上基本相对的观点。不过，在上述四类考古学文化中，南关外中、下层遗存基本上仅分布于南关外遗址[⑨]；洛达庙晚期遗存目前也仅在郑州市西南的洛达庙村、郑州商城东城墙及商城内东北部宫殿区等部分地方有所发现，且遗迹仅有少量的灰坑、窑址、壕沟、墓葬等[⑩]；而C1H9为代表的二里冈下层一期遗存不仅分布面积大，而且发现的遗迹除较多灰坑外，还有4座房基和3座墓葬[⑪]。根据考古学文化命名的一般原则，我们认为应该将这类遗存统一称之为二里冈文化

---

① 安金槐. 对于郑州商代南关外期遗存的再认识［J］. 华夏考古，1989，（1）；张文军，张玉石，方燕明. 关于郑州商城的考古学年代及若干问题［G］//河南省文物考古研究所. 郑州商城考古新发现与研究［M］. 郑州：中州古籍出版社，1993；李经汉. 郑州二里冈期商文化的来源及相关问题讨论［J］. 中原文物，1983，（3）；袁广阔. 关于“南关外期”文化的几个问题［J］. 中原文物，2004，（6）.

② 杜金鹏. 郑州南关外中层文化遗存再认识［J］. 考古，2001，（6）；杜金鹏. 夏商周考古学研究［M］. 北京：科学出版社，2007：332～345.

③ 河南省文物考古研究所. 郑州商城［M］. 北京：文物出版社，2001：119～121.

④ 河南省文物考古研究所. 郑州商城［M］. 北京：文物出版社，2001：149～150.

⑤ 河南省文物考古研究所. 郑州商城［M］. 北京：文物出版社，2001：86～90.

⑥ 河南省文物考古研究所. 郑州商城［M］. 北京：文物出版社，2001：125～129.

⑦ 河南省文物考古研究所. 郑州商城［M］. 北京：文物出版社，2001：95～113.

⑧ 河南省文物考古研究所. 郑州商城［M］. 北京：文物出版社，2001：162～164.

⑨ 河南省文物考古研究所. 郑州商城［M］. 北京：文物出版社，2001：119～122.

⑩ 河南省文物考古研究所. 郑州商城［M］. 北京：文物出版社，2001：86～96；河南省文物研究所. 郑州黄委会青年公寓考古发掘报告［G］//河南省文物考古研究所. 郑州商城考古新发现与研究［M］. 郑州：中州古籍出版社，1993：95～113.

⑪ 河南省文物考古研究所. 郑州商城［M］. 北京：文物出版社，2001：146～154.

下层一期遗存。而南关外和洛达庙晚期遗存则分别属于这一考古学文化遗存的不同类型。因此，将其分别命名为二里冈文化下层一期南关外型和二里冈文化下层一期洛达庙型相对比较符合考古实际。

4.2.2　二里冈文化下层一期的流与源

根据由已知求未知的原则，我们首先分析二里冈文化下层一期遗存的流向问题。众所周知，二里冈文化下层一期遗存之后是以C1H17为代表的二里冈文化下层二期遗存。该期遗存中的陶器以泥质灰陶和砂质灰陶为主的，泥质灰陶约占陶器总数的50%，砂质灰陶约占陶器总数的40%，砂质和泥质棕褐色陶、粗砂质红陶和泥质黑皮陶数量较少。绝大多数陶器都是快轮拉坯成形，陶胎一般比较薄，器表纹饰以细绳纹和较粗绳纹最多，弦纹、划纹、方格纹、云雷纹、饕餮纹、夔纹等数量较少。常见器形有鼎、鬲、甗、罐、甑、斝、盉、爵、杯、觚、豆、簋、钵、盘、盆、瓮、尊、壶、罍、缸等。其中，最典型的鬲几乎全是分裆垂腹，甗也基本上都带有尖实足根①（图4.2）。

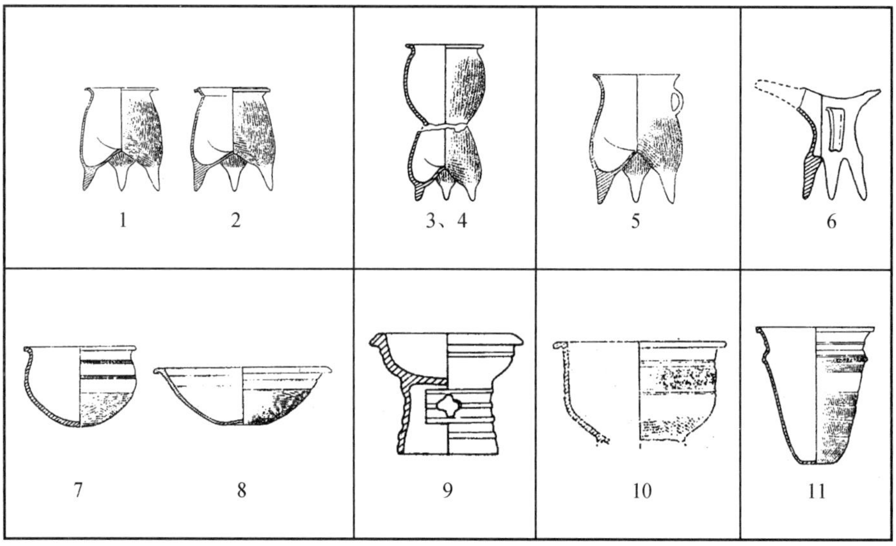

图4.2　二里冈下层二期典型陶器图

1、2. 鬲（C1H17：118、C1H17：119）　3、4. 甗（C1H12：29、C1H7：4）　5. 斝（C1H17：38）　6. 爵（C1T14：28）　7、8. 盆（C5.1H148：5、C11T103②：169）　9. 豆（C1H17：113）　10. 簋（C1H17：111）　11. 大口尊（C1H2甲：328）

（6～8自《郑州商城》51、56页，余自安金槐《关于郑州商代二里冈期陶器分期问题的再探讨》）

而在C1H9为代表的二里冈下层一期遗存、南关外型遗存和洛达庙晚期型遗存中，C1H9为代表的二里冈下层一期遗存中陶器以砂质灰陶和泥质灰陶为大宗，约占陶器总数的75%，粗砂质红陶约占20%，泥质黑皮陶约占5%。灰陶器类多为轮制，兼有少量部件为

① 河南省文物考古研究所. 郑州商城［M］. 北京：文物出版社，2001：145；河南省文物考古研究所. 郑州商城——1953～1985年考古发掘报告（中）［M］. 北京：文物出版社，2001：622～685.

手制，胎壁一般较薄；而红陶器类则多为泥条盘筑或略加轮修，胎壁较厚。器表除素面与磨光者外，灰陶器类表面多饰较细而规整的绳纹及少许弦纹、划纹、方格纹和附加堆纹；红陶表面除多饰绳纹外，还有方格纹、篮纹、云雷纹和弦纹等。常见器形有鼎、鬲、甗、罐、甑、斝、爵、豆、簋、钵、盆、瓮、尊、缸等①（图4.3～图4.9）。南关外遗存中，陶器则以砂质和泥质棕褐色陶为大宗，占陶器总数的80%以上，只有极少量的泥质灰陶和黑皮陶。陶器多为手制，轮制较少，胎壁较厚且厚薄不均，器表粗糙。器表除部分泥质陶器或素面或加一层陶衣外，褐色陶器表面多饰规整的细绳纹，并有少许弦纹、划纹、乳钉纹和附加堆纹。常见器形（图4.10～图4.14）虽然与前者基本相同，但在典型器物的特征上却存在明显差别：如前者的鼎腹为盆形、鬲多分裆垂腹、甗足为低分裆高尖实足根，

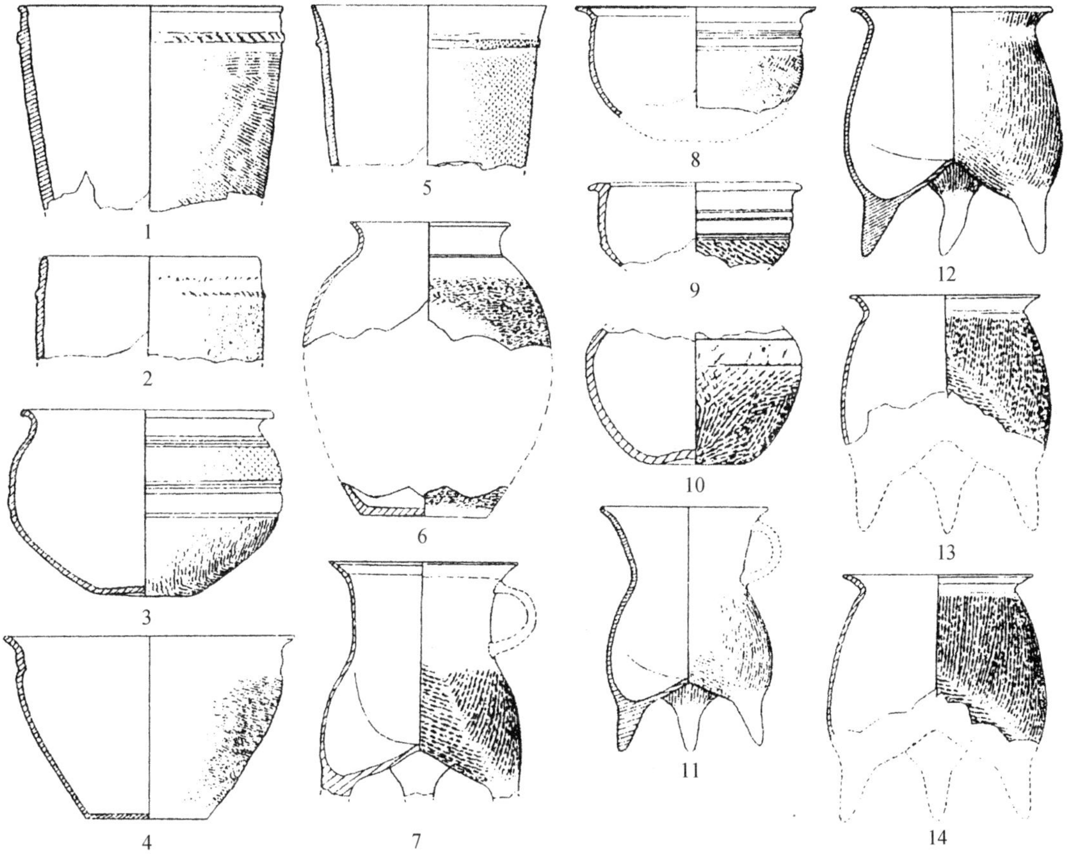

图4.3　二里冈下层一期C1H9出土陶器

1、2、5. 大口缸（H9：2-1、H9：2-2、H9：53）　3、4、8～10. 盆（H9：354、H9：25、H9：15、H9：16、H9：9）　6. 瓮（H9：47）　7、11. 斝（H9：20、H9：362）　12～14. 鬲（H9：36、H9：21a、H9：23b）

（自袁广阔、曾晓敏《论郑州商城内城和外郭城的关系》图二）②

---

① 河南省文物考古研究所. 郑州商城［M］. 北京：文物出版社，2001：163、165、167、168、170、172；河南省文物考古研究所. 郑州商城——1953～1985年考古发掘报告（上）［M］. 北京：文物出版社，2001：162.

② 袁广阔，曾晓敏. 论郑州商城内城与外郭城的关系［J］. 考古，2004，（3）：64.

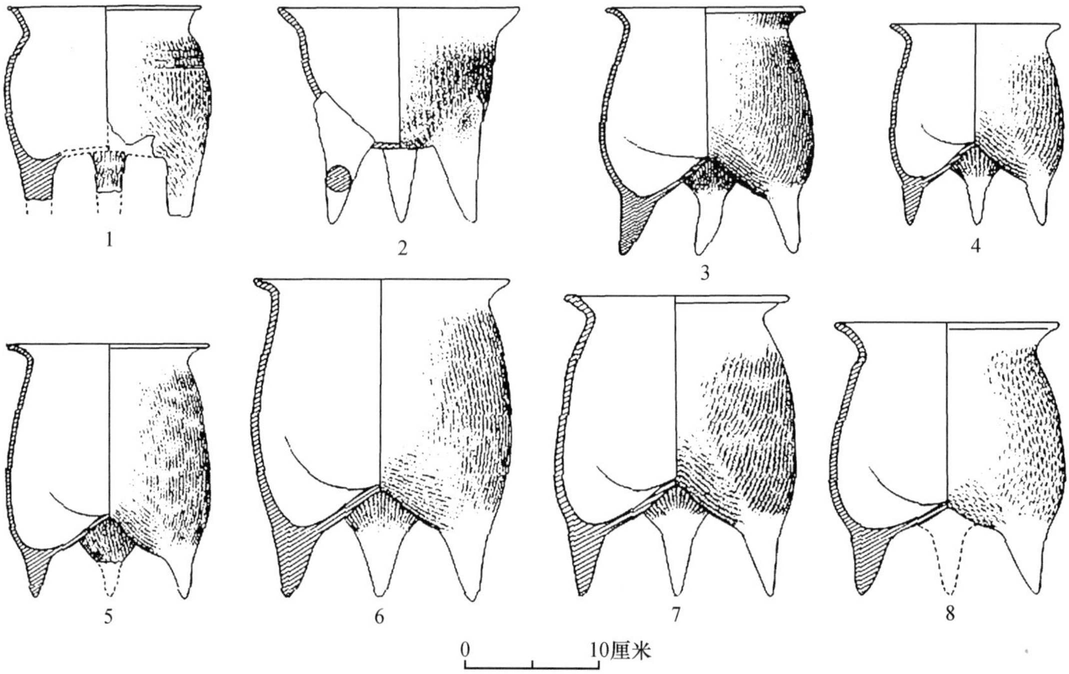

图4.4　二里冈下层一期陶鼎和鬲

1. 罐形鼎（C9.1T108③：110）　2. 盆形鼎（C5T5②：88）　3～8. 鬲（C1H9：36、C5T5②：91、C9.1H118：8、C7H15：70、C7H15：60、C5T5②：92）（1、2、4、5、8. 南关外遗址；3. 二里冈遗址；6、7. 人民公园遗址）

（自《郑州商城》163页图一〇三）

而后者则鼎腹为罐形、鬲多连裆桶腹、甗足为高分裆无足尖[①]；洛达庙晚期遗存中，陶器以泥质和砂质陶为主、并有一些泥质和砂质的灰褐陶及少量黑皮陶，与C1H9一类遗存相近，但纹饰中的鸡冠形装饰少见或不见于其他两种遗存。尽管洛达庙常见器类与C1H9一类遗存常见器类基本相同，但在核心炊器中洛达庙文化鼎类器较多、鬲类器较少，正好与C1H9一类遗存相反。尤其是在两者共有的鬲类器物中，洛达庙晚期中的弧裆鬲和无颈桶腹鬲基本上不见于C1H9一类遗存[②]。显然，C1H9一类遗存是以C1H17为代表的二里冈文化下层二期遗存的主流。

那么，二里冈文化下层一期遗存之源又是来自于何处呢？根据目前的研究成果，有学者主张南关外遗存之源有可能来自于淮河流域[③]，有学者则主张来自于湖北的盘龙城[④]，

① 河南省文物考古研究所. 郑州商城［M］. 北京：文物出版社，2001：128、129、131、133、134；河南省文物考古研究所. 郑州商城——1953～1985年考古发掘报告（上）［M］. 北京：文物出版社，2001：128～171.

② 河南省文物考古研究所. 郑州商城［M］. 北京：文物出版社，2001：101、113、163.

③ 安金槐. 对于郑州商代南关外期遗存的再认识［J］. 华夏考古，1989，（1）.

④ 袁广阔. 关于“南关外期”文化的几个问题［J］. 中原文物，2004，（6）.

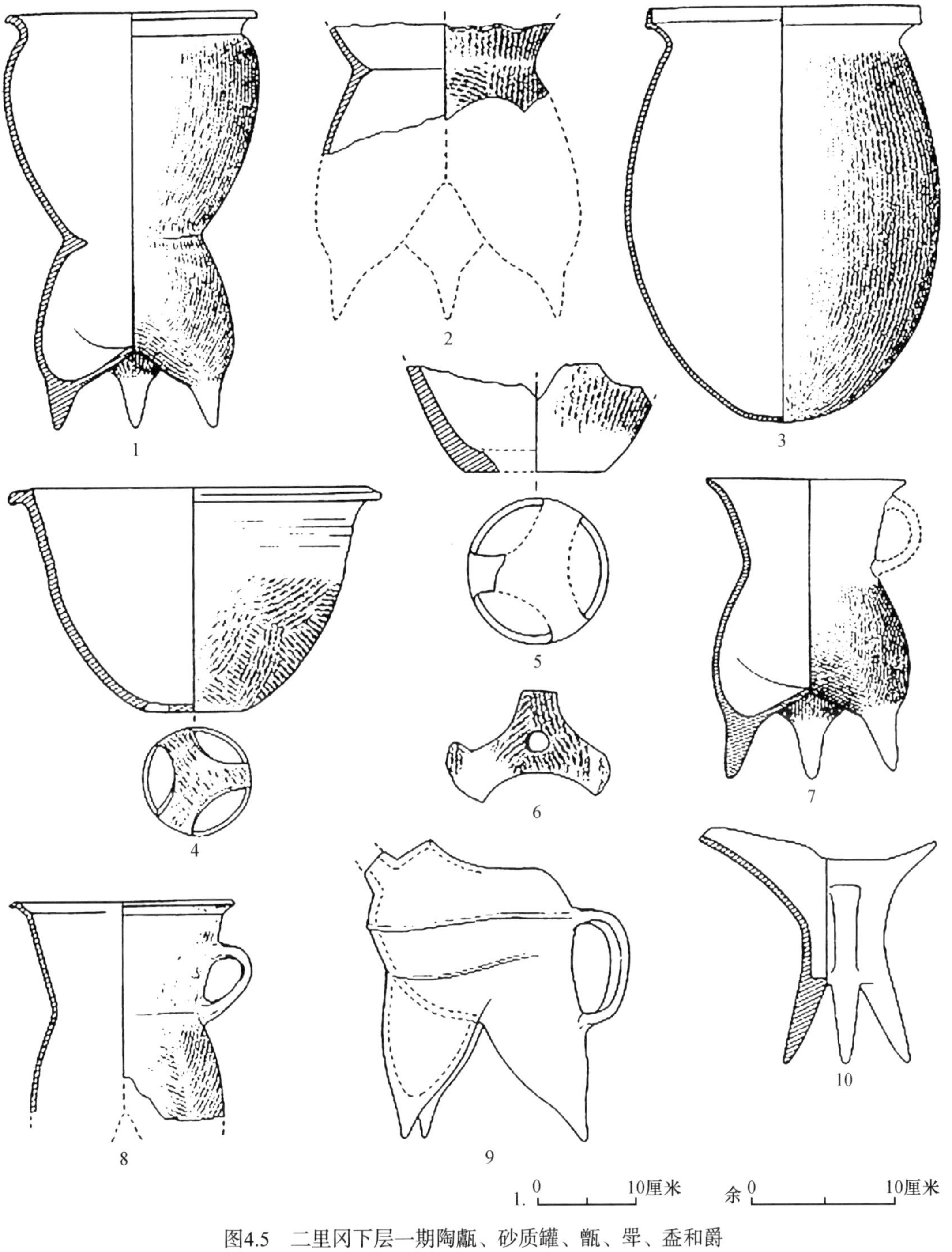

图4.5　二里冈下层一期陶甗、砂质罐、甑、斝、盉和爵

1、2. 陶甗（C9.1H118：24、C1H14：77）　3. 砂质罐（C1H14：80）　4～6. 甑（C9.1H118：16、C9.1T108③：107、C1H9：368）　7. 卷沿斝（C1H9：362）　8. 折沿斝（C9.1H118：15）　9. 盉（C8M28：2）　10. 爵（C8M28：1）（1～8. 二里冈遗址；9、10. 商城内东北部）

（自《郑州商城》165页图一〇四）

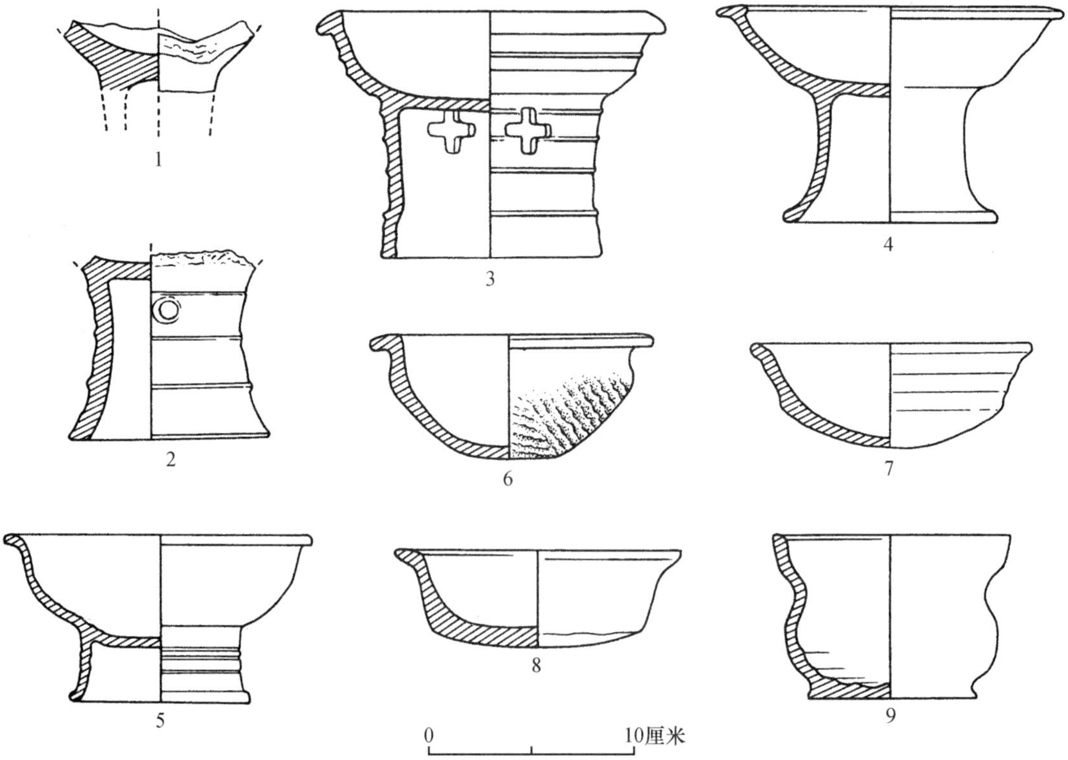

图4.6　二里冈下层一期陶豆、簋、钵和盂

1～3. 浅盘高柄豆（C1H10：7、C1T18②：136、C11H154：9）　4. 高圈足豆（C5T50③：16）
5. 簋（C9.1T108③：45）　6. 敛口鼓腹钵（C1H14：56）　7. 敛口斜腹钵（C1M23：26）
8. 敞口直腹钵（C9.1T108③：112）　9. 盂（C5T5②：90）（1、2、6、7. 二里冈遗址；
3. 铭功路西制陶遗址；4、5、8、9. 南关外遗址）
（自《郑州商城》167页图一〇五）

还有主张来自于河北的漳河型文化[①]及来自于鲁豫皖一带的岳石文化[②]。而关于洛达庙晚期遗存，有学者主张其来自于本地的洛达庙中期和早期遗存，达洛庙中期和早期遗存与偃师二里头文化二、三期遗存文化面貌和年代相同[③]。

因此，洛达庙晚期之源实质上是偃师二里头文化。不过，根据我们的分析，南关外和洛达庙这两个类型的遗存并不是C1H17为代表的二里冈文化下层二期遗存的主要源流。另有学者主张C1H9为代表的二里冈下层一期遗存来源于河北南部漳河中游的下七垣文化[④]，

①　邹衡．试论夏文化［G］//邹衡．夏商周考古学论文集［M］．北京：文物出版社，1980：107.

②　栾丰实．试论岳石文化与郑州地区早期商文化的关系——兼论商族起源问题［J］．华夏考古，1994，（4）.

③　安金槐．对于郑州商代南关外期遗存的再认识［J］．华夏考古，1989，（1）；袁广阔．先商文化新探［J］．中原文物，2002，（2）.

④　李伯谦.先商文化探索［G］//《庆祝苏秉琦考古五十五年论文》编辑组．庆祝苏秉琦考古五十五年论文集［M］．北京：文物出版社，1989：280～292.

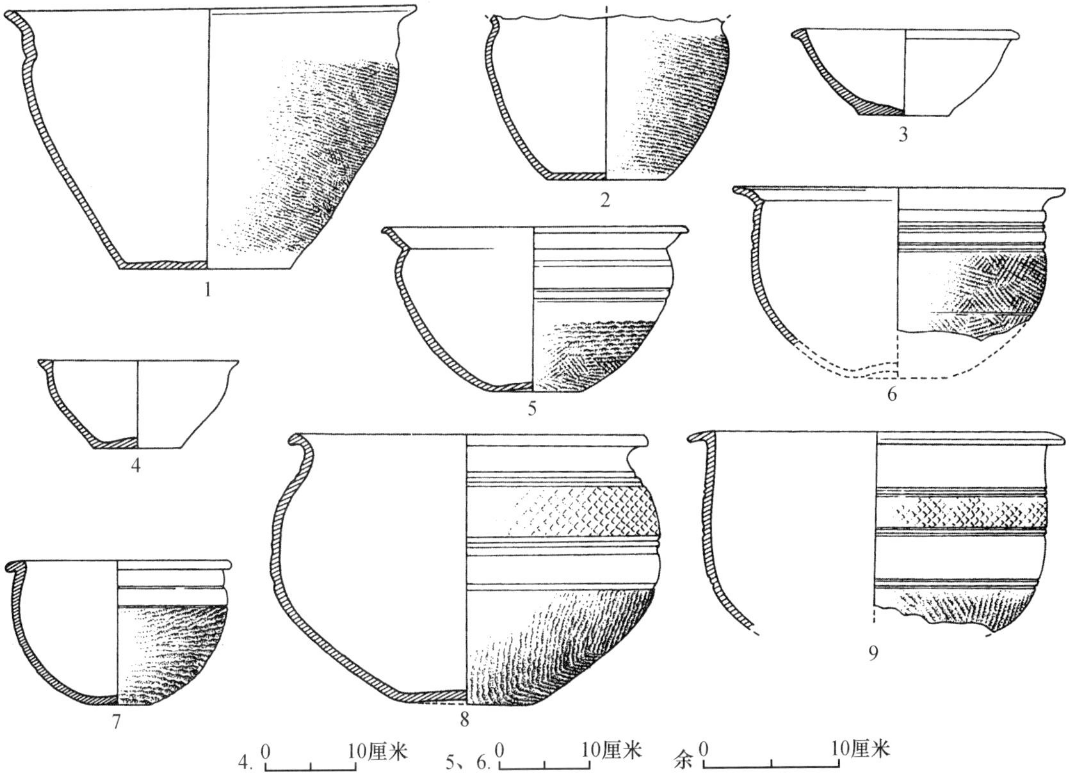

图4.7　二里冈下层一期陶盆

1、2. 敞口深腹平底盆（C1H9：25、C1H14：87）　3、4. 敞口浅腹平底盆（C1H10：47、C5T5②：87）　5～7. 敞口深腹圜底盆（C5T21③：12、C1H9：15、C1H10：401）　8. 敛口圆鼓腹圜底盆（C1H9：354）　9. 直口深腹盆（C1H14：82）（4、5. 南关外遗址；余为二里冈遗址）

（自《郑州商城》168页图一〇六）

而我们则主张其来源于豫东地区的鹿台岗型先商文化①。鹿台岗型先商文化的主要特征如下，陶器以夹砂灰陶和泥质灰陶为主，占总数55%～83%，夹砂红褐陶和泥质红褐陶占总数6%～32%。器物多为轮制而成，薄胎质地细密者约占70%，且火候均较高，而属岳石文化因素的夹粗砂厚胎红褐陶则只占12%左右。器物表面主要饰细绳纹，占纹饰总量的45%～56%，其次为拍印的杂乱绳纹和模糊浅绳纹以及堆纹、绳切纹、磨光或饰旋纹、素面等。器形主要以橄榄形罐和鬲为主，两者所占比例高达32%，其他器形还有瓮、盆、器盖、尊、甑、缸、豆、钵、盘、甗、尊形器等②（图4.15～图4.22）。而以C1H9为代表的二里冈下层一期遗存的主要面貌特征是：陶器中的砂质灰陶和泥质灰陶约占陶器总数的75%，粗砂质红陶约占20%；灰陶器类多为轮制，胎壁一般较薄；器物表面多饰较细而规整的绳纹及少量弦纹、划纹、方格纹和附加堆纹等，这些特征与前者几近相同。在常见的

① 李锋. 关于商汤南亳问题的探讨［G］//李锋. 商代前期都城研究［M］. 郑州：中州古籍出版社，2007：3～29.

② 郑州大学文博学院，开封市文物工作队. 豫东杞县鹿台岗发掘报告［M］. 北京：科学出版社，2000：90～115.

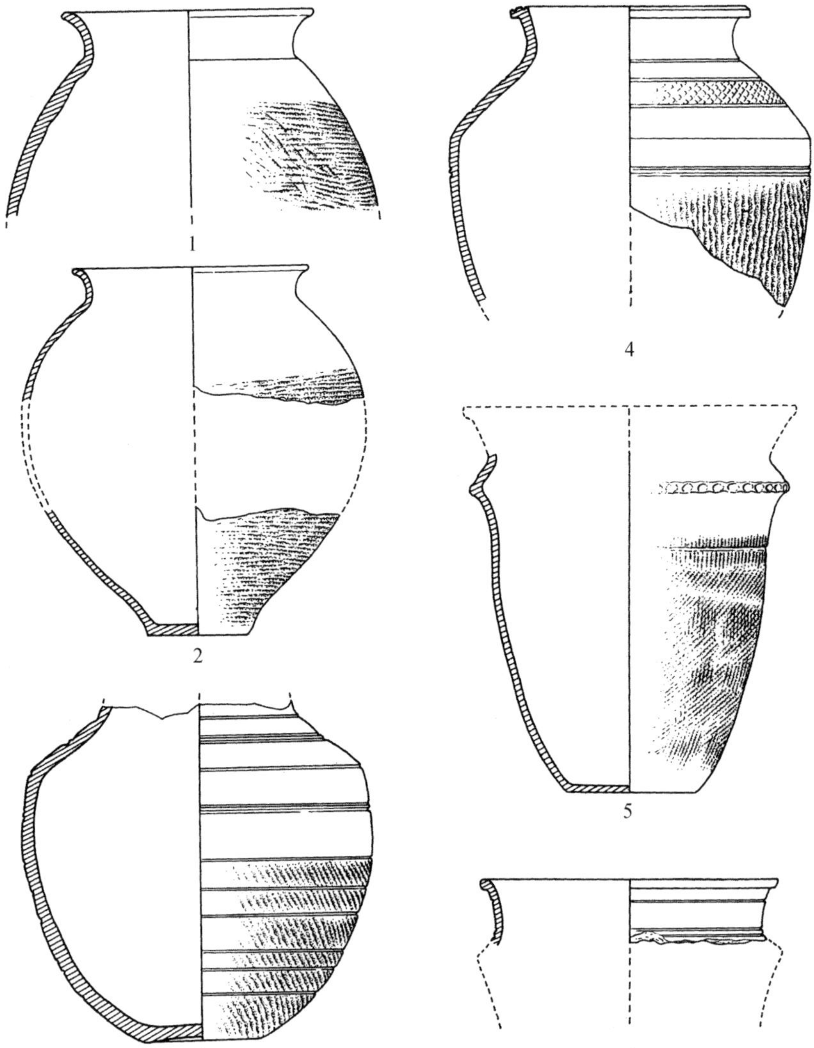

图4.8 二里冈下层一期陶瓮和大口尊

1、2. 溜肩平底瓮（C1H9：47、C9.1T108③：114） 3. 溜肩圜底瓮（C7H15：44） 4. 小口折肩瓮（C1H14：86）
5、6. 平底大口尊（C5T5②：93、C1H10：71）（1、4、6. 二里冈遗址；2、5. 南关外遗址；3. 人民公园遗址）
（自《郑州商城》170页图一〇七）

器类中，后者约有14种，前者约有13种，两者相同的器类有鬲、甗、罐、甑、豆、钵、盆、瓮、尊、缸10种，而且在炊器方面都以鬲为主，尤其是在有可比性的鬲、大口罐、大口尊等器形方面或两者形制近同，或前后有渊源关系。例如，后者的鬲，在其公布的6幅线图中，均为卷沿、垂腹分裆、高尖实足根（图4.4），与前者所公布7幅完整或可复原的陶鬲线图中的6幅（图4.16～图4.21）都形制相近，略有不同的是前者口径与腹径的比例略大于后者，前者的实足根多饰细绳纹而后者则基本不饰绳纹。后者的泥质灰陶、卷沿、圆唇、溜肩、深鼓腹小平底、通体饰细绳纹的大口罐瓮（图4.9）与前者泥质深灰陶、卷

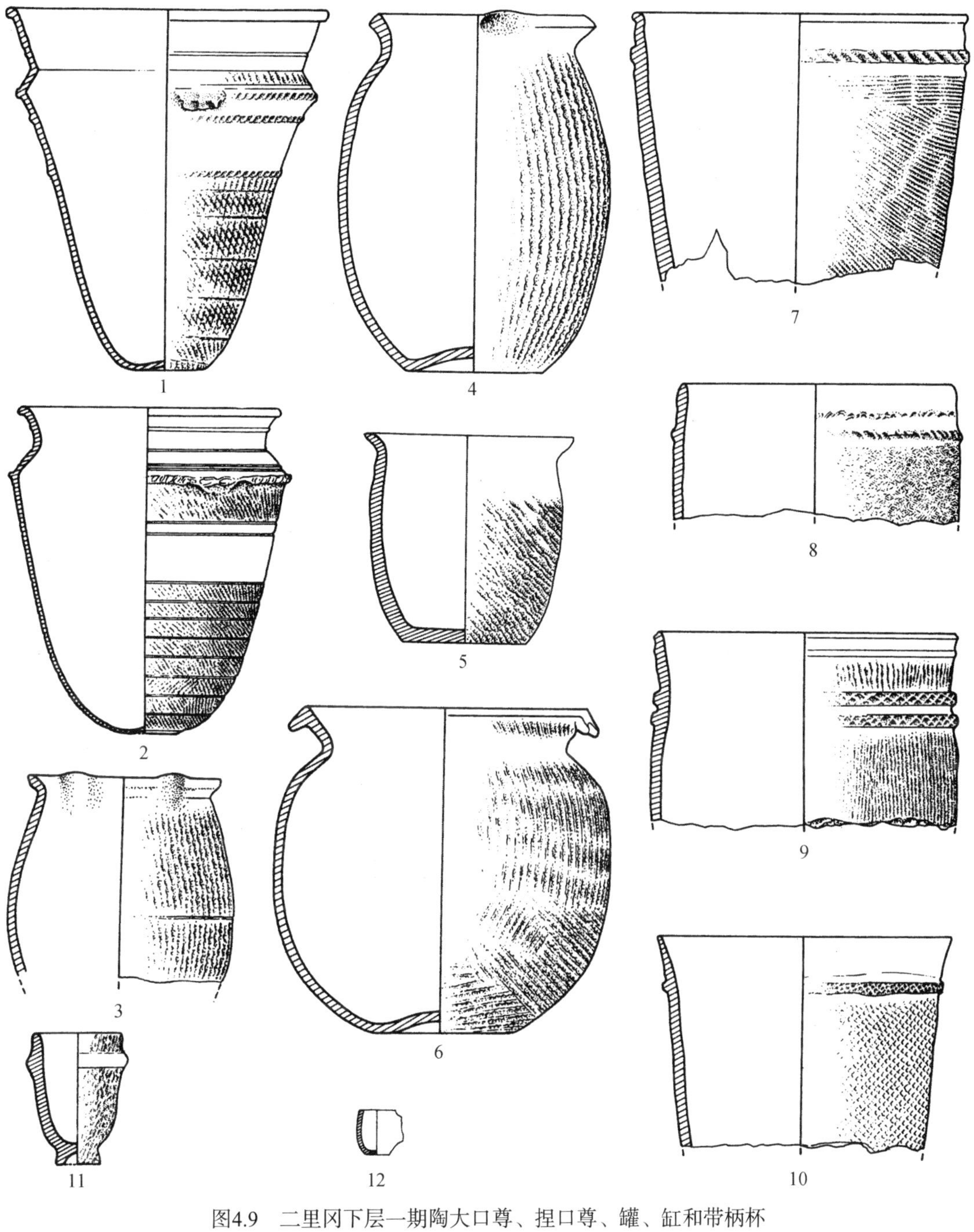

图4.9 二里冈下层一期陶大口尊、捏口尊、罐、缸和带柄杯

1、2. 凹底大口尊（C1H14：3、C1H14：75） 3、4. 捏口尊（C1H10：25、C7H15：68） 5. 泥质直口罐（C1H14：88） 6. 泥质敛口罐（C9.1H118：23） 7. 卷沿斜壁缸（C1H9：2-1） 8、9. 厚圆唇直壁缸（C1H9：2-2、C1H10：87） 10、11. 圆唇斜壁缸（C1H9：53、C1H10：21） 12. 带柄杯（C1H10：23）

（4. 人民公园遗址；6. 南关外遗址；余为二里冈遗址）

（自《郑州商城》172页图一〇八）

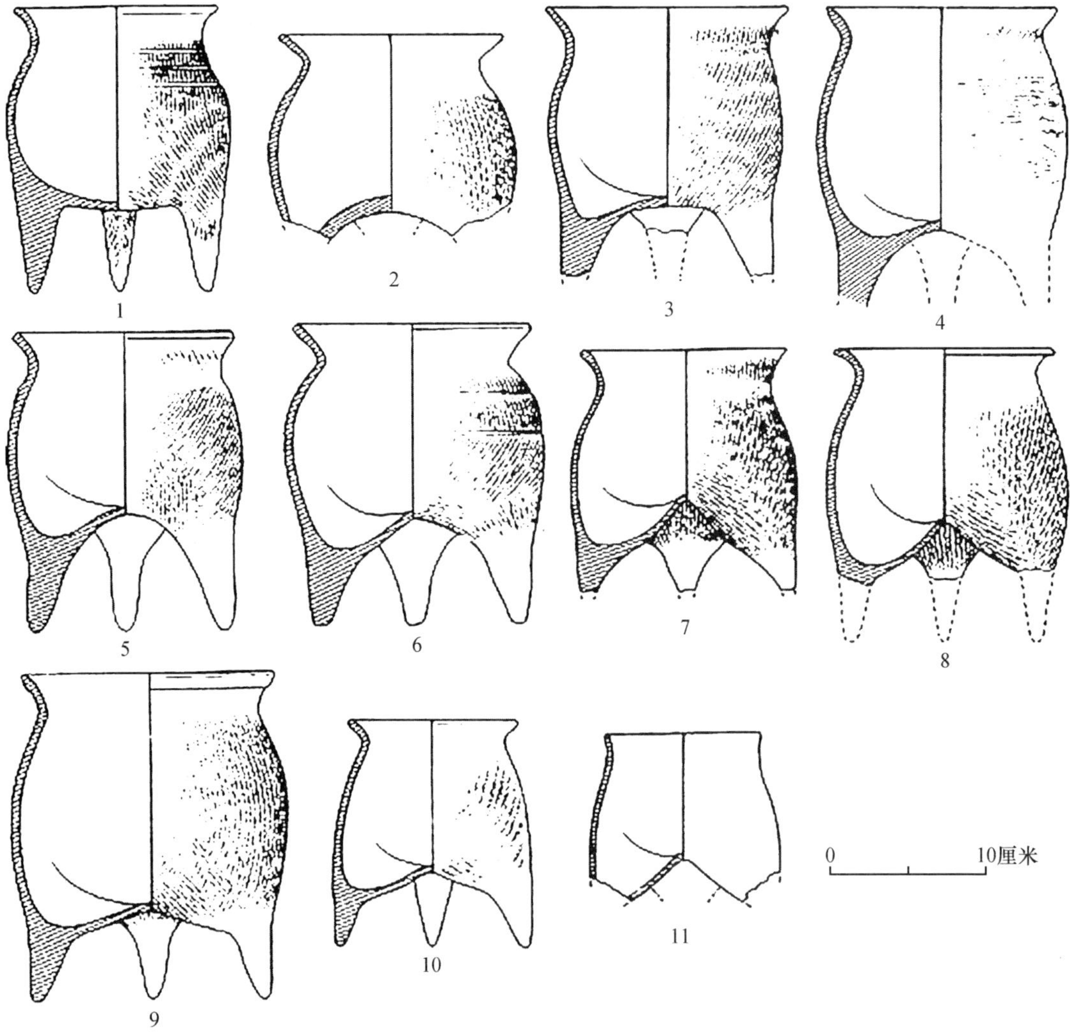

图4.10　南关外期陶鼎和鬲

1. 鼎（C5H9：8）　2. 扁圆腹连裆鬲（C5T87④：132）　3～5. 深腹连裆鬲（C5T86④：53、C9T124②：73、C5H62：19）　6、7. 方唇深腹分裆鬲（C5T87③：58、C5T87③：144）　8～10. 尖圆唇分裆鬲（C5T87③：47、C5.1T102③：12、C5.1H150：11）　11. 直口分裆鬲（C5T95③：69）（自南关外遗址）

（自《郑州商城》128页图八〇）

沿、圆唇、鼓腹小平底、通体饰细绳纹的大口罐形体相近①。后者口径略大于肩径、深腹、平底、口表饰杂乱细绳纹和附加堆纹的大口尊（图4.9）与前者的大口尊也形体相近（图4.17）。这些考古实践证明，二里冈文化核心因素是来自于商丘西部惠济河流域的鹿台岗类型先商文化。

① 郑州大学文博学院，开封市文物工作队．豫东杞县鹿台岗发掘报告［M］．北京：科学出版社，2000：111（图3）．

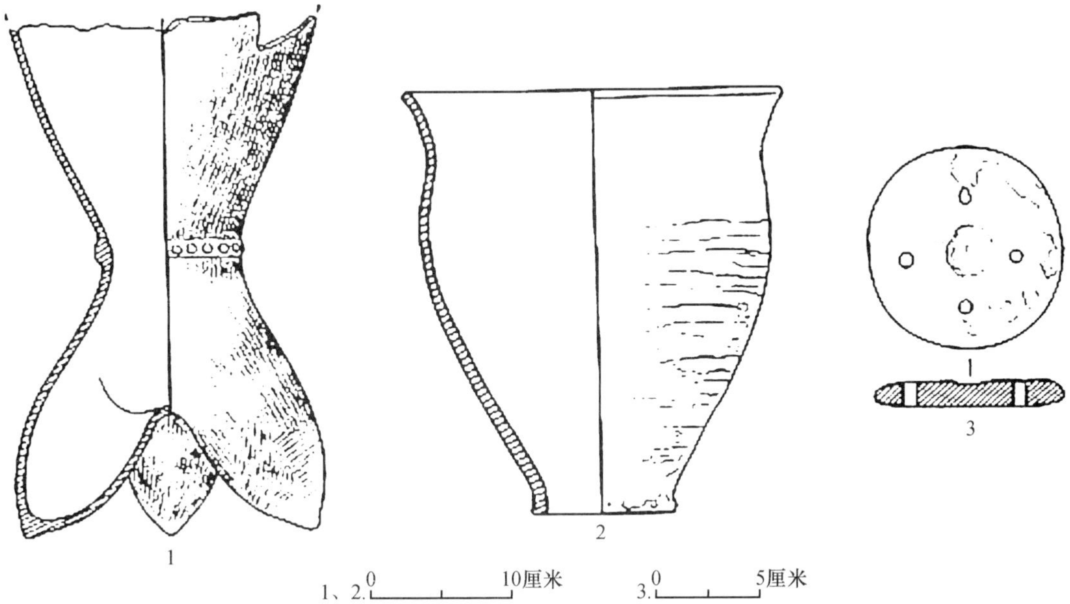

图4.11 南关外期陶甗和甗箅

1、2. 甗（C5T95④：108、C5T87④：142） 3. 箅（C5T87④：122）（自南关外遗址）

（自《郑州商城》129页图八一）

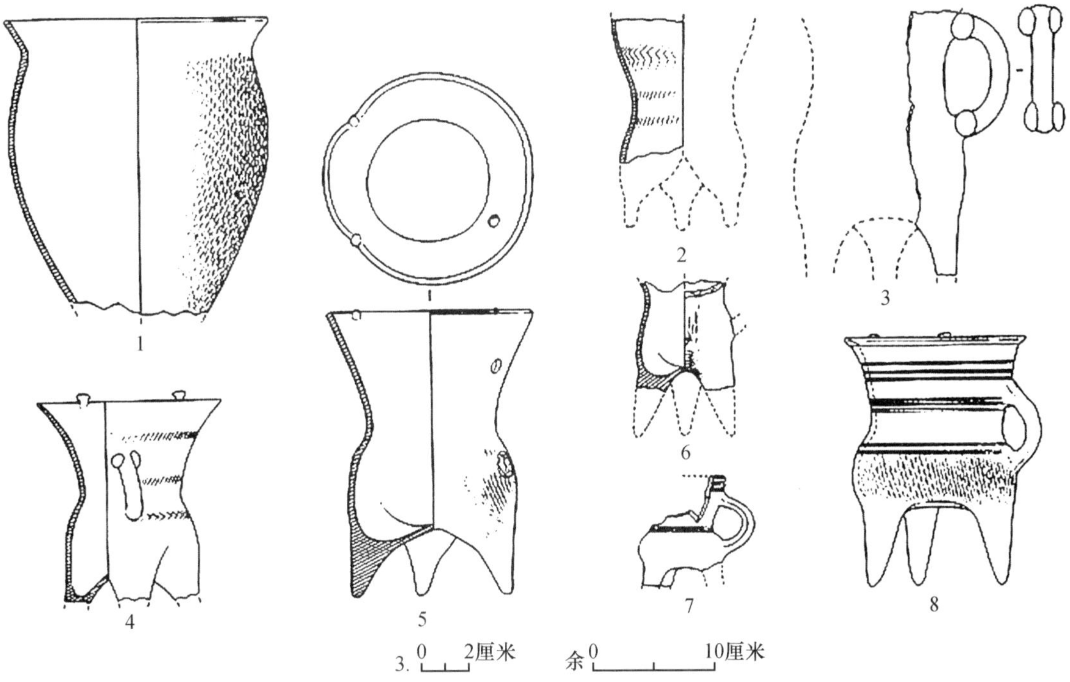

图4.12 南关外期砂质罐和陶斝

1. 砂质罐（C5T87④：148） 2～5. 大敞口分裆斝（C5T83④：4、C5T89④：33、C5T86④：52、C5H62：21）

6. 敞口连裆斝（C5T87④：137） 7、8. 直口连裆斝（C9T126②：13、C5H60：15）（自南关外遗址）

（自《郑州商城》131页图八二）

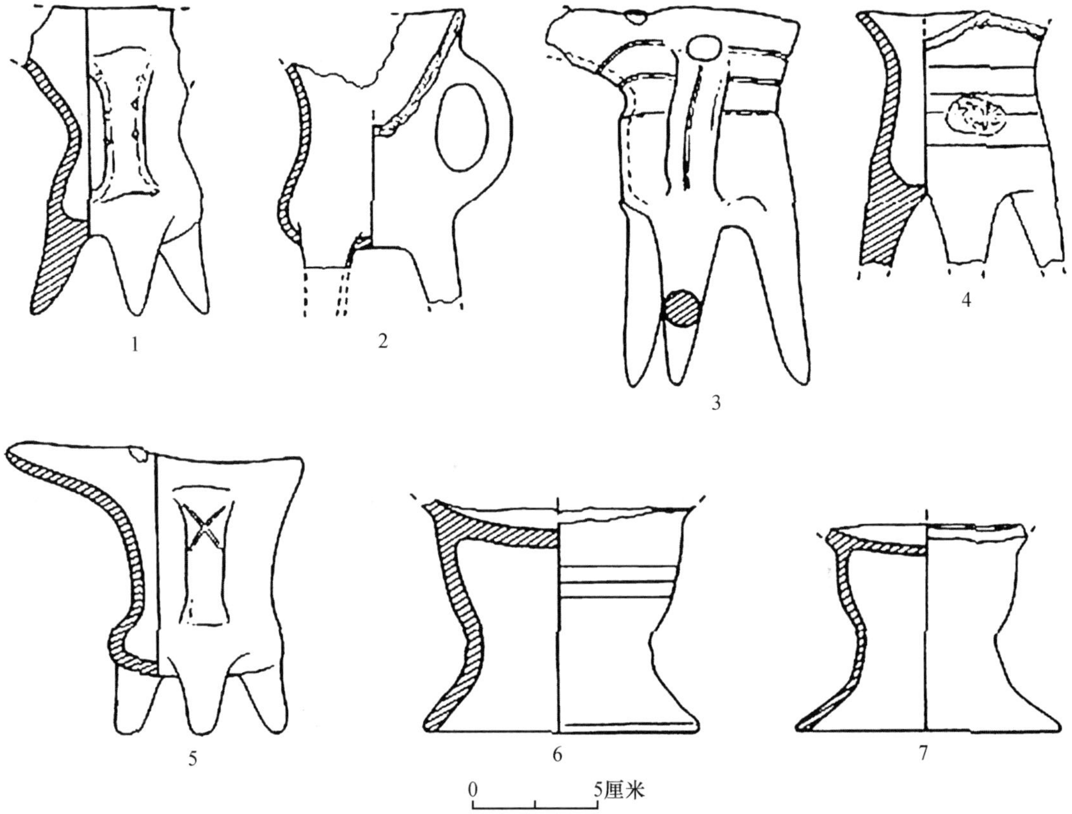

图4.13　南关外期陶爵和豆

1、2. 大凹腰爵（C5T87④：119、C5T79④：15）　3～5. 小凹腰爵（C5.3T301②：97、C5T95④：151、C5T95④：105）　6、7. 豆（C5T87③：99、C5T95③：99）（自南关外遗址）

（自《郑州商城》133页图八三）

4.2.3　二里冈文化性质

关于二里冈文化的性质问题，学术界对C1H17为代表的二里冈下层二期遗存属商代文化已经不持异议，但对其前的二里冈下层一期文化的性质则存在多种不同看法。持“郑亳说”的学者多认为是先商文化①，而持“西亳说”的学者则多认为是早商文化②。《夏商周断代工程1996—2000年阶段成果报告·简本》提供的^{14}C测年结果显示，二里冈下层一期的年代在公元前1600～前1480年，年代上应属早商文化（附表二）。

不过，根据前文所述二里冈下层一期文化主要来源于豫东鹿台岗型先商文化的实际，以及二里冈文化向西取代二里头文化的事实，尤其是根据大师姑城址中二里冈文化城址取

① 邹衡．试论夏文化［G］//邹衡．夏商周考古学论文集［M］．北京：文物出版社，1980：107.

② 安金槐．再论郑州商代城址——隞都［J］．中原文物，1993，（3）；高炜，杨锡璋，王巍，等. 偃师商城与夏商文化分界［J］．考古，1998，(10)；张良仁．论二里头文化分期与性质［G］//刘庆柱主编．考古学集刊：第14集［M］．北京：文物出版社，2004.

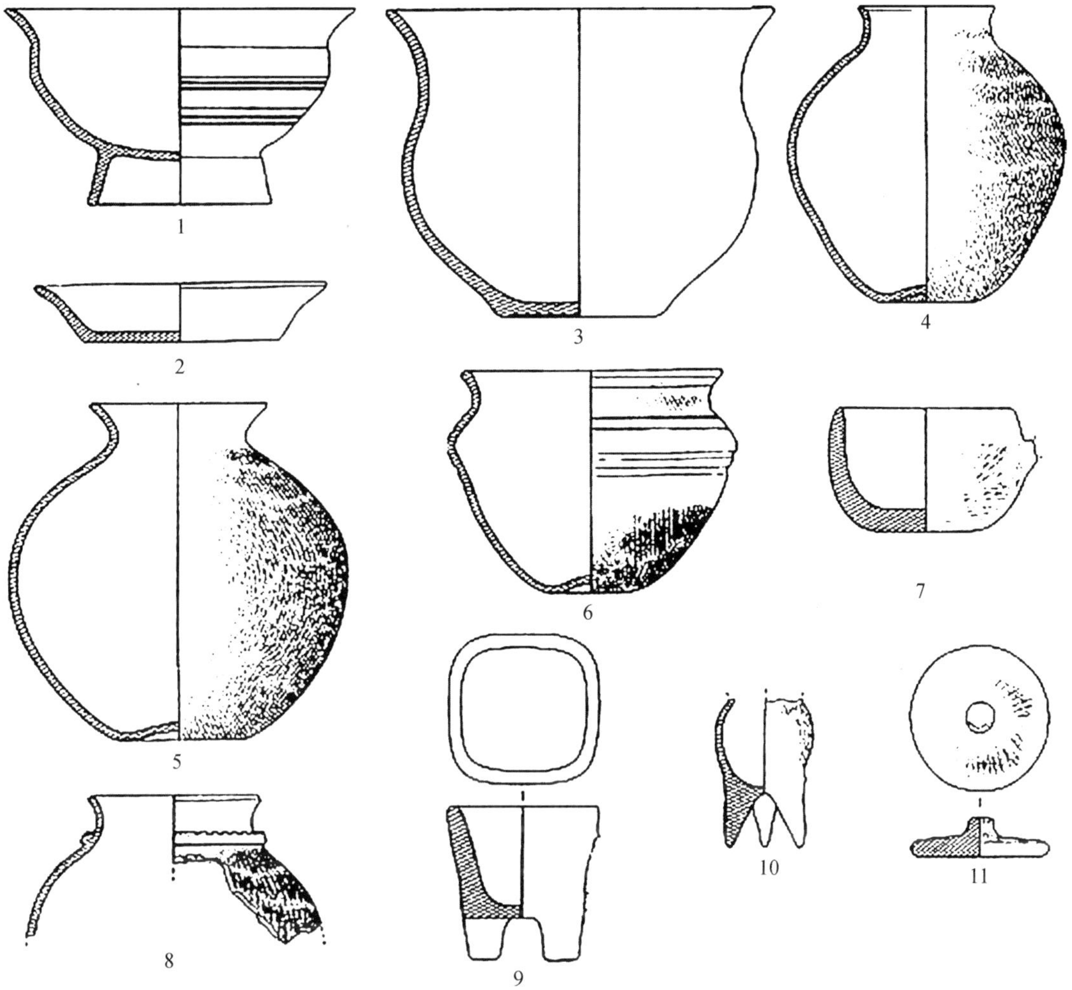

图4.14　南关外期陶簋、盆、瓮、尊、小鼎、钵和器盖

1. 簋（C5H62：20）　2. 敞口斜壁平底盆（C5T95④：155）　3. 敞口圆鼓腹平底盆（C5H62：15）　4、5、8. 瓮（C5T95④：109、C5T95④：116、C5T87③：141）　6. 尊（C5T87④：147）　7. 小钵（C5T97④：13）　9. 小方鼎（C5T97④：44）　10. 小圆鼎（C5H60：8）　11. 器盖（C5T87④：17）（自南关外遗址）

（自《郑州商城》134页图八四）

代二里头文化城址的考古资料分析，我们认为二里冈下层一期的商文化应该属灭夏之前的商族文化，即先商文化。

如前所述，二里冈下层一期文化主要是来自于豫东的古代商丘地区，而这一地区也正是文献所记灭夏前商族活动的重要地区。对此，有不少学者做过深入系统的考订，尽管灭夏前的商族活动中心是在商丘或是在濮阳甚至是在山东曹县目前仍尚未定论①，但是杞

① 朱彦民. 商族的起源、迁徙与发展［M］. 北京：商务印书馆，2007；徐子红. 以“曹”名地纵横谈［J］. 中国方域：行政区域与地名，1996，（1）.

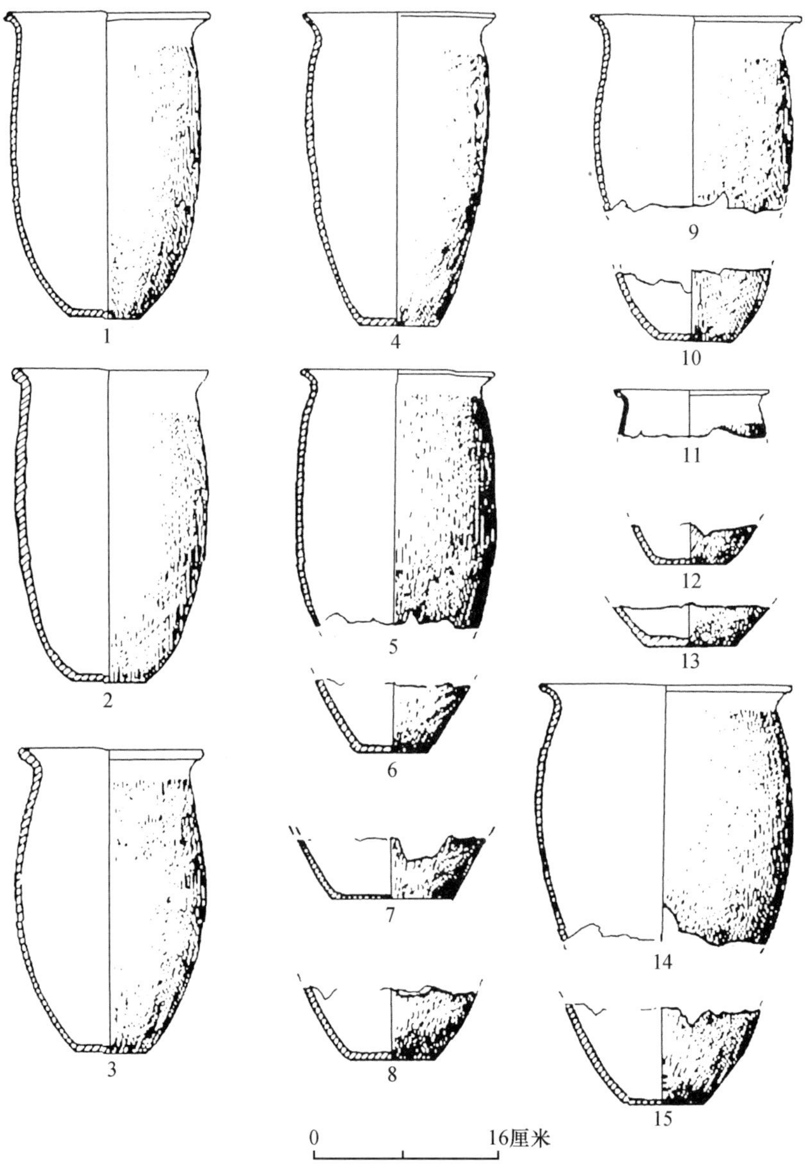

图4.15　鹿台岗遗址先商文化典型陶橄榄形罐

1、2. B型（H39：7、H39：9）　3～5、9、11、14. A型（H39：8、H39：5、H39：12、H39：11、H39：25、H39：10）

6～8、10、12、13、15. 罐底（H39：15、H39：13、H39：16、H39：77、H39：17、H39：75、H39：14）

（自《豫东杞县发掘报告》93页图四九）

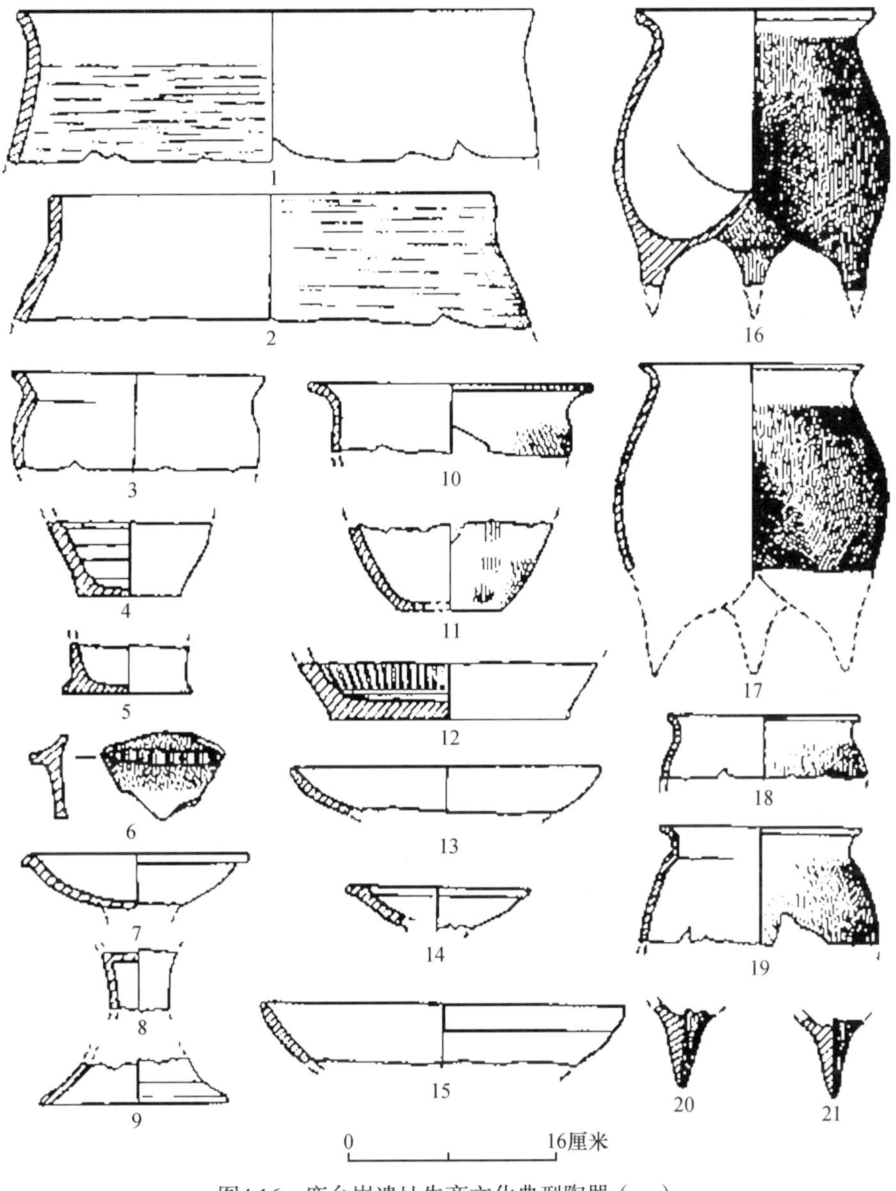

图4.16　鹿台岗遗址先商文化典型陶器（一）

1～4. 素面罐（H39：29、H39：28、H39：31、H39：54）　5. 尊形器（H39：34）　6. 鸡冠形耳（H39：66）　7、14. B型豆（H39：35、H39：78）　8、9. 豆柄（H39：64、H39：40）　10. 中口长腹罐（H39：43）　11. 橄榄形罐式甑（H39：49）　12. 擂钵（H39：44）　13、15. A型豆（H39：45、H39：39）　16～21. 鬲（H39：6、H39：58、H39：24、H39：22、H39：18、H39：19）

（自《豫东杞县发掘报告》94页图五〇）

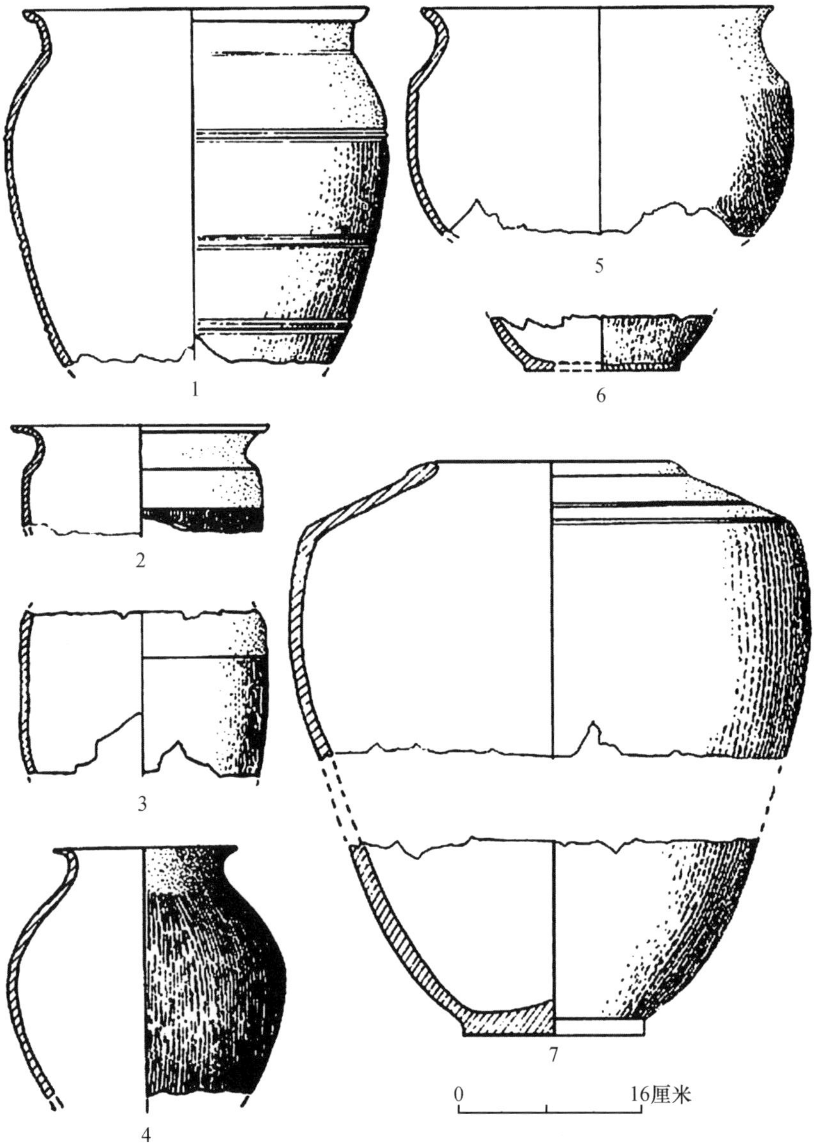

图4.17　鹿台岗遗址先商文化典型陶器（二）

1、5. 大口罐（H39∶59、H39∶62）　2、3. 大口尊（H39∶21、H39∶73）　4. 束颈瓮（H39∶1）
6. 泥质绳纹罐（H39∶76）　7. 平口瓮（H39∶61）
（自《豫东杞县发掘报告》96页图五一）

县鹿台岗漳河型考古学文化属先商考古学文化应当不会有误①。根据近年考古调查提供的线索，商丘地区西部即现在的惠济河流域，北起民权的牛牧岗遗址，向南经吴冈、李冈遗址、杞县的鹿台岗遗址、睢县的周龙冈遗址、柘城的史堌堆遗址，南抵鹿邑县的栾台遗址

① 李锋. 关于商汤南亳问题的探讨［G］//李锋. 商代前期都城研究［M］. 郑州：中州古籍出版社，2007：3～29.

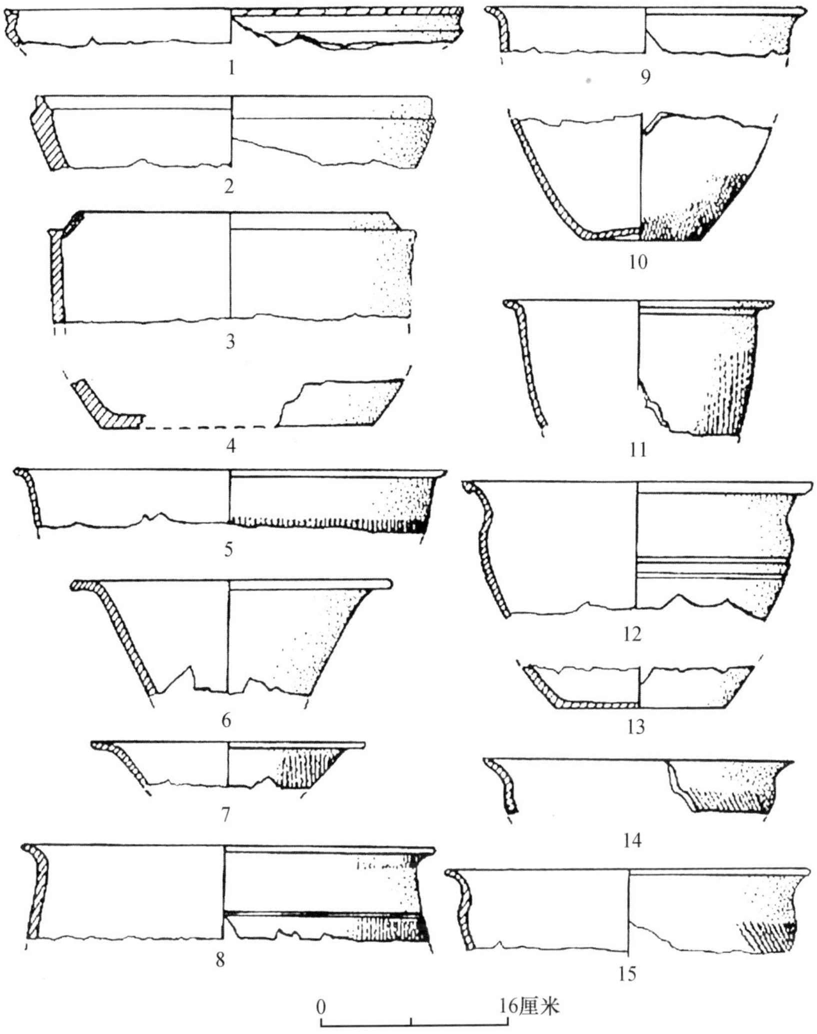

图4.18　鹿台岗遗址先商文化典型陶器（三）

1. A型敛口钵（H39：65）　2. B型敛口钵（H39：30）　3. 子母口缸（H39：36）　4. 大平底罐（H39：52）
5～7. 斜壁盆（H39：37、H39：26、H39：47）　8～11. 深腹盆（H39：50、H39：53、H39：57、H39：48）
12、13. 细泥鼓腹盆（H39：23、H39：55）　14、15. 束颈盆（H39：67、H39：32）
（自《豫东杞县发掘报告》97页图五二）

皆有鹿台岗漳河型先商文化的蛛丝马迹①。

当然，豫东商丘一带除商丘西部惠济河流域的先商文化之外，还存有另一支考古学文化，即岳石文化。岳石文化主要分布在今山东全省、苏皖的淮河以北和豫东地区，最西达到今开封杞县鹿台岗至周口鹿邑栾台一线的惠济河流域。根据栾丰实先生的研究，岳石文化的陶器以各种不同褐色陶为主，占总数60%以上，尤其是夹砂陶绝大多数为褐陶的特征，与南关外遗存十分相似。另外，前者器物表面上所饰的绳纹、弦纹、划纹、附加堆纹

① 郑州大学历史学院考古系. 豫东商丘地区考古调查报告［J］. 华夏考古，2005，（2）.

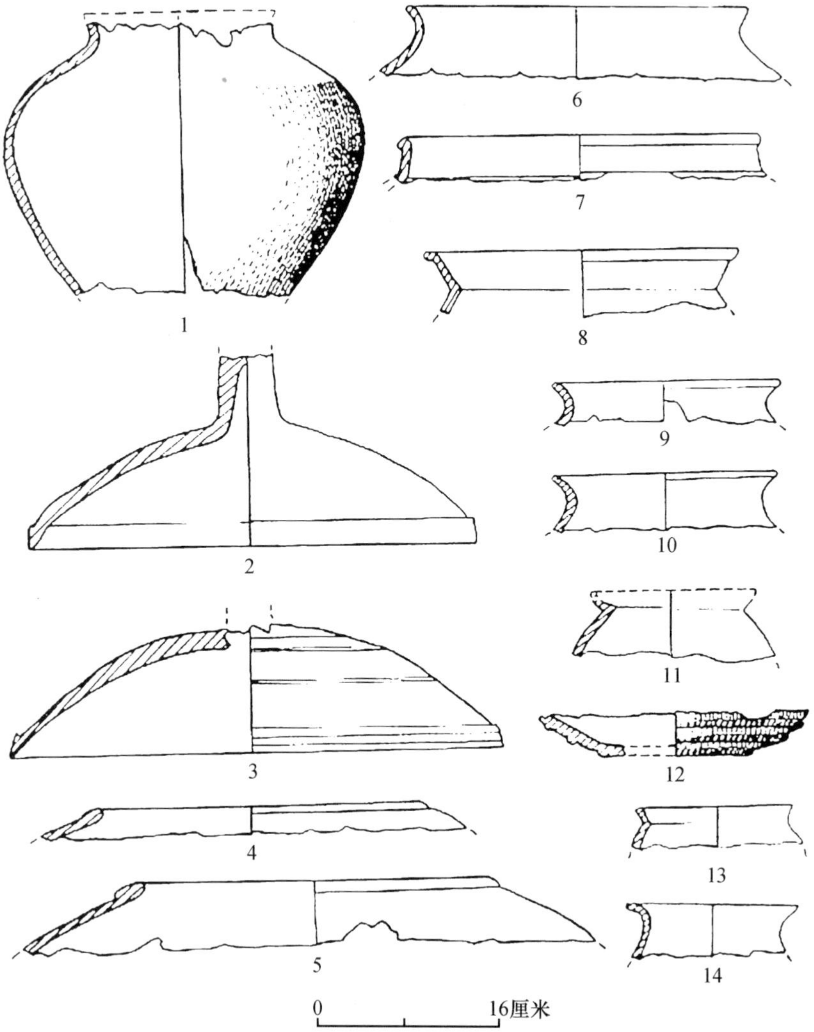

图4.19　鹿台岗遗址先商文化典型陶器（四）

1. 小口瓮（H39∶60）　2、3. 大覆钵形器盖（H39∶2、H39∶3）　4、5. 平口瓮（H39∶33、H39∶27）
6、9. 束颈瓮（H39∶41、H39∶63）　7. 直颈瓮（H39∶69）　8、10、14. 瓮（H39∶74、H39∶42、H39∶38）
11、13. 罐（H39∶4、H39∶71）　12. 箍状堆纹缸（H39∶68）
（自《豫东杞县发掘报告》98页图五三）

等也多与后者同类纹饰相类。尤其前者的主要器形甗、大口深腹罐、小口深罐、平底盆、斝、箅子等与后者的同类器形或相近或完全相同。即使后者出现一定数量的厚胎砂质弧裆鬲，也与前者的袋足器和鼎有渊源关系。因此，他认为“南关外期商文化的主要内涵，来自东方的岳石文化，而不是其他地区”①。尽管栾先生的这一研究结论是考古实际，但是，我们据此分析所得出的结论却与其不同，因为豫东商丘一带的岳石文化不是以C1H9

① 栾丰实．试论岳石文化与郑州地区早期商文化的关系——兼论商族起源问题［J］．华夏考古，1994，（4）．

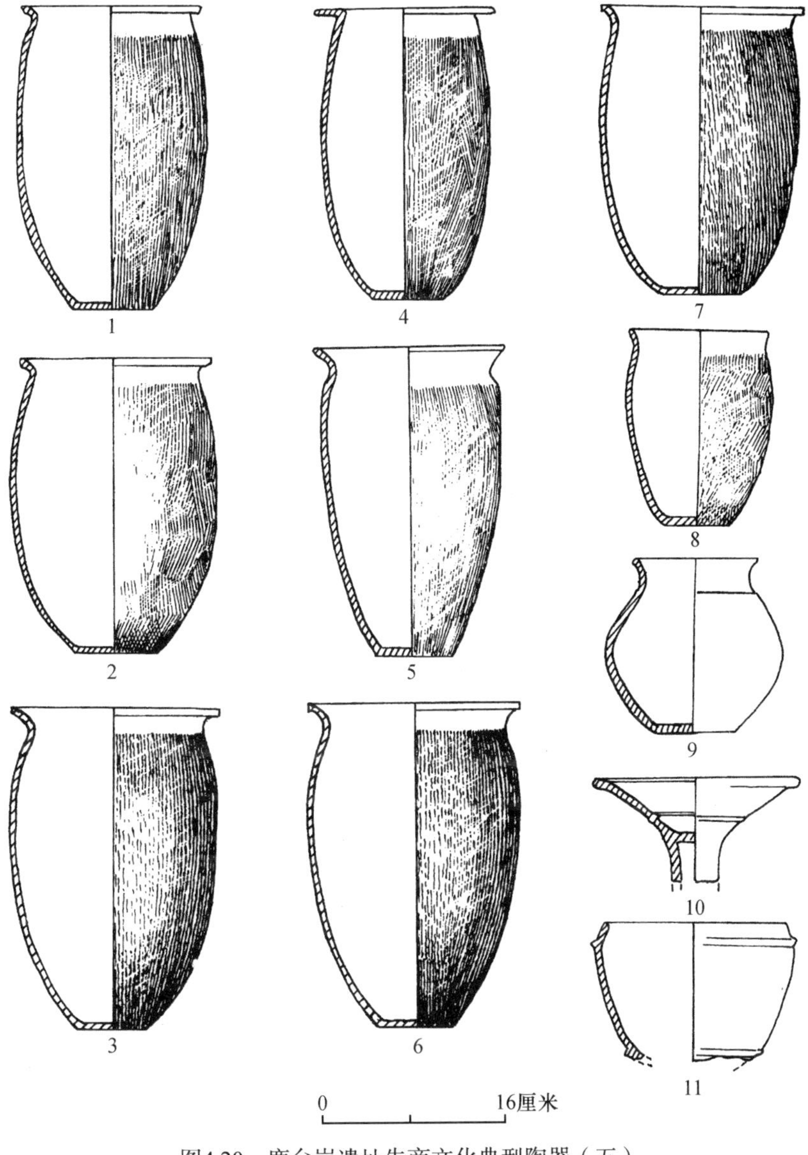

图4.20　鹿台岗遗址先商文化典型陶器（五）

1～8. 橄榄形罐（H9：2、H9：4、H9：6、H9：3、H9：5、H9：7、H9：8、H9：27）　9. 罐（H9：1）

10. 盘形豆（H9：30）　11. 尊形器（H9：37）

（自《豫东杞县发掘报告》102页图五六）

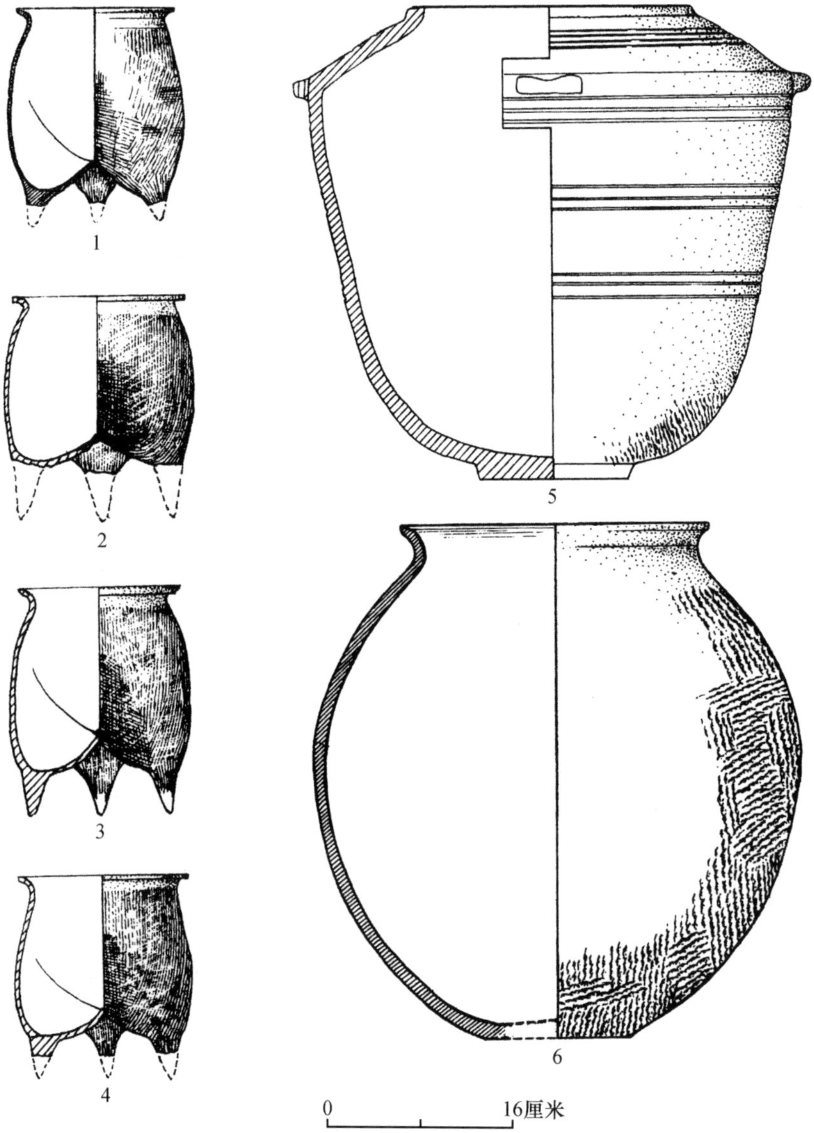

图4.21　鹿台岗遗址先商文化典型陶器（六）

1～4. 鬲（H9：12、H9：13、H9：14、H9：15）　5. 平口瓮（H9：19）　6. 小口圆腹瓮（H9：26）

（《豫东杞县发掘报告》103页图五七）

为代表的二里冈下层一期先商或早商考古学文化的直接根源[①]（图4.23）。

以上资料证明，豫东的商丘一带是灭夏前商族活动的主要地区，鹿台岗型考古学文化是灭夏前的先商文化，以C1H9为代表的二里冈下层一期考古学文化的主流是来自于鹿台岗型先商文化。鉴此则不难得出C1H9为代表的二里冈下层一期考古学文化的性质是商文化的结论。根据商族由东向西取代夏族的历史实际，结合郑州大师姑二里冈文化城址取代

① 任相宏. 岳石文化的发现与研究［G］//中国考古学会编. 中国考古学会第八次年会论文集［M］. 北京：文物出版社，1991：115.

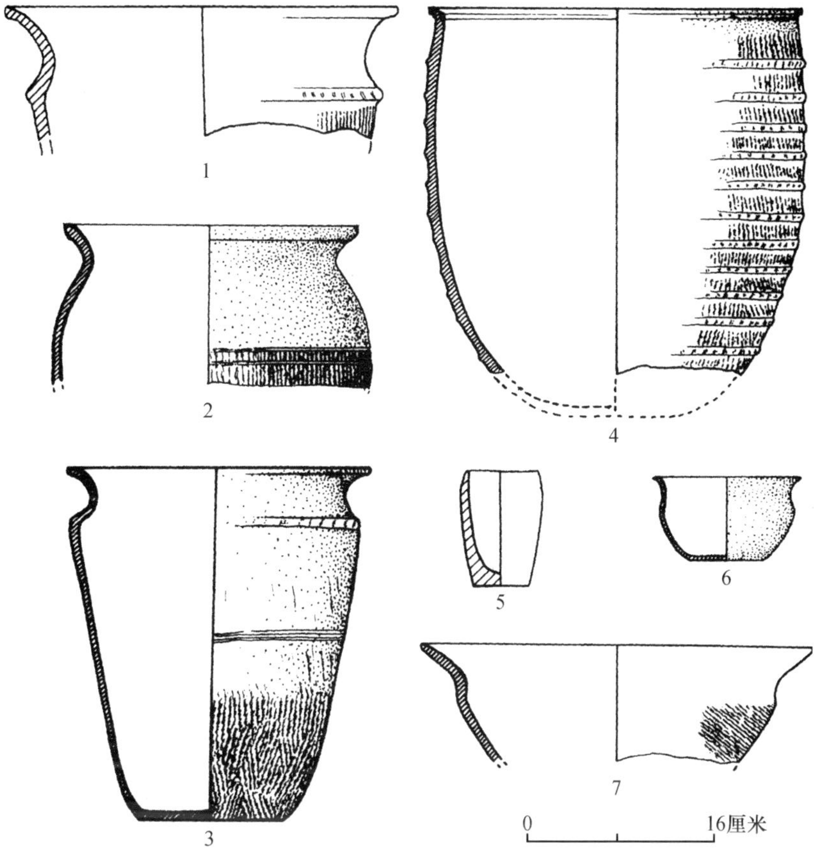

图4.22　鹿台岗遗址先商文化典型陶器（七）

1、3. 大口尊（H9：17、H9：9）　2. 瓮（H9：26）　4. 箍状堆纹缸（H9：20）　5. 小杯（H9：21）

6. 小盆（H9：10）　7. 斜腹盆（H9：16）

（自《豫东杞县发掘报告》104页图五八）

二里头文化城址的考古事实，基本上可以断定以C1H9为代表的二里冈下层一期考古学文化在绝对年代上当属灭夏前的先商文化。

当然，这一结论可能与新的^{14}C测年数据不甚相符，如最近的测年数据显示，二里冈下层一期早段的年代为公元前1509～前1465年①。不过，这一结果是基于洛达庙晚期早于二里冈下层一期的前提之下得出的。由于考古学文化分期的相对性以及取样层位的偏上或偏下、标本所在堆积的性质等因素，都会不同程度地影响到所测年代的准确性，因此，这些年代数据的参考价值自然不言而喻，但如果把它当作绝对可靠的年代证据，显然也是难以"异口同声"的。《夏商周断代工程1996—2000年阶段成果报告》公布的测年数据显示，二里冈下层一期早段的年代上限可抵公元前1580年，洛达庙晚期遗存年代为公元前1680～前1540年。根据这些参考年代，我们认为二里冈下层一期的年代上限应当在公元前

① 张雪莲，仇士华，蔡莲珍，等. 郑州商城和偃师商城的碳十四年代分析［J］. 中原文物，2005，（1）.

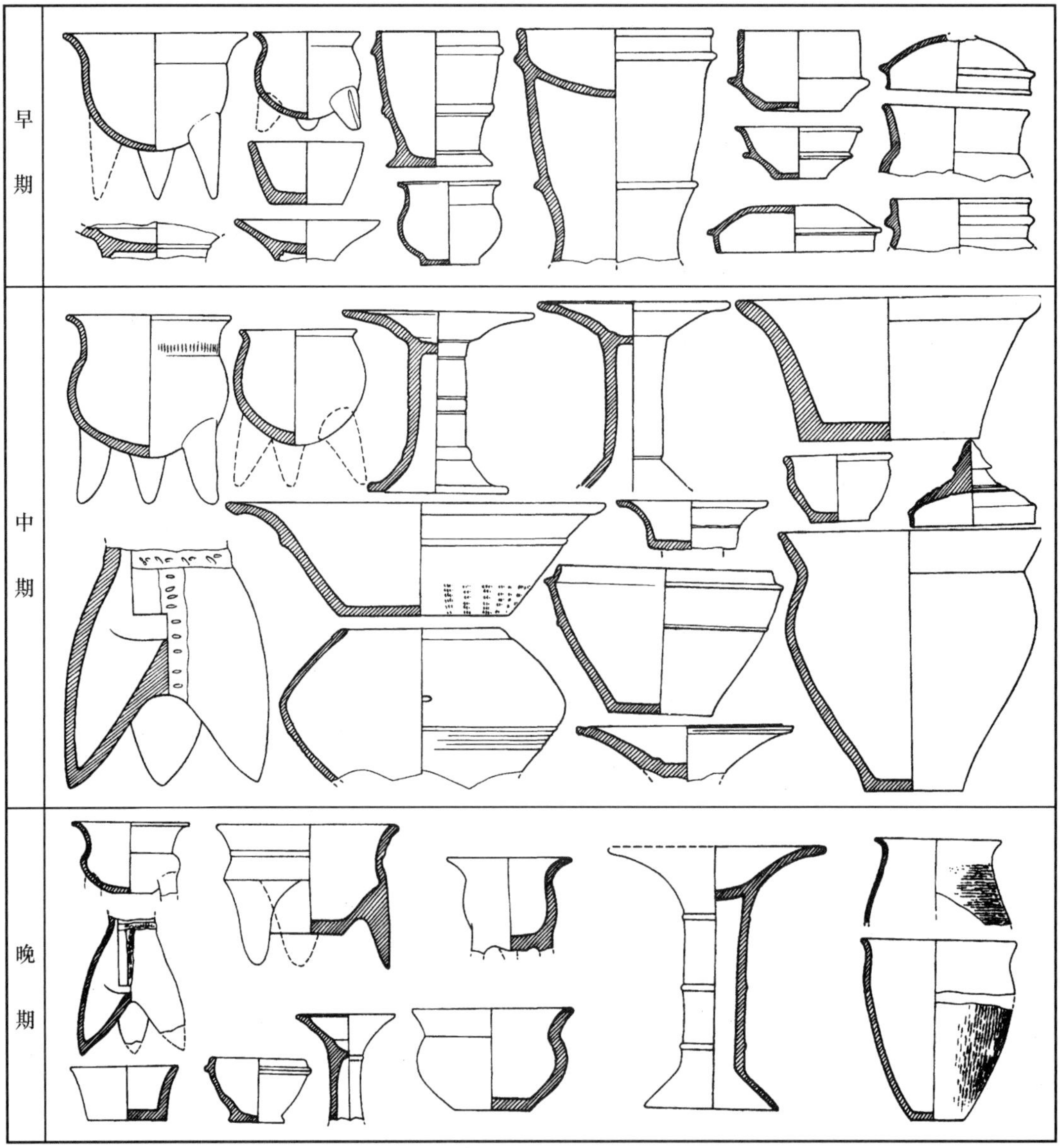

图4.23　岳石文化典型陶器图①

早期：尹家城H437　中期：尹家城H8　晚期：邹家庄H59、城子崖火化场

1600年左右。结合郑州大师姑二里冈文化城址取代二里头文化城址的考古事实，二里冈下层一期最早属先商文化的结论应当是合理的。

① 任相宏．岳石文化的发现与研究［G］//中国考古学会编．中国考古学会第八次年会论文集［M］．北京：文物出版社，1991：115.

4.2.4　大师姑二里冈文化早期城址的性质

既然二里冈文化下层一期遗存是属先商文化，那么大师姑二里冈下层一期的城址也就应该是一座先商城址。文献记载，灭夏前的先商城址有南亳、北亳和郼亳。由于南亳、北亳的地望均不在郑州一带，因此，有学者考证郼或郼亳在郑州一带的成果还是相当可信的[①]。只不过，我们认为郑州地区的郼亳应当是郑州大师姑二里冈文化下层一期城址。

《吕氏春秋·具备篇》云："汤尝约于郼薄矣，武王尝穷于毕裎矣，伊尹尝居于庖厨矣，太公尝隐于钓鱼矣，贤非衰也，智非愚也，皆无其具也。"[②]证明商汤在灭夏前曾居过韦薄当是历史事实，并且其居郼薄之时与"武王尝穷于毕裎矣，伊尹尝居于庖厨矣，太公尝隐于钓鱼矣"的情况是相同的，即都是处在其大业尚未完成之时。《吕氏春秋·慎大览》云："汤立为天子，夏民大悦，如得慈亲，朝不易位，农不去畴，商不变肆，亲郼如夏。"高诱注："郼读如衣，今兖州人谓殷氏皆曰衣。"[③]虽然我们无从得知高诱从读音上将郼与殷联系在一起的证据，但从商汤灭夏后曾被夏人当郼人亲之的记载，就足证郼亳是商汤在灭夏之前所居住过的最后一亳。

《吕氏春秋·慎大览》云："伊尹奔夏三年，反报于亳。"《书序》："汤既黜夏命，复归于亳。"《殷本纪》："既丑有夏，复归于亳。"这些文献皆证明商汤灭夏之前不仅居于亳，而且此亳的地望也当在夏代都城即偃师二里头遗址的东方。而郑州大师姑先商或早商城址就在偃师二里头遗址以东约70千米处，与文献记载的商汤灭夏后所返之亳的方位十分一致。

《诗·商颂·长发》云："韦、顾既伐，昆吾、夏桀。"证明韦、顾、昆吾与夏桀之地相距不远。顾国地望曾被王国维、陈梦家等先生确定在怀庆府的沁水附近，昆吾则被邹衡先生确定在今新郑与密县之间，而韦国地望则在学术界存有争议[④]。有学者根据《左传》襄公二十四年杜预所注："豕韦，国名。东郡白马县东南有韦城。"等文献记载，将韦国地望确定在今天的滑县一带[⑤]。另有学者则依《诗·郑风·清人·正义》所云："彭，卫之河上，郑之郊也"等文献记载，并结合郑州一带当时已经发现夏文化遗存及郑州商城等考古实际，将韦国之地望确定在今天的郑州一带[⑥]。还有学者在此基础上，又根据《国语·郑语》等文献，认为"豕韦氏"是祝融氏八姓中彭姓之一，并根据《左传》昭公十七年："郑，祝融之墟也。"杜注："祝融，高辛氏之火正，居郑。"等文献记载，

---

① 邹衡. 试论夏文化［G］//邹衡. 夏商周考古学论文集［M］. 北京：文物出版社，1980：201；王晖. 汤都偃师新考——兼说"景亳"、"郼薄"（郑亳）及"西亳"之别［J］. 中国历史地理文化论丛. 2003，（2）；杜金鹏，王学荣. 偃师商城遗址研究［M］. 北京：科学出版社，2004：435.

② 王利器. 吕氏春秋注疏［M］. 成都：巴蜀书社，2002：2258～2260.

③ 王利器. 吕氏春秋注疏［M］. 成都：巴蜀书社，2002：1619.

④ 郑州市文物考古研究所. 郑州大师姑·2002—2003［M］. 北京：科学出版社，2004：339.

⑤ 黄盛璋.《孙膑兵法·擒庞涓》释地篇［J］. 文物，1977，（2）.

⑥ 邹衡. 夏文化分布区域内有关夏人传说的地望考［G］//邹衡. 夏商周考古学论文集［M］. 北京：文物出版社，1980：247～250.

也提出韦国地望在郑州的观点①。

我们认为，韦国滑县的观点值得重视，但由于此地的考古工作比较薄弱，现有的考古资料难以支撑其观点，因而只能暂时存疑。而现有资料所显示的是韦国地望在郑州一带的观点相当可信，尤其是在郑州西北郊已经发现大师姑二里头文化晚期城址的今天，郼亳郑州说即今之大师姑城址说的合理性应当是不言而喻的。

在没有发现郑州大师姑先商或早商城址之前，曾有学者把郑州商城确定为商汤灭夏前所建的“郼薄”②，或商汤灭夏前的先商方国之亳③。这些观点都是以汤灭夏后又返亳的文献记载为前提的，再加上郑州商城的始建年代又被不少学者认定在南关外期或二里冈下层一期，因而这一观点并非没有合理性。不过，按一般正常行为逻辑而言，一座规模庞大的郑州商城当不会建于商汤灭夏之前，更不会使用于商汤灭夏之前。正如有学者所言：“这座规模宏伟的城墙和宫殿建筑，在商汤灭夏之前是不大可能建筑起来的，因为在商汤建立商王朝的统治之前，正致力于灭夏的战争。频繁的战争，必须把他的部族的主要力量（包括人力、物力）集中到灭夏战争上来。如果一方面把部族的力量投入战争，另一方面又把部族的力量投入到大规模地建设上，势必影响到灭夏战争的顺利进行，两者不可兼得。因此，商城的建造，只有在商汤灭夏之后才有可能进行。”④显然，文献所记载的商汤灭夏后所返之亳应该不会是郑州商城。尽管我们对其商汤灭夏前所建“郼薄”在郑州一带的考证十分钦佩。但是，在面对庞大规模的郑州商城不可能建于商汤灭夏之前的事实时，却又对郑州商城“郼薄”或先商方国之亳说的观点难以赞同。而郑州大师姑先商或早商城址的确立，即印证了郑州一带有商汤韦亳的正确性，又克服了郑州商城与商汤灭夏前所建韦亳在规模上不相称的矛盾。

有学者研究指出，商汤灭夏之前在郑州所建的亳都只能是利用韦之旧城⑤。而如今的考古实际显示，郑州大师姑先商或早商城址就是在郑州大师姑二里头文化城址的基础上扩建而成的，从“缺乏直接打破城墙的遗迹单位”的考古实际看，商汤应是在原封不动地利用二里头文化城墙的基础上，仅对二里头文化城壕进行了重新扩宽和加深。显然，郑州大师姑先商或早商城址的考古实际与上述学者们所分析的商汤在灭夏前所建的“郼薄”形态完全是不谋而合的。

尤其值得注意的是，郑州大师姑先商或早商城址的始建和使用年代要明显早于郑州

---

① 王晖. 汤都偃师新考——兼说“景亳”、“郁薄”（郑亳）及“西亳”之别［G］//杜金鹏，王学荣. 偃师商城遗址研究［M］. 北京：科学出版社，2004：429.

② 邹衡. 夏文化分布区域内有关夏人传说的地望考［G］//邹衡. 夏商周考古学论文集［M］. 北京：文物出版社，1980：247～250.

③ 杜金鹏.“偃师商城界标说”解析［G］//河南省文物考古研究所. 华夏文明的形成与发展——河南省文物考古研究所建所五十周年庆祝会暨华夏文明的形成与发展学科研讨会论文集［M］. 郑州：大象出版社，2003：252.

④ 陈旭. 郑州商代王都的兴与废［J］. 中原文物，1987，（2）.

⑤ 王晖. 汤都偃师新考——兼说“景亳”、“郁薄”（郑亳）及“西亳”之别［G］//杜金鹏，王学荣. 偃师商城遗址研究［M］. 北京：科学出版社，2004：429.

商城。我们知道，学术界对郑州商城始建年代的看法意见不一，目前虽然有“洛达庙晚期说”“南关外期说”“二里冈下层一期早段说”“二里冈下层一期晚段说”“二里冈下层二期说”等诸多观点[①]，但是无论持何种观点，他们基本上都对郑州商城城墙叠压或打破南关外期壕沟的考古事实不持异议，即使是郑州商城的始建年代能够早到像有些学者根据考古层位学中的同期打破原则所确定的南关外期，那么，郑州商城的始建年代也明显要晚于郑州大师姑先商或早商城址的使用年代。因为，南关外期的相对年代与二里冈下层C1H9的年代基本相当是不少学者的共识[②]，既然郑州商城城墙叠压或打破南关外期的壕沟，那么，就不难证明郑州商城的始建年代最早也不会早过南关外期或二里冈下层C1H9的年代。而此时的郑州大师姑先商或早商城址却已经使用了相当长的时间，其实证就是在郑州大师姑先商或早商城址的城壕内已存有最厚可达3米以上的年代与二里冈下层C1H9年代相当的淤积层[③]。另外，有些学者提出郑州商城之内所发现的少量洛达庙晚期夯土基址有可能是商汤灭夏前亳都遗存的观点也值得赞赏[④]。因为，商族在面对大师姑夏代晚期城址时，筑城屯守、积聚力量也顺理成章[⑤]。不过，我们认为这些少量夯土基址也不能排除是在郑州大师姑先商或早商城址使用时期，商人在郑州商城一带修筑的新据点。因为郑州商城内少量洛达庙晚期夯土基址很难与同时期而且又处在同一地区的郑州大师姑先商或早商城址比肩，大师姑先商或早商城址那坚固的城墙和宽阔的城壕也许更适合商族在灭夏前经营。

从当时的地理和历史环境而言，郑州大师姑先商或早商城址也是商汤灭夏之前最佳的战略经营场所。《诗·商颂》云：“韦、顾既伐，昆吾、夏桀。”表明商汤在灭韦后和灭夏前还面临着灭顾和昆吾的战争。如果，前引有学者所考的顾在怀庆府的沁水附近、昆吾在今天的新郑与密县之间可信，那么，夏桀、顾、昆吾三者正好形成一个等腰三角形，夏桀位居角端，顾与昆吾为位居两底角，而郑州大师姑城址则正好处在顾、昆吾之三角形底边的中部，呈箭在弦之势，前面可直接与夏对峙，左右又可征伐顾、昆吾。尤为重要的是，此时的郑州大师姑城址不仅有了城池之固可凭，而且北有黄河、敖山之险可依，西有虎牢可凭，地理环境十分优越。因此，在灭韦之后至灭夏之前，无论是从地理环境考虑，还是从征伐顾、昆吾及夏桀之需着想，郑州大师姑先商或早商城址都应该是商汤灭夏前最佳的亳都经营场所。凡此种种足证郑州大师姑先商或早商城址当非商汤灭夏前所建韦亳莫属。

另外，从年代上分析，郑州大师姑城址内夏、商遗存的交替年代约在大师姑二里头文化三段之时。发掘者在《郑州大师姑》一书的结语中曾经指出：“大师姑二里头文化城址的废弃年代大致在二里头文化四期偏晚和二里冈下层偏早阶段之间。”[⑥]但是，根据我

---

① 李锋. 郑州商城始建年代研究新进展及研究方法刍议［N］. 中国文物报，2004-5-7.

② 邹衡. 试论夏文化［G］//邹衡. 夏商周考古学论文集［M］. 北京：文物出版社，1980：107.

③ 郑州市文物考古研究所. 郑州大师姑·2002—2003［M］. 北京：科学出版社，2004：339.

④ 袁广阔. 郑州商城始建年代研究［J］. 中原文物，2003，（5）.

⑤ 郑州市考古研究所. 郑州大师姑·2002—2003［M］. 北京：科学出版社，2004：8.

⑥ 李伯谦. 对郑州商城的再认识［J］. 古都郑州，2005，（4）.

们的分析，郑州大师姑二里头文化城址的终结年代与先商或早商城址的诞生年代当在大师姑二里头文化三段之时，或大师姑二里头文化二段与先商期第Ⅱ组或以C1H9为代表的二里冈下层一期之间。其证据之一是，在城址中部的一条年代属三期晚段的大型灰沟G5内，不仅发现了大量成片坍塌的夯土墙体堆积，而且发现了大量陶质排水管道残片，这不仅证明了城址中部曾存有大型建筑遗存，而且更重要的是证明了城内建筑曾在三期之时遭受过严重的破坏①。证据之二是，根据发掘者的研究结果显示，“城址内部的二里头文化时期堆积以大师姑遗址二里头文化一、二、三段为主，二、三段最多，第四段遗迹单位较少，但发现有较厚的地层堆积，第五段遗迹现象较少，也没有发现地层堆积”。根据三段遗存多为废弃遗存的考古事实，可知在大师姑二里头文化城址的三段之时城址内的文化遗存发生了质的转折，城内的二里头文化遗存由使用性质的遗存突然转变为废弃遗存。证据之三是，在商代城壕内出土的遗物中，年代最早的遗物相当于郑州二里冈C1H9的年代，即先商期第Ⅱ组或二里冈下层一期的年代，而在城内发现的三期商代遗存中，最早和最丰富的一期遗存年代也是相当于郑州二里冈C1H9的年代。城内先商或早商遗存与城壕内出土的最早遗物年代相同，证明先商或早商城址的使用时间应当不会晚于郑州二里冈C1H9的年代，即不会晚于二里冈文化下层一期之时。证据之四是，近年的^{14}C测年研究结果显示，偃师二里头文化三期的年代在公元前1610～前1555年，四期的年代在公元前1560～前1521年②，而二里冈下层一期阶段（即先商期第Ⅱ组或二里冈下层一期）的年代也在公元前1580～前1480年③。显然，二里冈下层一期阶段的年代与二里头四期的年代是基本相当的，二里冈下层一期阶段的年代上限已经与二里头三期的年代上限大体连接，两者在时间上已经不存在明显的缺环。因此，我们认为郑州大师姑夏、商城址的交替年代应当是在大师姑二里头文化遗址的二段与二里冈下层C1H9偏早阶段之间。根据取代者年代优先的原则，我们认为郑州大师姑夏、商城址的交替年代应当偃师二里头文化二期与三期之间。换言之，即偃师二里头文化二期与先商期第Ⅱ组或以C1H9为代表的二里冈下层一期之间。郑州大师姑城内的二里头文化第三段遗存应是商汤占据该城时被破坏的废弃遗存，而与先商期第Ⅱ组或以C1H9为代表的二里冈下层一期年代相当的所谓“早商第一期”遗存应是商汤占据该城后所形成的先商遗存。

《诗·商颂》云：“韦、顾既伐，昆吾、夏桀。”显然，郑州大师姑二里冈先商城址距灭夏的年代不远，数月或数年的光景很难在陶器生活用具的形态上有所反映。因此，我们从考古地层学上可以断定大师姑二里冈下层一期城址的始建年代是属于灭夏前的先商时期，但其遗存的年代肯定是跨先商和早商两个阶段的。

当然，关于大师姑城址的性质问题还有学者主张是夏代方国的昆吾之都，这一看法值

① 郑州市考古研究所. 郑州大师姑·2002—2003［M］. 北京：科学出版社，2004：21～23.

② 方燕明. 河南龙山文化和二里头文化碳十四测年的若干问题讨论［J］. 中原文物，2005，（2）.

③ 张雪莲，仇士华，蔡莲珍，等. 郑州商城和偃师商城的碳十四年代分析［J］. 中原文物，2005，（1）.

得重视[①]。不过，根据昆吾地望多在新密到许昌一带的文献记载，我们认为新密的古城寨二里头文化遗存倒有昆吾之都的可能[②]。遗憾的是其关于二里头文化遗存和二里冈文化早期遗存的发掘资料至今没有披露。

① 马世之．郑州大师姑城址性质试探［J］．中原文物，2007，（3）．

② 蔡全法，马俊才．河南新密市古城寨在龙山文化城址发掘简报［J］．华夏考古，2002，（2）．

5 大师姑二里冈文化早期城址对夏商分界问题研究的意义

郑州大师姑二里冈文化先商或早商城址取代大师姑二里头文化晚期城址的考古学事实，为夏商分界问题的最终冰释送去了春风。

5.1 夏商分界问题久冰不融的症结

关于夏商分界问题久冰不融的情况，我们在引言中已经述及，其重要的症结就在于缺乏有效的界标来区分何种考古学文化属夏或是属早商。目前学术界树立的夏商分界界标主要有二里头三期宫殿、郑州商城和偃师商城等三座界标。

5.1.1 二里头三期宫殿界标

二里头三期宫殿界标形成于20世纪70年代初期。1972年秋和1973年春、秋曾三次对二里头宫殿基址进行发掘，这三次发掘的重要收获为：一是建立起二里头文化四期说的分期框架；二是从地层关系上证明当时发掘的宫殿台基（后称1号宫殿）属于三期①。不久，有学者通过分析二里头文化各期的面貌，提出一、二期属夏，三、四期属商的观点②，“指出在第三期遗存中除了包含有第一、二期中常见的那组陶器：鼎、折沿深腹罐、侈口圆腹罐、三足盘、深腹盆、平底盆、豆、澄滤器、大口缸等器物外，还出现了鬲、斝、卷沿圜底盆、大口尊、小口高领瓮等一组新的陶器。这后一组陶器的数量在第四期时越来越多，表现出替代和融合前者的趋势。郑州商代遗址发掘和研究的成果表明，这后一组陶器是二里冈期商代文化中富有特色的器物。因此，新出现的这组文化因素，可能便是商文化”③。随后，殷玮璋又把第三期出现的这组新因素与商代二里冈期中的同类器在形态上进行了详细的比较，坐实了二里头二期与三期之间为夏商分界的观点④，在学术界影响深远。

最新的发掘成果披露，在二里头三期宫殿之下又发现了属于二期的3号和5号宫殿基

---

① 中国科学院考古研究所二里头工作队. 河南偃师二里头早商宫殿遗址发掘简报［J］. 考古，1974，（4）.

② 殷玮璋. 二里头文化探讨［J］. 考古，1978，（1）.

③ 殷玮璋. 二里头文化再探讨［J］. 考古，1984，（4）.

④ 殷玮璋. 二里头文化再探讨［J］. 考古，1984，（4）.

址。这两座宫殿基址位于宫殿区东中部，东西并列。揭露出的3号宫殿基址是一座（或一组）大型多院落建筑，长逾150、宽约50米，主体部分至少由三重庭院组成①。其内发现排列成组的中型墓葬，出土了铜器、玉器、漆器、白陶器、原始瓷器、绿松石工艺品、蚌制工艺品、海贝等大量随葬品，尤其是02VM3中随葬有绿松石龙形器，此器“放置于墓主人骨架之上，由肩部至髋骨处，龙头朝西北，尾向东南……全器由2000片各种形状的绿松石片组合而成……绿松石龙为巨头，蜷尾，龙身曲伏有致，色彩绚丽。龙身长64.5、中部最宽处4厘米”②，显示出墓主人极高的地位。5号宫殿基址位于3号宫殿基址的西部，在3号与5号宫殿基址之间有宽为3米的通道相连，通道之下发现长逾百米的木结构排水暗渠③。

二期宫殿之上被三期宫殿直接叠压。其中属于二里头三期的4号宫殿台基基槽打破属于二里头文化二期的3号基址夯土、路土和灰坑④。

上述新的考古实际为二里头三期宫殿夏商分界界标的确立提供了科学的考古层位学证据。遗憾的是，该种观点在论述三、四期为商文化时只是强调了其与郑州二里冈文化的一脉关系，而对二里头三、四期商文化的渊源却较少论及。这种界标虽然在时间上或发展序列上可界前与后，但在空间上却不能区分某地区为夏或某地区为先商，尤其是在二里头三、四期遗存中还大量延续有一、二期时的遗物，且二里头一至四期文化面貌的一脉相承也是无法否认的事实。因而，这一界标的局限性跃然纸上。近年，有学者又对这一观点进行了全面梳理，不少看法虽然值得称道，但其局限性仍未得到有效解决⑤。

5.1.2 郑州商城界标

郑州商城夏商分界界标是由“郑州商城商汤亳都说”这一观点的提出者确立的。1978年，《郑州商城即汤都亳说（摘要）》一文开启了郑州商城是商汤亳都、二里头文化是夏文化研究的序幕⑥。其后的《试论夏文化》《论汤都郑亳及其前后的迁徙》两文不仅详细的建立起二里头文化、二里冈文化和殷墟文化的考古学文化发展序列和空间分布范围，而且以郑州商城的兴建为标志，将二里冈文化厘定为早商文化，而其前的南关外型文化和二里头文化则分别厘定为先商文化和夏文化⑦。这一学术体系曾得到不少学者的支持，尤其是其所建立的二里头文化、二里冈文化和殷墟文化等考古学文化的发展序列在学界影响深远，早商文化来源于河北南部漳河流域的观点高屋建瓴，迄今仍为不少学者所信奉。

---

① 许宏，陈国梁，赵海涛. 二里头遗址聚落形态的初步考察［J］. 考古，2004，（11）.

② 中国社会科学院考古研究所二里头工作队. 河南偃师二里头遗址中心区的考古新发现［J］. 考古，2005，（7）.

③ 许宏，陈国梁，赵海涛. 二里头遗址聚落形态的初步考察［J］. 考古，2004，（11）.

④ 中国社会科学院考古研究所二里头工作队. 河南偃师市二里头遗址4号夯土基址发掘简报［J］. 考古，2004，（11）.

⑤ 程一凡. 亳与偃师二遗址的关系［G］//杜金鹏，许宏. 二里头遗址与二里头文化研究——中国·二里头遗址与二里头文化国际学术研讨会论文集［M］. 北京：科学出版社，2006：45～63.

⑥ 邹衡. 郑州商城即汤都亳说（摘要）［J］. 文物，1978，（2）.

⑦ 邹衡. 夏商周考古学论文集［M］. 北京：文物出版社，1980：95～218.

该体系的局限性是忽视了二里头文化二、三期之间文化面貌所发生的变化，“引用了《论语》里‘殷因于夏礼’的话来淡化二里头三、四期（此派学者认定是夏）与二里冈等商文化明显连续的事实”①。

值得关注的是，郑州黄委会青年公寓所发掘的一批洛达庙文化遗存和一段属于二里冈期下层期有可能是宫城城墙的W22引起了学界的高度重视。有学者将其中H82、H63、H73、H79和H39、H69分别命名为洛达庙型先商文化一期和二期，并认为这类文化是鹿台岗先商文化和郑州地区的洛达庙二里头文化结合而形成②。同时，还把W22和北大街夯土7、夯土9、夯土12等遗存归入洛达庙晚期③，证明在郑州商城之前很有可能存在一座先商城址。这一看法得到了一些著名学者的赞同④。

由于资料相对贫乏且不系统，因而只能备作参考。同时，该说同样不能忽视二里头文化二、三期之间文化面貌所发生的变化。

5.1.3　偃师商城界标

偃师商城界标是由长期从事夏商考古学文化研究的高炜、杨锡璋、王巍、杜金鹏等于1998年所树立的。理由之一，偃师商城与二里头城址仅相距6千米，尽管偃师商城初期的文化遗存中包含有大量的二里头文化因素，“如二里头晚期的圜底深腹罐、侈口圆腹罐、卷沿深腹盆、缸、瓮、器盖、擂钵等器物，也出现在偃师商城，反映出两大遗址之间因时间交错、地域邻近、在文化面貌上表现出相当密切的关系。但二者之间的差别也显而易见：如二里头文化典型器三足盘就不见于偃师商城。两遗址间炊器组合的区别最突出，二里头的炊器以各型陶鼎、夹砂圜底深腹罐、圆腹罐为主，鬲的数量很少，在器物群中所占比例不超过2%……偃师商城的炊器则以特征性极强的商式鬲为普遍。鬲的形制规整，从早到晚的演变序列清晰。其早期鬲多呈较纯正的青灰色，薄胎，卷沿，器表绳纹很细或极细，同下七垣文化（即‘漳河型’）先商陶鬲存在明显承袭关系。与之并存的另一种主要炊器夹砂平底深腹罐为代表的平底器，也可以同下七垣文化同类器衔接。又如商城遗址盛器、食器中圆肩鼓腹盆、束颈折肩盆、粗高圈足的豆以及稍晚出现的簋和假腹豆，都不见于二里头一至三期，罕见于四期。……总之，若将器类组合与胎质、陶色、形制、纹饰等诸方面结合起来，对两遗址陶器群作一全面考察，便可看出：二里头文化一至四期有其一脉相承的自身特征；而偃师商城文化遗存中占主导地位的因素并不是二里头文化的自然延续。由此可鉴别两个遗址文化内涵的主体应分属不同的系统。相反，偃师商城和郑

---

① 程一凡．亳与偃师二遗址的关系［G］//杜金鹏，许宏．二里头遗址与二里头文化研究——中国·二里头遗址与二里头文化国际学术研讨会论文集［M］．北京：科学出版社，2006：45～63.

② 袁广阔．先商文化新探［J］．中原文物，2002，（2）.

③ 袁广阔．关于郑州商城夯土基址的年代问题［G］//河南省文物考古学会．中原文物考古研究［M］．郑州：大象出版社，2003：137～140.

④ 李伯谦．对郑州商城的再认识［J］．古都郑州，2005，（4）；杜金鹏．“偃师商城界标说”解析［G］//河南省文物考古研究所编．华夏文明的形成与发展——河南省文物考古研究所建所五十周年庆祝会暨华夏文明的形成与发展学术研讨会论文集［M］．郑州：大象出版社，2003.

州商城的陶器群明显属于同一系统”。理由之二，“在二里头遗址，宫殿和其他重要建筑基址、墓葬的朝向都为南偏东。与之不同，偃师商城无论城垣或宫殿朝向都呈南偏西，后者恰与郑州商城、湖北盘龙城城垣、殿址方向一致，其角度大致在南偏西数度至20度之间。……甚至到商代晚期，安阳殷墟的宫殿、宗庙基址、王陵、大多数墓葬（包括带墓道大墓和著名的妇好墓）、祭祀坑的纵轴也呈现如是偏角，凡坐北朝南的建筑基址，朝向都略偏西。……大城北垣东段作倾斜状，使城东北隅呈一抹角，偃师和郑州的两座商城也惊人地相似。以上现象已不能简单视为一种偶然，而应看作建筑物主人即商代统治集团的某种观念，或即所谓‘殷人尊东北位’观念的反映”。理由之三，偃师商城出现的年代与二里头一号宫殿废弃的年代基本相当。偃师商城城址内第一期晚段的遗存如大城东北隅的H8等年代与郑州二里冈下层早段的H9一类遗存年代相当，“又同二里头遗址五区H53以及三区H23等单位为代表的二里头四期（晚段）遗存相当”。理由之四，《汉书·地理志》河南郡偃师县条下班固自注：“尸乡，殷汤所都。”而偃师商城的位置就在尸乡附近①。

上述理由的合理性不言而喻。不过，这些理由主要是运用考古学文化因素分析法，通过对二里冈和二里头考古学文化的文化因素分析而得出的，由于受考古学文化发展的不平衡性及其形态变化的相对性等因素制约，得出的结论具有合理的一面，但其相对性所导致的局限性也同样十分明显。正如反对者所云：“由灭夏到从故亳都迁至偃师新亳都，期间所历时日也许短到数年，甚至数月，难以用考古学方法来判断，但新都的始建和最初使用毕竟不是准确的商代起始。”②换言之，就是用考古类型学或考古学文化因素分析法难以确定商代的起始年代。因为，考古学是由地层学（或层位学）和类型学构成的，更是由于在偃师商城遗址范围内也“存在一些二里头文化遗址，但迄今未发现证据明确的二里头文化大型建筑”③，即从考古地层学上难以证明偃师商城的始建和最初使用之遗存是商代最早遗存，也不能证明二里头四期（早段）遗存是夏代最晚的遗存。这种局限性就导致了偃师商城夏商分界界标仅能界其后而不能界其前的相对局面，这样的界标自然就名不副实。

然而，以大师姑二里冈文化早期城址作为夏商分界的界标其意义和价值就明显不同了。

5.2 大师姑二里冈下层一期城址夏商分界界标的探讨

5.2.1 界标的含义

所谓界标，就是分界标志。作为夏商考古学文化的分界界标，我们认为其前不仅应当具有夏代文化晚期主要遗存，其后还应具有先商或早商文化重要遗存，而且更应该能从地域上区分何为夏文化、何为先商或早商文化。

① 高炜，杨锡璋，王巍，等. 偃师商城与夏商文化分界［J］. 考古，1998，（10）.

② 刘绪. 偃师商城——不准确的界标［N］. 中国文物报. 2001-8-5.

③ 高炜，杨锡璋，王巍，等. 偃师商城与夏商文化分界［J］. 考古，1998，（10）.

5.2.2 大师姑二里冈下层早期城址夏商分界界标之探讨

根据前述界标标准衡量，则不难发现，郑州商城和偃师商城之前均没有发现直接叠压夏代晚期城址的考古事实。尽管在郑州商城之前确实发现了像W22一类的宫墙遗迹，同时也不能排除其为先商城址的可能性[①]，但其后的郑州商城却显然不能成为夏商分界的界标，因为其前的城址即便是考古事实，那么该城也只能是先商时期城址而不是夏文化晚期城址；偃师商城始建之前只是发现有少量早商时期的祭祀遗存[②]，不存在遗迹方面的明显标志。显然，这两座界标的确立都是利用遗物形态或文化因素的变化作为夏商分界标志的，由于遗物形态和文化因素变化的相对性，导致确立这些标志的主观因素无法排除，这样的界标自然也就难得公认。二里头三期宫殿界标虽然存在二里头三期宫殿界标直接叠压二里头二期宫殿的考古事实，其标志可谓名副其实，但两者在区域上是重叠的，而且两者前后文化面貌的一脉性又为不少学者所认同，故而界标之前城址虽然可以明确属夏，但后者却难明属商。因为在这一地域内既是文献所记载的商代中心区域，又是夏代中心区域，而且^{14}C测年数据的局限性也不能提供令人信服的结论，因此，该界标也不为学界所公认。

如果把大师姑二里冈下层一期先商或早商城址树立成夏商分界的界标，其界标的含义就与前述界标不同了。

首先，从遗存的性质而言，界标之前有由高耸城墙、宽阔城壕和丰富遗存所组成的夏代二里头文化晚期城址，而之后则是由原来高耸的城墙、新扩建的宽阔城壕和新的二里冈考古学文化遗存所组成的新的二里冈下层一期先商或早商城址。这样的标志十分醒目。

其次，二里冈下层一期的先商或早商城址取代二里头文化晚期城址的考古事实，完全显示的是前废后兴的历史现象。例如，二里冈下层一期城壕直接挖破二里头文化城壕，二里冈下层一期灰坑直接打破二里头文化晚期的房基、灰坑等，尤其是二里头文化晚期的灰沟中填埋大量夯土块及大型建筑墙皮、地下排水管道等建筑废弃物都是前废后兴的有力证据。

再次，大师姑二里头晚期文化主要分布于郑州以西地区，中心在伊洛地区的二里头遗址，这是文献所记夏人活动的中心区域。而郑州地区的二里冈下层一期先商或早商遗存，则主要分布于豫东商丘一带，再早则可将根源追溯到河北南部漳河流域的下七垣文化，尤其是商丘一带又是文献所记灭夏前商族先公和先王们活动的重要区域。

最后，大师姑二里冈下层一期城址的年代是最为合理的夏商分界年代。尽管有关夏商分界年代问题在学术界存有二里头遗址三期、偃师商城一期和郑州二里冈下层一期及南关外期说等多种不同看法，但其绝对年代在公元前1600年前后则是上述观点的共同认识。

---

① 李伯谦. 对郑州商城的再认识［J］. 古都郑州，2005，（4）. 由于《古都郑州》属于内部交流刊物，为了让读者更全面了解李先生之原意，故将这篇研究力作附录于后（附录A）.

② 中国社会科学院考古研究所河南第二工作队. 河南偃师商城宫城北部“大灰沟”发掘简报［J］. 考古，2000，（7）.

^{14}C测年数据显示，二里冈下层一期遗存的年代上限基本上已抵公元前1600年前后[①]。尤其要提出的是，在确定大师姑二里冈下层一期城址的年代时应该以大师姑二里冈下层一期年代的上限为是。因为二里头文化是由西向东发展的，那么，发展到大师姑之地的二里头文化，即使遗物形态与西部的二里头遗址遗物形态相同，其年代也要比后者为晚。考虑到遗物形态的滞后性以及缺乏前者与后者年代差别的标准，因此，被取代的大师姑二里头文化下限显然就不适合成为夏商分界的标准年代。而大师姑二里冈下层一期城址的年代上限就不同了，二里冈下层一期遗存是由豫东的鹿台岗型先商文化发展而来，同时又是向西取代二里头文化的，因此，其上限年代所代表的正是其真实的更替年代。故而，将大师姑二里冈下层一期年代的上限确定为夏商分界的年代不仅比较符合考古实际，而且也符合历史实际。

综上我们认为，以郑州大师姑二里冈下层一期先商城址作为夏商考古学文化分界的界标，把夏商分界确定在大师姑二里冈下层一期或大师姑二里头文化三期，是符合考古和历史实际的，而且界标标志明显、可操作性强。这样的界标对当今夏商分界问题研究所具有的重要学术价值就不言而喻[②]。

当然，《郑州大师姑》所公布的考古资料仅是其2002～2003年的阶段性成果，有些资料对我们想要说明的问题来讲还显得比较薄弱，如先商或早商环壕下层出土的陶片极为破碎，数量又少，部分地段又尚未完全发掘到底。故我们据此得出的结论只能当作是阶段性的结论，或者称之为引玉之砖也许更为确切。正如李伯谦先生所言："大师姑遗址尚在进一步发掘当中，也许将来新发现的材料会修正现在的某些结论，那是没有什么可以奇怪的。"[③]

① 夏商周断代工程专家组．夏商周断代工程1996—2000年阶段成果报告·简本［M］．北京：世界图书出版公司北京公司，2000：65.（参见附表一至十七）

② 李锋．郑州大师姑城址学术价值浅识［R］．2009年中国考古学会第十二次年会提交论文（附录B）.

③ 李伯谦．郑州大师姑·序言［M］//郑州市文物考古研究院．郑州大师姑·2002—2003［M］．北京：科学出版社，2004.

6 大师姑先商或早商城址与汤亳问题探讨

商汤都亳，史无异议。但在“一亳说”或是“多亳说”以及亳之地望等诸问题的认识上却是百花齐放。我们赞同“多亳说”，这主要是基于我们对大师姑二里冈下层一期先商和早商城址“商汤韦亳说”的认识而得出的。其实，大师姑城址无论是作为夏代方国韦或是昆吾的都城，或是作为先商和早商时期的商汤韦亳，都证明了多亳说的合理性。

6.1 关于灭夏前商汤居亳问题的探讨

商汤灭夏前曾经在亳地经营、灭夏后又班师于亳的历史见诸不少文献记载[①]。而关于该亳的地望，自古至今又存在“南亳说”“北亳说”等诸多不同的说法。

6.1.1 关于南亳的文献记载

“南亳说”最早见于西晋皇甫谧《帝王世纪》。《史记·殷本纪》：“自契至汤八迁，汤始居亳。”其下《集解》引皇甫谧云：“梁国谷熟为南亳，即汤都也。”《史记·封禅书·正义》引《帝王世纪》：“殷汤都亳，在梁。”其后的《水经注·睢水》也从其记：“睢水又东迳亳城北，即南亳，汤者也。”至唐李泰《括地志》时则更有确指，《史记·殷本纪·正义》引其文云：“宋州谷熟县西南三十五里南亳故城，即南亳，汤都也。”[②]董作宾[③]、陈梦家[④]、张光直[⑤]皆信从该说，李民师也赞其为一“亳”[⑥]。不过，董作宾认为南亳当在安徽亳州，而陈梦家、张光直、李民等则认为当在谷熟，即今商丘南的谷熟集。

---

① 杜金鹏.“偃师商城界标说”解析［G］//河南省文物考古研究所. 华夏文明的形成与发展——河南省文物考古研究所建所五十周年庆祝会暨华夏文明的形成与发展学术研讨会论文集［M］. 郑州：大象出版社，2003：252～264.

② 司马迁. 史记·殷本纪［M］. 北京：中华书局. 1982：93.

③ 董作宾. 卜辞中的亳与商［J］. 大陆杂志，6，（1）.

④ 陈梦家. 殷墟卜辞综述［M］. 北京：中华书局，1988.

⑤ 张光直. 商名试释［G］//中国社会科学院考古研究所. 中国商文化国际学术论文集［M］. 北京：大百科全书出版社，1998.

⑥ 李民. 南亳、北亳与西亳的纠葛［G］//李民. 夏商史探索［M］. 郑州：河南人民出版社，1985：89～103.

6.1.2　关于北亳的文献记载

"北亳说"首见于《汉书·地理志》山阳郡薄县条颜师古注："臣瓒曰：汤所都。"《诗·商颂·玄鸟·疏》引《汉书音义》："臣瓒按：汤居亳，今济阴薄县（按：'晋有济阳郡而无济阳县，此处引臣瓒语有误。'见注②文103页注⑧）是也。今薄有汤冢，己氏有伊尹冢，皆相近。"①然皇甫谧的《帝王世纪》则将北亳指定在与其相邻的蒙县。《诗·商颂·玄鸟·疏》引《帝王世纪》："殷有三亳，二在梁国……谷熟为南亳，即汤都也；蒙为北亳，即景亳，是汤所受命也。"《后汉书·郡国志》梁国蒙注引《帝王世纪》："北亳，即景亳，汤所盟处。"薄县西汉时属山阳郡，东汉时划归梁国，与蒙县相邻，三国魏和西晋时省并于蒙县②。故有《后汉书·郡国志》梁国杜预注："蒙县西北有薄城，中有汤冢。"《史记·殷本纪·正义》引《括地志》："薄城北郭东三里平地有汤冢。按在蒙，即北亳也。"雷学淇、王国维力主此说，顾颉刚、王玉哲、范文澜、郭沫若等多从之，李民师也赞其为一"亳"③。而关于北亳的具体地望则看法不一，有主在曹县南部者④，也有主在商丘北部者⑤。

6.1.3　南亳、北亳地望之我见

如上所云，南亳与北亳之分最早源起于皇甫谧之《帝王世纪》，而之前文献不仅没有南亳、北亳之分，而且也仅仅是提及汤亳在梁宋之间而已。《史记·货殖列传》云："夫自鸿沟以东，芒、砀以北，属巨野，此梁、宋也。陶、睢阳亦一都会也。昔尧作（游）[於]成阳，舜渔于雷泽，汤止于亳。其俗犹有先王遗风。"再早的文献则只能提供汤有亳，与葛为邻之事实。《孟子·滕文公下》："汤居亳，与葛为邻。……汤始征，自葛载。"《孟子·梁惠王下》："汤一征，自葛始。"《史记·殷本记》："汤征诸侯，葛伯不祀，汤始伐之。"至于《春秋》经、传所记载的宋国之亳，则有可能是封宋后才建立的⑥，其与各地所出春秋战国时期"亳"字陶文当属一类性质，前者当是奉祭商族的宗庙，后者则是奉祭商族宗庙的用品，这种对商族追记的宗庙不止一处。显然这类"亳"及"亳"字本身与"汤居亳"之间不一定会存在必然的联系。不过，就司马迁、皇甫谧的治史态度而言，汤亳在梁宋之间，或是南亳在梁国谷熟一带都应该不至于是无中生有。尽管其当时的证据我们现今已无法查知，但就其所记载的史事有的已被当今考古学所证实这一实际而言，商汤在梁国一带有亳的记载也应当是可信的。至于《括地志》中"宋州谷熟县

① 四库全书. 经部·六三. 上海：上海古籍出版社，1987：69~979.

② 程平山，周军. 商汤居亳考［J］. 中原文物，2002，（6）.

③ 李民. 南亳、北亳与西亳的纠葛［G］//李民. 夏商史探索［M］. 郑州：河南人民出版社，1985：89~103.

④ 范文澜. 中国通史简编·第一编［M］. 修订本. 北京：人民出版社，1964.

⑤ 郭沫若. 中国史稿（第一册）［M］. 北京：人民出版社，1976.

⑥ 杜金鹏. 关于南亳说与北亳说的前途问题［G］//中国社会科学院考古研究所. 中国商文化国际学术讨论会论文集［M］. 北京：中国大百科全书出版社，1998：149~151.

西南三十五里南亳故城，即南亳，汤都也”或“薄城北郭东三里平地有汤冢。按在蒙，即北亳也”等确指南亳或北亳地望的这类文献，显系附会而成。

其实，夏商时期两都或数都并存的局面在文献中并不缺乏记载。《史记·封禅书·正义》引《世本》云：“夏禹都阳城，避商均也。又都平阳，或在安邑，或在晋阳。”《太平御览》一五五引《帝王世纪》云：“禹受封为夏伯。在《禹贡》豫州外方之南，角亢氐之分，寿星之次，于秦汉属颍川，本韩地，今河南阳翟是也。受禅都平阳，或在安邑，或在晋阳。于汉平阳、安邑皆属河东，晋阳属太原。”《汉书·地理志》北海郡平寿县条颜师古注引臣瓒所引古本《竹书纪年》云：“大（太）康居斟寻，羿亦居之，桀亦居之。”《尚书·汤誓·序》：“伊尹相汤伐桀。”伪《孔传》曰：“桀都安邑。”这是关于夏初和夏末时期多都并存的文献记载。而关于有商一代数都并存的文献则更是俯拾皆是。例如，仅商汤时期除前引关于灭夏前的南亳与北亳文献外，还有不少关于其灭夏后又建都西亳的文献。《汉书·地理志》偃师尸乡条下班固自注：“偃师、尸乡，殷汤所都。”《左传》昭公四年“商汤有景亳之命”下杜预注：“河南巩县西南有亳亭，或言亳即偃师。”《后汉书·郡国志》：“偃师有尸乡。”刘昭注：“《皇览》曰：偃师有汤亭。”《水经注·谷水注》：“阳渠水又东迳亳殷南。昔盘庚所迁，改商曰殷，此始也。班固曰：‘尸乡，故殷汤所都’者也，故亦曰‘汤亭’[①]。”又《汳水注》：“阚骃曰：‘亳本帝喾之墟，在《禹贡》豫州河洛之间，今河南偃师城西二十里尸乡亭是也。’”[②]杨衒之《洛阳伽蓝记》：“纳穀吐伊，贯成淹亳。”《史记·殷本纪·正义》：“《晋太康地记》云：‘尸乡南有亳阪，东有城，太甲所放处也。’按：尸乡在洛州偃师县西南五里也。”又引《括地志》曰：“亳邑故城在洛州偃师县西十四里，本帝喾之墟，商汤之都也。”《元和郡县志》：“偃师西亳，汤都也。”根据以上文献以证夏商时期两都或数都并存之事实，并在此基础上指出南亳以政治都城为主、北亳以军事都城为主的观点。这一观点是李民先生早在20世纪80年代中期就已经提出的真知灼见[③]，而登封告成龙山文化晚期城址（有学者认为是禹都阳城）、新密新砦二里头早期城址（有学者认为是禹都阳翟）、二里头城址（有学者认为是夏都斟鄩，或汤灭夏后所建亳都）、偃师商城（有学者认为是汤灭夏后所建亳都，或所建桐宫）和郑州商城（有学者认为是汤灭夏前后所建亳都，或仲丁隞都）等夏商时期城址的相继发现，足证李民先生之说可从。

尽管在河南商丘、濮阳和山东曹县等地文献所载的商汤灭夏前的南亳或北亳之地暂时还没有发现先商时期的城址，但这一区域内发现先商文化遗存，尤其是柘城史堌堆先商文化遗址距南亳所在的坞墙直线距离已经不足15千米[④]，足显上述文献绝非子虚乌有。

检索杞县鹿台岗下七垣文化鹿台岗型的陶器，发现其主要以夹砂灰陶和泥质灰陶为主，所占总数在55%~83%，夹砂红褐陶和泥质红褐陶所占总数在6%~32%，另有少量黑

① 王国维. 水经注校［M］. 上海：上海人民出版社，1984：553.

② 王国维. 水经注校［M］. 上海：上海人民出版社，1984：752、753.

③ 李民. 南亳、北亳与西亳的纠葛［G］//李民. 夏商史探索［M］. 郑州：河南人民出版社，1985：89~103.

④ 郑州大学历史学院考古系. 豫东商丘地区考古调查简报［J］. 华夏考古，2005，（2）.

皮陶。夹砂灰陶中，器物多轮制而成，薄胎，质地细密，烧制火候较高。器物表面主要饰细绳纹，占纹饰总量的45%～56%，其次为拍印的杂乱绳纹和模糊浅绳纹以及堆纹、绳切纹、磨光或加饰旋纹等。典型器主要是以橄榄形罐和鬲为主，两者所占比例高达32%。前者侈口，卷沿，小方唇，形体瘦长，小平底，器表饰竖直细绳纹。后者口部与罐口部基本相同，腹部微垂，分裆较高，实足根细长且层层包制，器表至足根皆饰细绳纹。其他器形还有斜腹平底盆、细泥鼓腹盆、直腹或圆腹瓮、覆钵形器盖、大口尊、浅腹豆、甑、缸、钵、盘、甗、尊形器等①（图4.15～图4.22）。这一类型的文化特征与二里头文化和岳石文化均明显有别②，但却与冀南漳河中游的下七垣文化漳河型有着一脉相承性。例如，后者“陶器以夹砂灰陶和褐陶为主，其次是泥质灰陶和红胎黑皮陶。纹饰以绳纹为主，一般较细，另有少量篮纹、方格纹、附加堆纹、楔形点纹和弦纹。器形以平底和三足器最为流行，少见或不见圜底器与凹圜底器，主要器类有鬲、甗、罐、鼎、盆、瓮、豆、盖、爵、杯、盘等”③。其中两者典型的鬲和橄榄形罐、斜腹平底盆、细泥鼓腹盆等形制几近相同④。据此，虽然有关商族起源的传说自古莫衷一是，但二里冈商文化—杞县鹿台岗下七垣文化鹿台岗型先商文化—冀南下七垣文化漳河型先商文化的渊源关系，证明商族起源于冀南的漳河流域还是比较可信的⑤。有学者根据“卫河以东的濮阳—滑县东部—长垣—杞县—鹿邑一线，均发现有漳河型一类文化遗址和遗物”的调查资料，发现了漳河型一类文化南下经濮阳—滑县—长垣—杞县—鹿邑再到郑州一带的通道⑥。这一通道的发现为濮阳、商丘和山东曹县均有亳说提供了科学依据，因为当时根本没有后世的行政区划。由于该地区考古工作开展得还比较薄弱，尤其是尚未发现先商城址，显然具体的地望目前难下定论。不过，李民先生关于南亳与北亳的阐释值得赞赏。

6.2 关于灭夏后商汤所建西亳问题的探讨

《诗·商颂·长发》云：“韦、顾既伐，昆吾、夏桀。”此文既提供了韦、顾、昆吾与夏桀之地相距不远的信息，又提供了夏桀与韦、顾被伐时间相距不远的信息，同时还提供了夏桀位于韦、顾、昆吾三国之西的信息。尽管韦、顾、昆吾三者的具体地望在学界还存有争议，但对夏桀在今之偃师二里头遗址则无异议。遗憾的是，由于文献的模糊不清，商汤灭夏

① 郑州大学文博学院，开封市文物工作队．豫东杞县发掘报告［M］．北京：科学出版社，2000：90～115.

② 宋豫秦．夷夏商三种考古学文化交汇地域浅谈［J］．中原文物，1992，（1）.

③ 李伯谦．先商文化探索［G］//《庆祝苏秉琦考古五十五年论文集》编辑组．庆祝苏秉琦考古五十五年论文集［M］．北京：文物出版社，1989：280～292.

④ 宋豫秦．夷夏商三种考古学文化交汇地域浅谈［J］．中原文物，1992，（1）.

⑤ 邹衡．论汤都郑亳及其前后的迁徙［G］//邹衡．夏商周考古学论文集．北京：文物出版社，1980：183～217；李伯谦．先商文化探索［G］//《庆祝苏秉琦考古五十五年论文集》编辑组．庆祝苏秉琦考古五十五年论文集［M］．北京：文物出版社，1989：280～292；严文明．龙山文化和龙山文化时代［J］．文物，1981，（6）.

⑥ 宋豫秦．夷夏商三种考古学文化交汇地域浅谈［J］．中原文物，1992，（1）.

后所建的西亳是在偃师二里头遗址，还是在偃师商城遗址则在学界一直存在争议。

6.2.1　“偃师二里头遗址西亳说”的合理性与局限性

“偃师二里头遗址西亳说”最早是徐旭生研究员首倡的，1959年由他率领的“夏墟”调查团前往豫西调查夏文化，在偃师二里头遗址发现了当时认为的“大约属于商代早期”的遗物，并认为该遗址地望与文献所载商汤西亳（下称“旧西亳说”）相符，指出“如果乡人所说不虚，那在当时实为一大都会，为商汤都城的可能性很不小”[①]。从此，“二里头遗址西亳说”占据了学术主流。随着二里头遗址的考古发掘[②]，二里头文化一期与二期在文化因素方面上的差别，逐渐被发掘者认识，早期（后称一期）为夏，中期（后称二期）为商的观点初露端倪[③]。20世纪70年代，二里头遗址发现了晚期宫殿遗址，同时在宫殿之上又发现一批灰坑和墓葬，于是产生了二里头文化四期说的新分期观点，原来的早、中、晚期分别命名为一、二、三期，宫殿之上的遗存被命名为四期。由于宫殿的年代属于三期，且当时^{14}C所测三期年代又在公元前1590～前1300年，相当于商代早期，故而三期宫殿为汤都“西亳说”提供了有力的实物证据[④]。后有学者详细分析了二期与三期之间文化面貌所发生的变化，指出三期遗存“不仅包含了一、二期中常见的那组陶器，还出现了以鬲、斝、卷沿圜底盆、大口尊等一组新的陶器”。遂将一、二期厘定为夏，三、四期厘定为商，夏商分界于二里头文化二期与三期之间的观点在学术界影响深远[⑤]。

1983年，位于二里头遗址东北约6千米的偃师县城关公社大槐树村附近新发现一座商代城址，发掘者称其为“偃师商城”，并认为其与汤都西亳存有联系[⑥]。随后的发掘与研究成果显示，该城始建于偃师商城第一期，文化面貌和年代与郑州二里冈下层一期早段的

---

① 徐旭生. 1959年夏豫西调查“夏墟”的初步报告［J］. 考古，1959，（11）；杜金鹏，许宏. 偃师二里头遗址研究［M］. 北京：科学出版社，2005：579～590.

② 中国科学院考古研究所洛阳发掘队. 1959年河南偃师二里头试掘简报［J］. 考古，1961，（2）；杜金鹏，许宏. 偃师二里头遗址研究［M］. 北京：科学出版社，2005：591～594；中国科学院考古研究所洛阳发掘队. 河南偃师二里头遗址发掘简报［J］. 考古，1965，（5）；杜金鹏，许宏. 偃师二里头遗址研究［M］. 北京：科学出版社，2005：595～604；中国科学院考古研究所二里头工作队. 河南偃师二里头早商宫殿遗址发掘简报［J］. 考古，1974，（4）；杜金鹏，许宏. 偃师二里头遗址研究［M］. 北京：科学出版社，2005：605～619.

③ 中国科学院考古研究所洛阳发掘队. 河南偃师二里头遗址发掘简报［J］. 考古，1965，（5）；杜金鹏，许宏. 偃师二里头遗址研究［M］. 北京：科学出版社，2005：595～604.

④ 中国科学院考古研究所二里头工作队. 河南偃师二里头早商宫殿遗址发掘简报［J］. 考古，1974，（4）；杜金鹏，许宏. 偃师二里头遗址研究［M］. 北京：科学出版社，2005：605～619.

⑤ 殷玮璋. 二里头文化探讨［J］. 考古，1978，（1）；杜金鹏，许宏. 偃师二里头遗址研究［M］. 北京：科学出版社，2005：9～13.

⑥ 中国社会科学院考古研究所洛阳汉魏故城工作队. 偃师商城的初步勘探和发掘［J］. 考古，1984，（6）.

C1H9基本相当，加之其正好处在古尸乡即殷汤所都之地望内。故而，偃师商城商汤灭夏后所建西亳的观点在学界颇受认同①。“二里头遗址西亳说”与“偃师商城西亳说”之间的争议由此而生。根据现有资料分析，两者均有合理性的一面，同时又有局限性的一面。

6.2.1.1 “二里头遗址西亳说”的合理性

就现有资料而言，确定二里头遗址为汤都西亳说的依据主要有三：一是考古依据，主要标志是二期与三期之间文化面貌发生了，即出现了新的商文化因素②，同时，三期宫殿在平毁二期宫殿的基础上而兴建③；二是^{14}C测年数据显示三期年代的上限在公元前1610左右，与传统商代夏的年代基本吻合；三是文献所记载的西亳地望有在二里头遗址的可能性。在这三条依据中，现有文献资料无法分辨谁对谁错，故就前两条依据浅谈己见。

首先，关于二期与三期之间文化面貌的变化问题。早在二里头遗址试掘中就发现三期（晚期）与二期（中期）“有了较显著的变化。陶器以泥质灰陶为主，夹砂陶减少；（器物）种类与早期有较大的不同，爵、盉和觚逐渐普遍，并出现了短径大口尊和圜底卷沿盆第商代常见之器。较大的器物的陶胎较早中期粗厚。一般的器物内部都施有麻点。纹饰以绳纹为主，且多为粗绳纹。器形的风格很多地方与郑州洛达庙出土的接近”④。1965年的简报强调了“三期之间有一定的区别，但属于一个文化类型”，并首次公布三期出土的陶鬲线图⑤。1974年的简报披露了首座宫殿遗址的情况，并将宫殿台基上面的遗存划分为二里头文化四期遗存，以前所划分的早、中、晚期分别重新命名为二里头文化一、二、三期。由于宫殿的层位关系属于三期，加之当时^{14}C所测三期年代为距今3210年±90年（公元前1245年±90年），树轮校正年代为公元前1590~前1300年，相当于商代早期，为汤都“西亳说”提供了有力的实物证据⑥。从此，二里头文化四期说基本定型。在随后的简报中，值得关注的分别是Ⅲ区和Ⅸ区（简报为九区，见注⑧）的发掘，前者是第一次公布了新分三期出土的陶鬲线图⑦，后者则是第一次公布了二期出土的陶鬲线图⑧，而系统披露

① 杜金鹏，王学荣. 偃师商城遗址研究［M］. 北京：科学出版社，2004.

② 殷玮璋. 二里头文化再探讨［J］. 考古，1984，（4）.

③ 中国社会科学院考古研究所二里头工作队. 河南偃师市二里头遗址宫城及宫殿区外围道路的勘察与发掘［J］. 考古，2004，（11）.

④ 中国社会科学院考古研究所洛阳发掘队. 1959年河南偃师二里头试掘简报［J］. 考古，1961，（2）.

⑤ 中国社会科学院考古研究所洛阳发掘队. 河南偃师二里头遗址发掘简报［J］. 考古，1965，（5）.

⑥ 中国社会科学院考古研究所二里头工作队. 河南偃师二里头早商宫殿遗址发掘简报［J］. 考古，1974，（4）.

⑦ 中国社会科学院考古研究所二里头工作队. 偃师二里头遗址1980—1981年Ⅲ区发掘简报［J］. 考古，1984，（7）.

⑧ 中国社会科学院考古研究所二里头工作队. 1982年秋偃师二里头遗址九区发掘简报［J］. 考古，1985，（12）.

二里头文化面貌的则是《偃师二里头1959～1978年考古发掘报告》。其中一至四期的陶器特征基本情况叙述如下。

一期，陶器以泥质和夹砂为主，泥质陶约占陶片总数77%以上，夹砂陶约占21%。黑陶约占40.2%，灰陶约占37.5%，褐陶约占22.3%，另有极少量的橙红、酱黄和白色陶。纹饰常见篮纹、绳纹、附加堆纹、方格纹及少量刻划纹、印纹等，其中篮纹约占全部陶器的17.4%，绳纹为11.3%左右。划纹多为波浪式回纹、多层三角纹、剔刺纹、指甲纹、鱼刺纹等；印纹主要有云雷纹、回纹、圆圈纹等。器类中，炊器有深腹罐、圆腹罐、鼎、甑、甗等；盛器有盆、罐、刻槽盆（擂钵）、罍、汲水罐等；储器有尊、瓮、缸等；食器有三足盘、四足盘、圈足盘、簋、碟、豆、钵、碗等；酒器有壶、觚、爵、盉等。另外还有器盖①。

二期，陶器以泥质和夹砂为主，平均值大体相当。陶色以灰陶为主，约占全部陶器的80%，分灰、深灰、黑灰三种。黑陶、褐陶仍占较大比例，棕黄、黄褐、白陶的数量明显增加。纹饰常见绳纹、绳纹＋附加堆纹、弦纹、划纹等，篮纹、篮纹＋附加堆纹、方格纹的数量明显减少。其中绳纹约占全部陶器的60%，除一般绳纹外，还有粗绳纹和特细绳纹。此外，印纹类新出现“S”纹、卷云纹、耳形纹等。器类中，炊器仍以夹砂深腹罐、圆腹罐为主，鼎、甑数量较多，仅见少量甗腰和三足器，另有2件鬲足；盛器有盆、刻槽盆（擂钵）、平底盆、大口罐、敛口罐、高领罐、罍、汲水罐等；储器有尊、瓮、缸等；食器有三足盘、圈足盘、碟、簋、豆、钵、小盂和碗等；酒器有壶、鬶、觚、方杯、盉等。另外还有器盖②。

三期，陶器以泥质灰陶、磨光灰陶和夹砂灰陶为主，黑陶和褐陶都比较少见。器表部分磨光较多，纹饰中绳纹占绝对优势，篮纹、方格纹趋于绝迹，还有弦纹、篦纹、附加堆纹、刻划纹和压印纹及刻划符号等。其中以较细和较粗绳纹为主，尤其是鬲，全部饰竖排细绳纹。此外，刻划的编织纹、瓦纹、柳叶纹、花瓣纹、鱼纹、龙纹、蛇纹、兽面纹、羊角纹等特色颇具；压印的圆圈纹、螺旋纹、雷纹、云雷纹、卷云纹等，以及刻划的十字形、交叉形、镞形、树枝形符号令人回味。器类中，炊器仍以深腹罐、圆腹罐为主，鼎、甑数量比较多一些，甗、斝极少见，开始出现陶鬲；盛器有盆、刻槽盆（擂钵）、平底盆、敛口罐、大口罐、高领罐、罍、汲水罐、背壶、四系罐等；储器有矮领尊、高领尊、敛口尊、大口尊、敛口瓮、矮领瓮、高领瓮、大口瓮、缸等；食器有三足盘、圈足盘、簋、碟、豆、小钵、小盂、碗等；酒器有壶、鬶、盉、觚、爵、杯、盉等。另外还有器盖③。

四期，陶器是在三期的基础上发展起来的，质料、制法和器类均与三期相似。质料

---

① 中国社会科学院考古研究所. 偃师二里头：1959年～1978年考古发掘报告［M］. 北京：中国大百科全书出版社，1999.

② 中国社会科学院考古研究所. 偃师二里头：1959年～1978年考古发掘报告［M］. 北京：中国大百科全书出版社，1999：93～94.

③ 中国社会科学院考古研究所. 偃师二里头：1959年～1978年考古发掘报告［M］. 北京：中国大百科全书出版社，1999：196～202.

主次分别为泥质灰陶、磨光灰陶和夹砂灰陶，细泥灰陶、夹砂和泥质及磨光黑陶、夹砂和泥质红陶、夹砂和泥质及磨光褐陶、夹砂白陶等均比较少见。其中，泥质灰陶占28.4%，磨光灰陶占23%，夹砂灰陶占18.2%。泥质陶器表均经磨光，其上刻印各式图案花纹。纹饰中以绳纹为主，占纹饰总量的40.6%，弦纹、阴线纹、刻划纹各占一部分，附加堆纹较少，另外还有细篦纹等。刻划的纹样主要有指甲纹、编织纹、圆圈纹、方点纹、辐射、瓦纹、斜"+"字纹、三角纹、重菱纹、卷云纹、花蔓纹、目纹、变形兽面纹、鱼纹、蛇纹、龟纹、蝶纹等。器类中，炊器仍以深腹罐、圆腹罐为主，鼎、甑和鬲次之，甗和斝发现很少。盛器有盆、刻槽盆（擂钵）、平底盆、敛口罐、大口罐、高领罐、汲水罐和四系壶（罐）等；储器有高领尊、敛口尊、大口尊、矮领瓮、高领瓮、敛口瓮、大口瓮和缸等；食器有三足盘、盘、簋、碟和豆等；酒器有壶、盉、觚、爵和杯等。另外还有覆钵形、盔形、折沿形器盖①。

显然，尽管无论是从陶器的质地、纹饰或器类，二里头文化一至四期都给人一种一脉相承的感觉，但其发展的阶段性给人的印象同样也是十分深刻。陶质上，一、二期黑陶多见或陶色多深重，夹砂陶所夹砂粒粗大，三、四期灰陶为主，夹砂陶所夹砂粒较细小；纹饰方面前者细绳纹、篮纹、方格纹常见，后者细绳纹和中粗绳纹为主，篮纹、方格纹几乎绝迹，内壁常见中小型麻点；器类中三期内"不仅包含了一、二期中常见的那组陶器，还出现了以鬲、斝、卷沿圜底盆、大口尊等一组新的陶器"②，尤其是三、四期的大口尊、斝、卷沿圜底盆和小口高领瓮等器形与二里冈文化同类器基本一致，盆形鼎、柄较细的豆、圜底甑、平底盆、器盖等器形也与二里冈文化同类器存在渊源关系③。同时，卷沿盆代折沿盆、盉代鬶及浅盘口深腹罐、大口尊大量流行也显示二、三期之间差别明显④。另外，根据1959～1978年的发掘资料统计，自三期以后鬲、大口尊等二里冈文化极为常见的器物数量激增。以鬲为例，二期仅见两件鬲足，三期完整和可复原的就有10件；尊，二期13件，其中大口尊4件，三期激增为29件，大口尊17件⑤。

其次，从陶器的图案方面，"一、二期的陶器花纹属规整的几何图形或者是可连续重复的设计图案（如抽象的花朵或圆圈），多沿肩带戳印一圈，既古朴又'现代'。到了三期戳印之风锐减，不守原来的规整平衡规律，有许多自由刻划（殷文称为'潦草'），除了次要纹饰承袭原有'图案'习惯以外，有代表性的纹饰都发展为'图像'（如动物龙、

---

① 中国社会科学院考古研究所. 偃师二里头：1959年～1978年考古发掘报告［M］. 北京：中国大百科全书出版社，1999：300～304.

② 殷玮璋. 二里头文化探讨［J］. 考古，1978，（1）.

③ 殷玮璋. 二里头文化再探讨［J］. 考古，1984，（4）.

④ 中国社会科学院考古研究所. 中国考古学·夏商卷［M］. 北京：中国社会科学出版社，2003：71.

⑤ 中国社会科学院考古研究所. 偃师二里头：1959年～1978年考古发掘报告［M］. 北京：中国大百科全书出版社，1999：103、109、320.

羊、蛇等），并有太阳、火焰纹[①]，更重要的是饕餮纹、夔龙纹的普及，到了第四期此等纹类甚至影响、转变了承袭下来的几何底样”[②]。

最后，二里头遗址的宫殿区新发掘出了属于二期的3号与5号大型宫殿基址，尤其是3号宫殿基址是一组大型多院落建筑，形状呈南北窄长，主体部分至少由三重庭院组成，已探明长度达150、宽度在50米左右，是“迄今为止可确定认的二里头文化最早的大型夯土基址”[③]。其“北院内发现有积水迹象的大型坑状遗迹”，属于二里头三期的“2号基址北部的主体殿堂及殿前广庭，都是在填平夯实它的基础上兴建起来的”[④]。另外，这座宫殿基址的西南部又被属于二里头三期的4号基址所叠压[⑤]。根据二里头遗址近年比较全面的勘察与发掘成果可知：“宫城城墙及1号、2号、4号、7号、8号等夯土基址大体同时兴建于二里头文化三期，使得宫殿区的布局为之改观。仅就近年发掘的宫殿区东部的建筑基址群而言，始建于三期的2号基址和4号基址，与始建于四期的6号基址都是在二里头文化二期的3号基址被彻底废毁后又在其原址上兴建起来的。早晚两个时期的建筑格局发生了显著的变化，由一体化的多重院落布局演变为多个单体建筑纵向排列。”[⑥]这一事实证明二里头遗址在二、三期之交确实发生了大规模的早期宫殿基址替代晚期宫殿基址的现象。

尤为值得关注的是，近年除发现二里头遗址二期大型宫殿基址之外，还在二期宫殿区内发现了一批同期规格颇高的墓葬，墓葬中出土有铜器、玉器、漆器、白陶器、原始瓷器、绿松石工艺品、蚌制工艺品、海贝等大量随葬品[⑦]。其中的02VM3中随葬的大型绿松石龙形器引人注目，该器“放置于墓主人骨架之上，由肩部至髋骨处，龙头朝西北，尾向东南……全器由2000片各种形状的绿松石片组合而成……绿松石龙为巨头，蜷尾，龙身曲伏有致，色彩绚丽。龙身长64.5、中部最宽处4厘米”[⑧]，显示出墓主人极高的地位。

将以上考古实际，结合^{14}C所测二、三期之交的年代在公元前1600年左右的结果，则“二里头三期汤都西亳说”的合理性自不待言。

---

① 郑光．二里头陶器文化论略［G］//中国社会科学院考古研究所．二里头陶器集粹（序）［M］．北京：中国社会科学出版社，1995.

② 程一凡．亳与偃师二遗址的关系［G］//杜金鹏，许宏．二里头遗址与二里头文化研究——中国·二里头遗址与二里头文化国际学术研讨会论文集［M］．北京：科学出版社，2006：45～63.

③ 许宏，陈国梁，赵海涛．二里头遗址宫殿基址群［G］//中国考古学会．中国考古学年鉴（2003）［M］．北京：文物出版社，2004.

④ 中国科学院考古研究所二里头工作队．河南偃师二里头遗址中心区的考古新发现［J］．考古，2005，（7）.

⑤ 中国社会科学院考古研究所二里头工作队．河南偃师市二里头遗址4号夯土基址发掘简报［J］．考古，2004，（11）.

⑥ 中国社会科学院考古研究所二里头工作队．河南偃师市二里头遗址宫城及宫殿区外围道路的勘察与发掘［J］．考古，2004，（11）.

⑦ 许宏，陈国梁，赵海涛．二里头遗址聚落形态的初步考察［J］．考古，2004，（11）.

⑧ 中国社会科学院考古研究所二里头工作队．河南偃师二里头遗址中心区的考古新发现［J］．考古，2005，（7）.

6.2.1.2　“二里头遗址西亳说”的局限性

尽管“二里头遗址西亳说”的合理性已如上所述，但是这些合理性没有一条是绝对的，即在这些合理性的后面还存在着明显的局限性。

首先，二里头考古学文化一至四期文化面貌的一脉相承性。尽管一期与四期相比差别突出，但相邻的期与期之间则变化甚微。例如，陶器中的炊器自一期到四期皆以深腹罐、圆腹罐、鼎、甑为主，甗比较少见。前后的变化是二期鼎、甑数量增多，甗和三足器相对少见，新因素是出现了少量的鬲足。三期则是鬲的数量增加明显，如二期仅发现2个鬲足，三期就发现有10件鬲。新因素则是出现了少量的斝。四期的变化主要是在鬲数量继续增加的基础上，形态较前期多样化。例如，四期的18件鬲有三种形态，其中卷沿和侈口鬲类各有4个式别。盛器中盆、刻槽盆（擂钵）、罐、汲水罐一至四期共存，平底盆、大口罐、敛口罐、高领罐二至四期共存，罍一至三期共存，四系罐三、四期共存；储器中自一期至四期尊、瓮、缸一直共存，只是三、四期形态多样；食器中三足盘、簋、碟、豆、器盖一至四期共存，圈足盘、钵、碗一至三期共存，小盂二、三期共存，仅四足盘一期独有；酒器壶、觚、爵①一至四期共存，盉一至三期共存，方杯或杯二至四期共存，鬶二、三期共存，盉三、四期共存。将这样一脉相承的考古学文化从中间一分为二、把前者断定为夏、后者断定为商尽管已有前述之合理性，但这样的一脉相承的事实同样不免会让人产生或多或少的主观之嫌。

其次，如果将鬲和大口尊来作为夏商之别的标志，则二里头二期已经存有少量的鬲和较多的大口尊；而如果将鬲和大口尊的或多或少来区分夏商，则缺乏多和少的标准。考古学文化相互交流所引起的文化因素的变化，难以成为考古学文化性质变化的实证，而新的考古学文化取代旧的考古学文化，因新考古学文化形成过程的滞后性又难使新特征的形成年代与^{14}C所测年代相一致。

最后，尽管三期的2号和4号宫殿基址是在平毁二期3号宫殿的基础上新兴建的，并且又在宫殿区外围新修筑宫城城墙，“但与此同时，早、晚期建筑又基本上保持着统一的建筑方向和建筑规划轴线。宫城城墙建成后，其外仍为大道，早、晚期大道的外缘也大体一致。这说明宫殿区尽管在晚期筑以围墙，其内的建筑格局大变，但宫殿区的总体规划和范围却未发生大的变化。宫殿区布局结构的演化过程，既有显著变化又有延续性”。“宫殿区的总体规划和范围却未发生大的变化。宫殿区布局结构的演化过程，既有显著变化又有延续性”②，这样的考古实际也实在难以将其一分为二。

6.2.2　“偃师商城西亳说”的合理性与局限性

1983年，中国社会科学院考古研究所洛阳汉魏故城工作队在配合偃师城西的一项基本

① 中国社会科学院考古研究所二里头工作队. 偃师二里头遗址1980—1981年Ⅲ区发掘简报［J］. 考古，1984，（7）.

② 中国社会科学院考古研究所二里头工作队. 河南偃师市二里头遗址宫城及宫殿区外围道路的勘察与发掘［J］. 考古，2004，（11）.

建设工程拟选厂区的文物勘察中，在位于二里头遗址东北6千米左右的偃师县城关公社大槐树村西南一带新发现了一座商代城址，发掘者称其为“偃师商城”。初步勘察的情况显示：“像这样规模大、内涵丰富的商代城址或都邑，在迄今的考古发现中，只有郑州商城和安阳殷墟。这意味着，偃师商城绝非一般聚落，也非方国小城，而应是一代王都。……商文化的二里冈期当是该城历史上的兴盛时期之一；在与二里冈上层相当的某段时间里，城墙曾作过修补；该城废弃的年代，约相当于二里冈上层晚期或更迟一些的时期。因此，可以说偃师商城是商代前期的城址。……论者否认偃师为西亳的一个主要依据，是古文献中关于汤都西亳的记载出现较晚。据云（指否定西亳说之学者——笔者），有关记载始见于《汉书·地理志》，即该书河南郡偃师县尸乡条，班固自注‘尸乡，成（殷）汤所都’。而后才有晋皇甫谧《帝王世纪》的‘殷汤都亳，在梁。又在偃师。至盘庚徙河北，又徙偃师’，并指偃师为西亳的‘三亳说’。后魏郦道元沿用皇甫谧的说法，在《水经·谷水注》中具体记述了盘庚自河北徙偃师所都‘亳殷’的位置。文献资料固如其所述，然而如以今所知地下文化遗址与文献记载结合起来研究，便觉得以文献记载出现较晚而否定西亳的存在似有不妥之处。前面提到，偃师商城西距二里头遗址只五六千米，两者同在洛河北岸；汉魏时期由洛阳东去的大道位于二遗址之北。从地望看，晋《太康地记》所谓‘尸乡南有亳坂’的尸乡、亳坂，所指即是这一地域。郦道元《水经·谷水注》记述‘亳殷’的位置时说：‘阳渠水又东迳亳殷南。’按，故阳渠水，约当今洛河河道，适在偃师商城南，郦氏所指‘亳殷’旧址与偃师商城地望相符。这些显然不是偶然的巧合，它表明有关偃师为西亳的文献记载虽则晚出，但并非捕风捉影的臆造。”[①]随着发掘的积累与研究的深入，该城始建于偃师商城第一期、文化面貌和年代与郑州二里冈下层一期早段的C1H9基本相当成为不少学者的共识，加之其与古尸乡即殷汤所都之地望相合，故而，偃师商城是商汤灭夏后所建西亳说在学术界颇受认同[②]。

6.2.2.1　“偃师商城西亳说”的合理性

关于“偃师商城西亳说”的合理性笔者早先也曾作过简单论述[③]，且现今不少学者都进行过深入分析与归纳，其合理性主要表现在以下三个方面。

首先，从始建年代而言，根据现有考古资料分析，其始建年代应当不晚于偃师商城第一期，该期分别与偃师二里头遗址第四期和郑州二里冈文化下层一期年代大体相当，从时间说已经进入商代早期[④]。这一看法与“郑亳说”对偃师商城年代的推断基本相同。因

---

① 中国社会科学院考古研究所洛阳汉魏故城工作队．偃师商城的初步勘探和发掘［J］．考古，1984，（6）．

② 杜金鹏，王学荣．偃师商城遗址研究［M］．北京：科学出版社，2004.

③ 李锋．试论偃师商城商汤亳都和二里冈上层一期郑州商城仲丁隞都［G］//河南省文物考古学会．河南文物考古论集［M］．郑州：河南人民出版社，1996.

④ 中国社会科学院考古研究所．中国考古学·夏商卷［M］．北京：中国社会科学出版社，2003：217.

为“郑亳说”力主偃师商城为太甲桐宫，而作为桐宫其兴建年代而言应当在早商前期①。有学者搜集了2001年之前有关偃师商城始建年代的地层依据，充分证明了“相当于偃师商城第一期时，偃师商城宫城和小城城墙，以及城内的相关设施已经建成，铸铜遗址等已经分布到小城以外，说明偃师商城已经建成并初具规模”②。

其次，偃师商城在地望与规模方面也与汤都西亳相吻合。有关地望方面的吻合已如前述，而关于其规模则考古资料尽显。第一期城址平面呈长方形，南北约1100、东西约740米，面积达81万平方米。宫城位于城址南部居中，平面为方形，四面筑有夯土围墙，边长约200米，是一座相对独立的小城。宫城内发现有5座宫殿基址、2处祭祀遗址和一个大型水池。宫殿基址主要分布于宫城南部，主体基址东西分立，东部4号基址发掘者推测为宗庙，西部为由7号、9号、10号基址组成“三进院落式”的朝寝之地，朝寝、宗庙之后是东西并列的狭长祭祀区，再后是东西横窄长方形的水池。宫城之外的重要建筑是位于城址西南部的府库遗址，平面也略呈方形，四面有夯土围墙，其内整齐而密集地分布有不少于90座的长条形库房。第二期不仅扩建了大城，而且还对宫殿区进行了改扩建③。由小到大的发展实际与商灭夏后初定到繁荣的历史实际符合。

最后，目前的^{14}C测年数据成果显示，偃师商城第一期第1段的年代上限也在公元前1600年左右④。那么，在夏代都城附近突然耸立早商都城，而且其始建年代又与商灭夏年代相当，则偃师商城商汤西亳应当是比较合理的诠释。

6.2.2.2　“偃师商城西亳说”的局限性

“偃师商城汤都西亳说”的合理性尽管几乎完美到无瑕的地步，但细分之则其局限性也同样难使偃师商城汤都西亳落锤。

首先，偃师商城始建年代的上限缺乏地层学上的证据。我们知道，偃师商城是由大、小两城组成的，大城是在小城的基础上扩建而成的。小城发掘的剖面显示，其城墙夯土之下即为生土，而文中所述城墙之下叠压有G2。“在T53中，发现被城墙所叠压的南北向小水沟1条（编号97YSⅣT53G2）。T53内水沟南北长43.5米，北部被城外壕沟所打破，中部被夯土城墙及其南北两侧的附属堆积叠压，南部则被一半地穴式小型建筑F9所打破。城墙以北沟宽约1.5、深约0.5米，城墙以南沟宽约1.2、保存深度约0.2米。沟内堆积大体上分两层，沟底部分堆积厚约0.1米，为黄褐色水锈土，伴出一些螺壳；水锈土以上堆积在城墙内、外两侧以及城墙和城墙附属堆积下三部分皆有显著区别。城墙及其附属堆积下水沟

① 李锋. 试论偃师商城商汤亳都和二里冈上层一期郑州商城仲丁隞都［G］//河南省文物考古学会. 河南文物考古论集［M］. 郑州：河南人民出版社，1996.

② 王学荣. 偃师商城第一期文化研究［G］//中国社会科学院考古研究所夏商周考古研究室. 三代考古（二）［M］. 北京：科学出版社，2006：255～296.

③ 王学荣. 偃师商城第一期文化研究［G］//中国社会科学院考古研究所夏商周考古研究室. 三代考古（二）［M］. 北京：科学出版社，2006：255～296.

④ 夏商周断代工程专家组. 夏商周断代工程1996—2000年阶段成果报告·简本［M］. 北京：世界图书出版公司北京公司，2000：68.

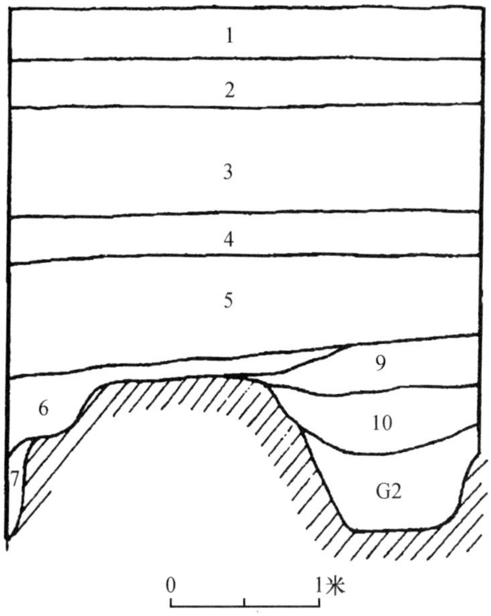

图6.1　T54北壁剖面图

1. 耕土层　2. 淤土层　3. 淤土层　4. 淤土层

5. 灰褐色黏土　6. 青灰色土　7. 浅灰色土

9. 黄褐色土　10. 浅灰色土

（自河南偃师商城小城发掘简报）

内的堆积为纯净的黏土，并经夯实，土色为黄色且略泛红；城外壕沟以北部分则为黄褐色淤积土，质地松软，无出遗物；城墙内侧部分堆积为灰褐色土，出土少量陶片。沟的南北两端皆延伸至T53以外。1998年春季，在位于T53以南8米处的T54下部，我们再次找到了向南延伸的G2。G2开口于该探方第10层下（图6.1），沟口宽1.25～1.4、深0.3～0.5米，沟壁呈缓坡状。沟内堆积亦为灰褐色淤积土，其下部厚约0.1米的堆积中含水锈较多。堆积中出土一些陶片（图6.2）和少量兽骨，时代为偃师商城商文化第一期晚段（相当于郑州二里冈H9所代表的时期）。”T54内G2堆积为城墙切断水沟后所形成，其上部堆积所形成的时代应当最接近于城墙初始使用年代。而打破小城城墙和城墙两侧附属堆积和城外路土的22座墓葬中，最早的为M16，开口于第4层下，随葬折沿、双唇、薄胎、细绳纹鬲，深盘圈足豆，深鼓腹簋，小口、矮领、束颈、鼓肩、凹圜底瓮等4件陶器（图6.3），时代属偃师商城商文化第二期早段①。除此之外，在城墙附属堆积之下发现了第一期晚段（2段）遗存，之上有第二期晚段（4段）遗存；九号宫殿东庑北侧，发现一条小沟（H46）打破九号宫殿使用时期形成的路土，沟的年代属于偃师商城商文化第一期晚段（2段），九号宫殿附属建筑一号宫殿使用时期路土和路土下的铺垫土直接叠压H46。祭祀区活动始于偃师商城商文化第一期早段（1段），而祭祀区南部的第十号宫殿建筑时代不晚于偃师商城商文化第一期早段（1段）②。这些地层依据尽管基本上能证明偃师商城小城及部分遗存的年代上限可抵偃师商城商文化第一期早段（1段）（即早于二里冈H9，相当于所谓的南关外下层——笔者），但无法证明其前就是二里头文化晚期地层。因为城区内的发掘工作表明“偃师商城区域内不存在大规模的或者大面积的二里头文化堆积”③。故不能得出偃师商城就是商汤灭夏后马上兴建的西亳。

其次，“偃师商城西亳说”的学者中，不少学者主张偃师商城第一期早段（1段）与二里头文化第四期偏晚阶段年代相当，将偃师商城的始建年代确定在偃师商城商文化第一

① 中国社会科学院考古研究所河南第二工作队. 河南偃师商城小城发掘简报［J］. 考古，1999，（2）.

② 王学荣. 偃师商城第一期文化研究［G］//中国社会科学院考古研究所夏商周考古研究室. 三代考古（二）［M］. 北京：科学出版社，2006：255～296.

③ 王学荣. 偃师商城布局的探索和思考［J］. 考古，1999，（2）.

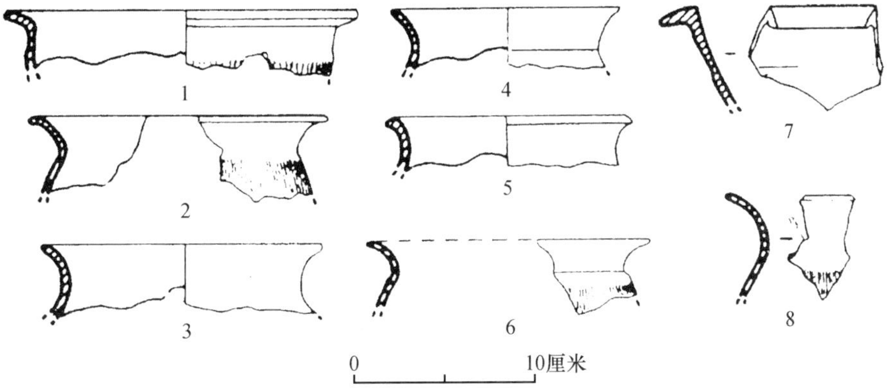

图6.2 T54G2出土陶器

1、7. 折沿盆（G2：11、G2：13） 2、4、6、8. 鬲（G2：8、G2：3、G2：10、G2：1） 3、5. 瓮（G2：5、G2：12）

（自《河南偃师商城小城发掘简报》）

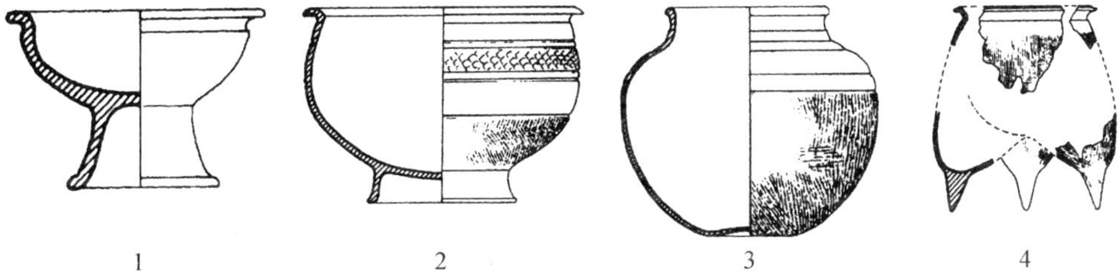

图6.3 M16随葬陶器

1. 豆（M16：1） 2. 簋（M16：2） 3. 瓮（M16：3） 4. 鬲（M16：4）

（自《河南偃师商城小城发掘简报》）

期早段，同时将偃师商城当作商代夏的标准[①]。然而，二里头遗址同期的现象却是“这一阶段的遗存在遗址中心区分布密集，周围地区则较此前有所减少，但遗址规模并未缩小。宫殿区仍延续使用，范围甚至有所扩大。1、2、4、7、8号等始建于三期的夯土基址、宫城城墙及周围道路等均未见遭遇毁灭性破坏的迹象。宫殿区范围内此期遗存的丰富程度远远超过三期。在宫殿区东部还发现了增筑于此期的庭院围墙和大型基址（6号）。在宫殿区南部又新建了一道夯土墙，已探明长度达200米，夯筑质量高于宫城城墙。铸铜作坊延续使用至二里头文化四期。墓葬所见青铜器和玉器等礼器的数量和质量均超过三期。形体较大、制作精美的陶器也屡有发现。青铜兵器始见于此期，个别中型墓葬和青铜容器的下限可能已至二里冈下层文化早段（偃师商城第一期）”[②]。看不到夏衰商兴或商代夏的迹象，更难在二里头文化第四期中分开夏与商。因为文化因素目前尚缺乏量化标准，故迄今

① 杜金鹏. 偃师商城与“夏商周断代工程”［J］. 中原文物，2001，（2）.

② 许宏，陈国梁，赵海涛. 二里头遗址聚落形态的初步考察［J］. 考古，2004，（11）.

仍有学者认为其遗物形态年代晚于二里冈下层，约与二里冈期上层相当①。

最后，商汤灭夏之初百废待兴，不可能立即在夏都附近修建都城，更何况偃师商城发掘资料显示，第一期第1段的早商时期只是修建了小城，难以排除其为离宫别馆的可能性，尤为关注的是这里后世确有桐宫之名。而如果是商汤所建新都，那么其名也应当与二里头遗址之名相同。例如，后世的汉长安城与隋唐长安城，汉魏洛阳城与隋唐洛阳城等。

6.3 郑州大师姑二里冈下层一期城址夏商分界界标对西亳说及郑州商城隞都说的意义与作用

6.3.1 郑州大师姑二里冈下层一期城址夏商分界界标对西亳说的意义

大师姑二里冈下层一期城址夏商分界界标的意义不仅在于从地域上廓清了晚夏与先商或早商文化的分布区域，更重要的是从考古学文化面貌上廓清了晚夏与先商或早商考古学文化区别。交替之前的晚夏文化主要分布在大师姑城址以西，而先商或晚商则主要分布在大师姑城址以东区域。交替之前的大师姑二里头文化以大师姑二里头文化第二段为代表，典型单位主要为H70、H75和H76。“陶器以泥质陶最多，夹砂陶次之。陶色仍以灰陶为大宗，褐陶次之，黑皮褐陶较少。纹饰以绳纹为主，其次为附加堆纹和弦纹，编织纹数量较少。绳纹以中绳纹为主，粗绳纹比例有所上升。器形中大口尊大量出现，并开始出现鬲，但数量很少。深腹罐，卷沿数量较多，折沿相对较少，圆唇和方唇并存，卷沿多近似折沿。腹部开始外张，流行斜直作风，桶腹变少且多出小折肩。卷沿C型深腹罐为此段新出。圆腹罐多为长圆腹，圆肩较窄，最大腹径多在中部，卷A型直径变短，卷B型盘口变浅外侈。甑多为折沿，斜直腹较深。平底盆壁较斜，腹变浅。盆，卷沿、折沿均有，卷沿多于折沿。盆沿普遍较长，平卷或平折较多，腹变斜变浅。大口尊肩部普遍较宽、较平，沿较短，口径一般小于肩径。敛口罐，腹较深，最大腹径上移。豆始见粗柄。”②交替之后的先商或早商文化以大师姑二里冈第一期为代表，典型单位主要有H9、H13、H29、H30、H55等。“陶质以泥质陶为主，夹砂陶次之。陶色以灰陶为为主，褐陶次之，黑皮褐胎陶较少。红陶主要见于夹砂篦纹陶。纹饰以绳纹为大宗，其中中绳纹最多，占40%以上，细绳纹次之，占23.9%以上，粗绳纹少见。弦纹和磨光占相当比例，有一定数量的篦纹。”③典型器形主要有鬲、大口尊、敛口瓮、簋等。其中，“陶鬲多高领卷沿，饰细绳纹，与二里冈C1区H9出土陶鬲形制接近。所以该期的年代应相当于二里冈下层偏早阶段”④。

大师姑二里头二期的文化特征与偃师二里头文化三期偏早阶段特征相类，考虑到二

① 郑光. 试论偃师商城即盘庚之亳殷［J］.（台北）故宫学术季刊，1991，8（4）；杜金鹏，王学荣. 偃师商城遗址遗迹［M］. 北京：科学出版社，2004：396～421.

② 郑州市文物考古研究所. 郑州大师姑·2002—2003［M］. 北京：科学出版社，2004：273～274.

③ 郑州市文物考古研究所. 郑州大师姑·2002—2003［M］. 北京：科学出版社，2004：332.

④ 郑州市文物考古研究所. 郑州大师姑·2002—2003［M］. 北京：科学出版社，2004：332.

里头文化由西向东传播的实际，则大师姑二里头二期的年代较偃师二里头文化三期偏早阶段为晚当自不待言。相反，郑州二里冈下层一期阶段的文化是由东向西传播的。那么，二里头遗址四期晚段中或偃师商城中的第一期晚段遗存等与郑州二里冈下层一期阶段文化面貌相当的遗存，其年代应当不该早于郑州二里冈下层一期阶段，这一年代的界限完全是由事物发展的逻辑所决定的。因此，无论是二里头遗址中的夏商交替年代，或者是偃师商城的始建年代，均不会早于郑州二里冈下层一期阶段。由于文化因素滞后性的上限和下限均难以把握，因此，夏商分界的上限只能以取代者的上限为准，即以郑州二里冈下层一期阶段的上限为准。根据目前^{14}C所测数据，郑州二里冈下层一期阶段的上限已达公元前1600年左右①，与偃师二里头遗址三期的上限公元前1610～前1598年基本同时②。此时的偃师二里头遗址不仅将二期宫殿平毁并在其上建立了三期宫殿，还在宫殿四周筑建了城墙，同时，三期的文化面貌与二期相比也发生了可以感觉的变化。以此为据，则夏商分界在偃师二里头二期与三期之间就显得极为合理，新建在偃师二里头二期宫殿基础上的三期宫殿和宫城是商汤灭夏后所建的西亳显然就顺理成章。

6.3.2　郑州大师姑二里冈下层一期城址夏商分界界标“对偃师商城桐宫说”的意义

郑州大师姑二里冈下层一期城址夏商分界界标的确立分别为“偃师商城桐宫说”③提供了合理的空间。

根据现有资料和研究成果，偃师商城的发展大致可分为三个阶段。第一阶段是小城建设阶段。主要遗存有南北约1100、东西约740米的小城及城南部居中的宫城、西南隅的府库等。第二阶段是小城扩展阶段或繁盛时期。不仅扩宽了小城西墙、南墙和东墙南段，而且绕小城北部和东部增筑了大城，使其达到南北1710、东西最宽达1215米的大城④。同时，城内新修了第六号宫殿基址及修建第Ⅱ号建筑群遗址的中层建筑和第Ⅲ号建筑群遗址。第三段为中兴阶段。主要是继续修建宫殿建筑，如第五号、第三号宫殿及其以西的数座宫殿建筑。另外还修缮了大城西城墙、北城墙和府库等。此后不久就成为废墟。第一阶段的年代上限晚于二里头文化三期，相当于二里头文化四期，晚期相当于郑州二里冈下层C1H9时期。第二段早期相当于郑州南关外中层H62为代表的时期，晚段相当于H17为代表的二里冈下层二期。第三段相当于二里冈上层时期，其中，第五号宫殿上层基址年代不晚于郑州二里冈上层文化时期晚段⑤。上述考古实际显示，小城始建与使用年代相

① 夏商周断代工程专家组. 夏商周断代工程1996—2000年阶段成果报告·简本［M］. 北京：世界图书出版公司北京公司，2000：65.

② 夏商周断代工程专家组. 夏商周断代工程1996—2000年阶段成果报告·简本［M］. 北京：世界图书出版公司北京公司，2000：77.

③ 程一凡. 亳与偃师二遗址的关系［G］//杜金鹏，许宏. 二里头遗址与二里头文化研究——中国·二里头遗址与二里头文化国际学术研讨会论文集［M］. 北京：科学出版社，2006：45～63.

④ 中国社会科学院考古研究所河南第二工作队. 河南偃师商城小城发掘简报［J］. 考古，1999，（2）.

⑤ 王学荣. 偃师商城布局的探索和思考［J］. 考古，1999，（2）.

当于二里头四期，尽管此时的偃师商城已经夯筑了南北180～185米、东西190～200米规模的宫城[①]，但也比不上二里头三期始筑、到二里头四期仍在使用的南北292～295米、东西359～378米的宫城规模[②]，尤其是此时的二里头遗址不见宫城区内有宫殿兴废的交替现象[③]。因而，偃师商城自然也就不会与夏商更替的亳都相关。有学者将其厘定为商灭夏后所建的桐宫就显得不无道理[④]。由于太甲曾被伊尹封闭于此进行思过，故而不排除其重新执政后又在此听政的可能性，这在后世都城中也是屡见不鲜。例如，汉在秦离宫上建都，唐代高宗在大明宫听政、玄宗登基后在其王府兴庆宫听政等。

6.3.3　郑州大师姑二里冈下层一期城址夏商分界界标对“郑州商城隞都说”的意义

大师姑二里冈下层一期城址夏商分界界标与商汤韦亳的确立不仅为夏商分界和汤亳问题的冰释送去了春风，同时也为“郑州商城仲丁隞都说”提供了合理空间。

郑州大师姑二里冈下层一期城址夏商分界界标与商汤韦亳的确立证明了郑州一带曾经存有汤亳的合理性，从而为郑州商城始建年代不会早到灭夏之前找到了考古实证，进而郑州商城也就与汤亳脱离了关系。灭夏之后修建的郑州商城应该是以控制东方为目的的，至仲丁时期之所以迁都城于此，既可东征蓝夷，又可避九世之乱[⑤]。因此，郑州商城仲丁隞都说的合理性不言而喻[⑥]。

郑州大师姑二里冈先商或早期城址的厘定以及夏商分界界标的确立，不仅厘清了晚夏与先商或早商考古学文化的界限，更重要的是为豫东商丘和濮阳一带在商汤灭夏之前存有南亳和北亳、二里头三期宫殿和宫城是商汤灭夏后所建西亳之载体、偃师商城是商汤桐宫及郑州商城为商代中期仲丁所迁的隞都提供了有力的考古实证，同时更彰显了古代文献有关商汤灭夏前后曾分别有南亳、北亳与西亳、桐宫及其以后的仲丁迁都于隞等记载的合理性。

---

① 中国社会科学院考古研究所洛阳汉魏故城工作队．偃师商城的初步勘探和发掘［J］．考古，1984，（6）．

② 中国社会科学院考古研究所二里头工作队．河南偃师二里头遗址中心区的考古新发现［J］．考古，2005，（7）．

③ 中国社会科学院考古研究所二里头工作队．河南偃师二里头遗址宫城及宫殿区外围道路的勘查与发掘［J］．考古，2004，（1）；杜金鹏，许宏．偃师二里头遗址研究［M］．北京：科学出版社，2005：728～741.

④ 邹衡．西亳与桐宫考辨［G］//北京大学考古系．纪念北京大学考古专业三十周年论文集［M］．北京：文物出版社，1990：108；程一凡．亳与偃师二遗址的关系［G］//杜金鹏，许宏．二里头遗址与二里头文化研究——中国·二里头遗址与二里头文化国际学术研讨会论文集［M］．北京：科学出版社，2006：45～63.

⑤ 杨育彬．再论郑州商城的年代、性质及相关问题［J］．华夏考古，2004，（3）：52～70.

⑥ 李锋．郑州大师姑城址商汤灭夏前所居亳说新论［G］；郑州商城隞都说与郑亳说合理性比较研究［G］；郑州商城“隞都说”发凡［G］//李锋．商代前期都城研究［M］．郑州：中州古籍出版社，2007：50～64、164～175、176～301.

7 结　语

本书前述的所有观点都是根据郑州大师姑城址的考古资料并结合相关学者的研究成果分析形成的。二里冈下层一期先商或早商城址取代大师姑二里头文化晚期城址的年代、方式、性质及取代前后两者文化面貌的差别，反映了两座性质不同城址的交替；二里冈下层一期文化渊源于豫东鹿台岗漳河型先商文化的考古实际，让我们形成了大师姑二里冈文化下层一期城址商汤灭夏前所居韦亳的新观点；在此基础上探讨了夏商分界于大师姑二里头文化三期与二里冈文化下层一期和商汤先都南亳、北亳、后都西亳及仲丁迁隞于郑州商城的合理性。这既有可能为困扰学界多年的夏商分界问题的冰释送去了春风，也有可能使处在“山穷水复”之境的商汤亳都问题研究看到了“柳暗花明”的生机，同时也为中华文明探源工程的深入开展奠定了科学基础。

值得关注的是，郑州大师姑城址的考古工作才刚刚开始，发掘资料还相对欠缺，尤其是相关大型宫殿基址还尚未发现，故而，上述的结论仅仅是阶段性的。随着新资料的不断发现，这一结论也许会是对的，也许还会是错的。不过，令我们感到有一丝安慰的是，上述的那些结论都是在认真分析考古资料基础上所形成的，并且与客观实际也是基本一致的，相信上述结论将会对夏商分界和汤亳问题的最终冰释有所帮助，这就是本书最初所想要达到的预期目的。

参考文献

一、论著与论文集

《庆祝苏秉琦考古五十五年论文集》编辑组. 1989. 庆祝苏秉琦考古五十五年论文集［M］. 北京：文物出版社.

安金槐. 1999. 安金槐考古文集［M］. 郑州：中州古籍出版社.

陈梦家. 1988. 殷墟卜辞综述［M］. 北京：中华书局.

杜金鹏，王学荣. 2004. 偃师商城遗址研究［M］. 北京：科学出版社.

杜金鹏，许宏. 2005. 偃师二里头遗址研究［M］. 北京：科学出版社.

杜金鹏，许宏. 2006. 二里头遗址与二里头文化研究——中国·二里头遗址与二里头文化国际学术研讨会论文集［M］. 北京：科学出版社.

范文澜. 1964. 中国通史简编（修订本）第一编［M］. 北京：人民出版社.

河南省文物考古学会. 2003. 中原文物考古研究［M］. 郑州：大象出版社.

河南省文物考古研究所. 1993. 郑州商城考古新发现与研究［M］. 郑州：中州古籍出版社.

河南省文物考古研究所. 2003. 华夏文明的形成与发展——河南省文物考古研究所建所五十周年庆祝会暨华夏文明的形成与发展学科研讨会论文集［M］. 郑州：大象出版社.

李锋. 2007. 商代前期都城研究［M］. 郑州：中州古籍出版社.

李民. 1985. 夏商史探索［M］. 郑州：河南人民出版社.

刘庆柱. 2004. 考古学集刊：第14集［M］. 北京：文物出版社.

夏商周断代工程专家组. 2000. 夏商周断代工程1996—2000年阶段成果报告·简本［M］. 北京：世界图书出版公司北京公司.

中国考古学会. 1988. 中国考古学会第五次年会论文集［M］. 北京：文物出版社.

中国考古学会. 1991. 中国考古学会第八次年会论文集［M］. 北京：文物出版社.

中国考古学会. 2004. 中国考古学年鉴（2003）［M］. 北京：文物出版社.

中国社会科学院考古研究所. 1995. 二里头陶器集粹［M］. 北京：中国社会科学出版社.

中国社会科学院考古研究所. 1998. 中国商文化国际学术讨论会论文集［M］. 北京：中国大百科全书出版社.

中国社会科学院考古研究所. 2002. 21世纪中国考古学与世界考古学［M］. 北京：中国社会科学出版社.

中国社会科学院考古研究所夏商周考古研究室. 2006. 三代考古（二）［M］. 北京：科学出版社.

朱彦民. 2007. 商族的起源、迁徙与发展［M］. 北京：商务印书馆.

邹衡. 1980. 夏商周考古学论文集［M］. 北京：文物出版社.

邹衡. 1998. 夏商周考古学论文集（续集）［M］. 北京：科学出版社.

二、发掘报告

河南省文化局文物工作队. 1959. 郑州二里冈［M］. 北京：科学出版社.
河南省文物考古研究所. 2001. 郑州商城［M］. 北京：文物出版社.
河南省文物考古研究所. 2001. 郑州商城：1953～1985年考古发掘报告（上）［M］. 北京：文物出版社.
郑州大学文博学院，开封市文物工作队. 2000. 豫东杞县鹿台岗发掘报告［M］. 北京：科学出版社.
郑州市文物考古研究所. 2004. 郑州大师姑·2002—2003［M］. 北京：科学出版社.

三、期刊

蔡全法，马俊才. 2002. 河南新密市古城寨在龙山文化城址发掘简报［J］. 华夏考古，（2）.
陈旭. 1985. 关于偃师商城和郑州商城的年代问题［J］. 郑州大学学报（哲学社会科学版），（4）.
陈旭. 1987. 郑州商代王都的兴与废［J］. 中原文物，（2）.
陈旭. 1991. 偃师商城第五号宫殿基址的建筑年代及其相关问题［J］. 中原文物，（1）.
程平山，周军. 2002. 商汤居亳考［J］. 中原文物，（6）.
杜金鹏，王学荣. 2004. 偃师商城与“夏商周断代工程”［J］. 考古，（12）.
杜金鹏. 2001. 郑州南关外中层文化遗存再认识［J］. 考古，（6）.
方燕明. 2005. 河南龙山文化和二里头文化碳十四测年的若干问题讨论［J］. 中原文物，（2）.
高炜，杨锡璋，王巍，等. 1998. 偃师商城与夏商文化分界［J］. 考古，（10）.
高煦. 1985. 略论二里冈期商文化的分期和商城年代——兼论其与二里头文化的关系［J］. 中原文物，（2）.
河南省博物馆. 1973. 郑州南关外商代遗址的发掘［J］. 考古学报，（1）.
河南省文化局文物工作队第一队. 1957. 郑州洛达庙商代遗址试掘简报［J］. 文物参考资料，（10）.
河南省文物考古研究所. 2002. 郑州商城北大街商代宫殿遗址的发掘与研究［J］. 文物，（3）.
黄盛璋. 1977.《孙膑兵法·擒庞涓》释地篇［J］. 文物，（2）.
李伯谦. 2005. 对郑州商城的再认识［J］. 古都郑州，（4）.
李学勤. 近年考古发现与中国古代社会［J］. 新建设，1958，（8）.
栾丰实. 1994. 试论岳石文化与郑州地区早期商文化的关系——兼论商族起源问题［J］. 华夏考古，（4）.
马世之. 2007. 郑州大师姑城址性质试探［J］. 中原文物，（3）.

宋豫秦．1992．夷夏商三种考古学文化交汇地域浅谈［J］．中原文物，（1）．
徐子红．1996．以“曹”名地纵横谈［J］．中国方域：行政区域与地名，（1）．
许宏，陈国梁，赵海涛．2004．二里头遗址聚落形态的初步考察［J］．考古，（11）．
杨育彬．2004．再论郑州商城的年代、性质及相关问题［J］．华夏考古，（3）．
殷玮璋．1978．二里头文化探讨［J］．考古，（1）．
殷玮璋．1984．二里头文化再探讨［J］．考古，（4）．
袁广阔．2002．先商文化新探［J］．中原文物，（2）．
袁广阔．2003．郑州商城始建年代研究［J］．中原文物，（5）．
袁广阔．2004．关于“南关外期”文化的几个问题［J］．中原文物，（6）．
袁广阔．2004．论郑州商城内城和外郭城的关系［J］．考古，（3）．
张雪莲，仇士华，蔡连珍，等．2007．新砦—二里头—二里冈文化考古年代序列的建立与完善［J］．考古，（8）．
张雪莲，仇士华，蔡莲珍．2005．郑州商城和偃师商城的碳十四年代分析［J］．中原文物，（1）．
郑州大学历史学院考古系．2005．豫东商丘地区考古调查报告［J］．华夏考古，（2）．
中国科学院考古研究所二里头工作队．1974．河南偃师二里头早商宫殿遗址发掘简报［J］．考古，（4）．
中国社会科学院考古研究所二里头工作队．1984．偃师二里头遗址1980—1981年Ⅲ区发掘简报［J］．考古，（7）．
中国社会科学院考古研究所二里头工作队．1985．1982年秋偃师二里头遗址九区发掘简报［J］．考古，（12）．
中国社会科学院考古研究所二里头工作队．2004．河南偃师市二里头遗址4号夯土基址发掘简报［J］．考古，（11）．
中国社会科学院考古研究所二里头工作队．2004．河南偃师市二里头遗址宫城及宫殿区外围道路的勘察与发掘［J］．考古，（11）．
中国科学院考古研究所二里头工作队．2005．河南偃师二里头遗址中心区的考古新发现［J］．考古，（7）．
中国社会科学院考古研究所河南第二工作队．1999．河南偃师商城小城发掘简报［J］．考古，（2）．
中国社会科学院考古研究所洛阳汉魏故城工作队．1984．偃师商城的初步勘探和发掘［J］．考古，（6）．
邹衡．1956．试论郑州新发现的殷商文化遗址［J］．考古学报，（3）．
邹衡．1978．郑州商城即汤都亳说（摘要）［J］．文物，（2）．

四、报纸

李锋．2004-5-7．郑州商城始建年代研究新进展及研究方法刍议［N］．中国文物报．
刘绪．2001-8-5．偃师商城——不准确的界标［N］．中国文物报．
袁广阔．2005-3-25．郑州大师姑二里头城址发现的意义［N］．中国文物报．

附　　表

一、洛达庙类型晚期遗存和郑州商城分期及常规^{14}C测年数据

分期		单位	样品	实验室编号	^{14}C年代（BP）	拟合后日历年代（BC）
洛达庙类型晚期遗存		ⅤT155G3	兽骨	XSZ142	3286 ± 36	1680 ~ 1670（0.07） 1630 ~ 1540（0.93）
第一期	二里冈下层一期早	ⅡT166G2	兽骨	ZK5371	3261 ± 35	1580 ~ 1490
	二里冈下层一期晚	ⅡT203H56	兽骨	ZK5373	3202 ± 37	1518 ~ 1478
		ⅡT159	兽骨	ZK5370	3174 ± 41	1515 ~ 1480
第二期	二里冈下层二期	ⅡT202H150	兽骨	ZK5369	3221 ± 36	1474 ~ 1436
		ⅡT202H60	兽骨	XSZ144	3184 ± 35	1485 ~ 1425
		ⅡT236H156	兽骨	XSZ147	3148 ± 40	1485 ~ 1480（0.09） 1455 ~ 1415（0.91）
第三期	二里冈上层一期	ⅡT201H69	兽骨	ZK5368	3130 ± 34	1427 ~ 1392
		ⅡT234H28	兽骨	XSZ145	3140 ± 35	1429 ~ 1395
		ⅡT234G2	兽骨	XSZ146	3138 ± 37	1429 ~ 1393
		ⅡT201G1	兽骨	XSZ141	3125 ± 48	1429 ~ 1393
第四期	二里冈上层二期	98ZS②H12	木炭	ZK5353	3094 ± 34	1390 ~ 1300（0.95） 1280 ~ 1260（0.05）
		98ZS②H12	兽骨	XSZ081	3061 ± 37	1380 ~ 1260
		ⅡT157H17	兽骨	ZK5372	3030 ± 38	1370 ~ 1210
		ⅡT201H2	兽骨	ZK5366	3136 ± 34	1400 ~ 1370（0.33） 1340 ~ 1315（0.67）

（自：夏商周断代工程专家组. 夏商周断代工程1996—2000年阶段成果报告·简本［M］. 北京：世界图书出版公司北京公司，2000：63 ~ 64）

二、洛达庙类型晚期遗存和郑州商城分期及AMS测年数据

分期		单位	样品	实验室编号	^{14}C年代（BP）	拟合后日历年代（BC）
洛达庙类型晚期遗存		T232H231	骨头	SA99068	3385 ± 38	1740 ~ 1630
		T232H230	木炭	SA99067	3320 ± 56	1730 ~ 1720（0.02） 1690 ~ 1610（0.98）
		T155G3	骨头	SA99076	3293 ± 48	1685 ~ 1645（0.60） 1640 ~ 1605（0.40）
		T232H233	木炭	SA99110	3291 ± 35	1685 ~ 1645（0.55） 1640 ~ 1605（0.45）
第一期	二里冈下层一期早	T232夯土VII下垫土	木炭	SA99066	3247 ± 49	1600 ~ 1540（0.88） 1530 ~ 1515（0.12）
		T232夯土VII	木炭	SA99070	3285 ± 39	1600 ~ 1525
		C1H9：25	卜骨	SA99057	3288 ± 47	1600 ~ 1530
		C1H9：43	骨匕	SA99061	3292 ± 42	1595 ~ 1530
		T166G2	骨头	SA99074	3281 ± 42	1600 ~ 1540（0.92） 1535 ~ 1525（0.08）
		T207夯土墙	骨头	SA99078	3283 ± 85	1600 ~ 1525
	二里冈下层一期晚	T232夯土VI	木炭	SA99069	3281 ± 65	1533 ~ 1497
		T203H56	骨头	SA99077	3243 ± 40	1526 ~ 1496
		97XNH69	卜骨	SA99073	3219 ± 35	1522 ~ 1496
第二期	二里冈下层二期	T233F1	骨头	SA99065	3272 ± 34	1508 ~ 1489（0.61） 1479 ~ 1465（0.39）
		T236H160	骨头	SA99071	3185 ± 45	1504 ~ 1471
第三期	二里冈上层一期	T234H8	骨头	SA99123	3263 ± 40	1476 ~ 1446
		T233H19	骨头	SA99114	3225 ± 32	1476 ~ 1444
		T234G3	骨头	SA99124	3152 ± 48	1473 ~ 1436
第四期	二里冈上层二期	T157H17	骨头	SA99111	3189 ± 35	1446 ~ 1419
		T157G1	骨头	SA99125	3153 ± 36	1441 ~ 1415

（自：夏商周断代工程专家组．夏商周断代工程1996—2000年阶段成果报告·简本［M］．北京：世界图书出版公司北京公司，2000：64 ~ 65）

三、偃师商城分期及常规^{14}C测年数据

分期		单位	样品	实验室编号	^{14}C年代（BP）	拟合后日历年代（BC）
第一期	1段	ⅦT28⑩	兽骨	ZK5417	3220±36	1600～1565（0.67） 1525～1506（0.33）
		ⅦT28⑨	兽骨	ZK5416	3219±34	1600～1560（0.69） 1525～1505（0.31）
	2段	ⅦT28⑧	兽骨	ZK5424	3252±34	1532～1487
		小城T54G1	木炭	ZK5453	3258±36	1532～1487
		ⅦT0200H19	木炭	ZK5447	3150±37	1516～1486
第二期	3段	ⅣT32HG2	木炭	ZK5402	3237±37	1500～1461
		T0301H94	木炭	ZK5442	3158±48	1496～1464
	4段	ⅡT11M27	人骨	ZK5412	3207±31	1467～1429
		ⅡT11M31③	人骨	ZK5421	3206±36	1466～1427
		ⅣT03H179	兽骨	ZK5403	3201±31	1464～1428
		Ⅳ31H120	木炭	ZK5400	3191±48	1459～1412
		ⅡT11M27⑦a	兽骨	ZK5413	3183±40	1456～1412
		V IIT28⑥	兽骨	ZK5415	3130±35	1434～1388
		ⅡT11M25	人骨	ZK5411	3120±32	1429～1387
第三期	5段	偃师商城路土①	木炭	ZK5452	3126±37	1405～1370（0.37） 1355～1350（0.04） 1340～1315（0.59）
		偃师商城G1	木炭	ZK5451	3053±34	1380～1260

（自：夏商周断代工程专家组．夏商周断代工程1996—2000年阶段成果报告·简本［M］．北京：世界图书出版公司北京公司，2000：67）

四、偃师商城分期及AMS测年数据

分期		单位	样品	实验室编号	^{14}C年代（BP）	拟合后日历年代（BC）
第一期	1段	ⅦT28⑩	骨头	SA00052	3190±55	1605～1540（0.94） 1525～1515（0.06）
		ⅦT28⑨	骨头	SA00053	3290±50	1605～1535
	2段	ⅣT53G2	骨头	SA99121	3220±35	1525～1489
		ⅦT28⑧	木炭	SA99117	3295±45	1565～1500
		J1D2T1009④G3	木炭	SA99013	3300±50	1565～1500
		ⅦT0301H99G10西段	木炭	SA99012	3260±40	1555～1490

续表

分期		单位	样品	实验室编号	^{14}C年代（BP）	拟合后日历年代（BC）
第二期	3段	ⅦT28⑦	骨头	SA99118	3230 ± 45	1504 ~ 1460
		ⅣT54H180	木炭	SA99008	3210 ± 45	1503 ~ 1460
	4段	ⅦT0502G9	木炭	SA99011	3245 ± 35	1470 ~ 1436
		ⅣT54⑧	木炭	SA99006	3230 ± 45	1469 ~ 1430
		ⅦT27-6A	骨头	SA99119	3110 ± 40	1440 ~ 1400
第三期	5段	J1T0419Ch③	骨头	SA99122	3105 ± 40	1425 ~ 1365（0.99） 1360 ~ 1350（0.01）
		ⅣT34④下	竹炭	SA99009	3100 ± 40	1425 ~ 1365（0.95） 1360 ~ 1350（0.05）
		J1D2T0412H61	竹炭	SA99002	3030 ± 60	1410 ~ 1350
		J1D2T0511H64	木炭	SA99005	3125 ± 60	1430 ~ 1365

（自：夏商周断代工程专家组．夏商周断代工程1996—2000年阶段成果报告·简本［M］．北京：世界图书出版公司北京公司，2000：68）

五、二里头遗址分期与常规^{14}C测年数据

分期	单位	样品	实验室编号	14C年代（BP）	拟合后日历年代（BC）
一期	97VT3H58	兽骨	XSZ104	3445 ± 37	1880 ~ 1840（0.41） 1810 ~ 1800（0.09） 1780 ~ 1730（0.49）
	97VT2⑪	木炭	ZK5206	3406 ± 33	1740 ~ 1640
二期	97VT4H54	木炭	ZK5227	3327 ± 34	1680 ~ 1600
	97VT4⑦b	兽骨	XSZ098	3327 ± 32	1685 ~ 1650（0.43） 1640 ~ 1600（0.57）
	97VT4H46	木炭	ZK5226	3407 ± 36	1740 ~ 1640
	97VT1H48	兽骨	ZK5244	3348 ± 36	1685 ~ 1615
	97VT6H53	木炭	ZK5236	3294 ± 35	1680 ~ 1670（0.18） 1660 ~ 1650（0.06） 1635 ~ 1590（0.75）
	97VT4G6	兽骨	ZK5253	3341 ± 39	1685 ~ 1610
	97VT3⑦	兽骨	ZK5257	3313 ± 37	1685 ~ 1650（0.37） 1640 ~ 1600（0.63）
	97VT4⑥a	木炭	ZK5228	3318 ± 34	1685 ~ 1600
	97VT2⑨a	木炭	ZK5209	3374 ± 34	1740 ~ 1710（0.16） 1690 ~ 1620（0.84）

续表

分期	单位	样品	实验室编号	14C年代（BP）	拟合后日历年代（BC）
三期	97VT6⑰a	兽骨	ZK5249	3347 ± 36	1610 ~ 1555
	97VT⑨	木炭	ZK5200	3343 ± 35	1610 ~ 1555
	97VT⑫b	兽骨	ZK5247	3272 ± 39	1598 ~ 1564
四期	97VT3G4	兽骨	ZK5255	3355 ± 40	1560 ~ 1529
	97VT4⑤a	木炭	ZK5229	3304 ± 36	1561 ~ 1525
	97VT6	木炭	ZK5242a	3270 ± 32	1564 ~ 1521
	97VT6	木炭	ZK5242b	3350 ± 33	1560 ~ 1529

（自：夏商周断代工程专家组. 夏商周断代工程1996—2000年阶段成果报告·简本［M］. 北京：世界图书出版公司北京公司，2000：77 ~ 78）

六、夏商周年表

朝代	王	年代（公元前）	年数
夏	禹	2070 ~ 1600	
	启		
	太康		
	仲康		
	相		
	少康		
	予		
	槐		
	芒		
	泄		
	不降		
	扃		
	廑		
	孔甲		
	皋		
	发		
	癸		
商朝前	汤	1600 ~ 1300	
	太丁		
	外丙		
	中壬		
	太甲		
	沃丁		

续表

朝代	王	年代（公元前）	年数
商前期	太庚	1600～1300	
	小甲		
	雍己		
	太戊		
	中丁		
	外壬		
	河亶甲		
	祖乙		
	祖辛		
	沃甲		
	祖丁		
	南庚		
	阳甲		
	盘庚（迁殷前）		
商后期	盘庚（迁殷后） 小辛 小乙	1300～1251	50
	武丁	1250～1192	59
	祖庚 祖甲 廪辛 康丁	1191～1148	44
	武乙	1147～1113	35
	文丁	1112～1102	11
	帝乙	1101～1076	26
	帝辛（纣）	1075～1046	30
西周	武王	1406～1403	4
	成王	1042～1021	22
	康王	1020～996	25
	昭王	995～977	19
	穆王	976～922	55（共王当年改元）
	共王	922～900	23
	懿王	899～892	8
	孝王	891～886	6
	夷王	885～878	8

续表

朝代	王	年代（公元前）	年数
西周	厉王	877～841	37（共和当年改元）
	共和	841～828	14
	宣王	827～782	46
	幽王	781～771	11

（自：夏商周断代工程专家组. 夏商周断代工程1996—2000年阶段成果报告·简本［M］. 北京：世界图书出版公司北京公司，2000：86～88）

七、二里头遗址^{14}C测年数据

样品号	原编号	分期	样品物质	^{14}C年代（BP）	拟合后日历年代（BC）
XSZ104	97VT3H58	一期	兽骨	3345±37	1880～1840（0.41） 1810～1800（0.09） 1780～1730（0.49）
ZK5206	97VT2⑪	一期	木炭	3406±33	1740～1640
ZK5227	97VT4H54	二期	木炭	3327±34	1680～1600
XSZ098	97VT4⑦b	二期	兽骨	3327±32	1685～1650（0.43） 1640～1600（0.57）
ZK5226	97VT4H46	二期	木炭	3407±36	1740～1640
ZK5244	97VT1H48	二期	兽骨	3348±36	1685～1615
ZK5236	97VT6H53	二期	木炭	3294±35	1680～1670（0.18） 1660～1650（0.06） 1635～1590（0.75）
ZK5253	97VT4G6	二期	兽骨	3341±39	1685～1610
ZK5257	97VT3⑦	二期	兽骨	3313±37	1685～1650（0.37） 1640～1600（0.63）
ZK5228	97VT4⑥a	二期	木炭	3318±34	1685～1600
ZK5209	97VT2⑨a	二期	木炭	3374±34	1740～1710（0.16） 1690～1620（0.84）
ZK5249	97VT6⑰a	三期	兽骨	3347±36	1610～1555
ZK5200	97VT1⑨	三期	木炭	3343±35	1610～1555
ZK5247	97VT6⑫b	三期	兽骨	3272±39	1598～1564
ZK5255	97VT3G4	四期	兽骨	3355±40	1560～1529
ZK5229	97VT4⑤a	四期	木炭	3304±36	1561～1525
ZK5242a	97VT6	四期	木炭	3270±32	1564～1521
ZK5242b	97VT6	四期	木炭	3350±33	1560～1529

（自：张雪莲，仇士华，蔡连珍，等. 新砦—二里头—二里冈文化考古年代序列的建立与完善［J］. 考古，2007，（8）：75）

八、1974～1978年二里头遗址测年数据

实验室编号	原编号	分期	样品物质	^{14}C年代（BP）	校正年代（BC）
ZK-0031	ⅡT104		蚌壳	3840 ± 115	2470～2140
ZK-0212	ⅤT104⑥	二里头早	蚌壳	3470 ± 95	1916～1683
ZK-0257	ⅧT22③H73	二里头	木炭	3100 ± 90	1493～1266
ZK-0285	九队窑场H3	二里头一期	木炭	3450 ± 80	1886～1681
ZK-0286	ⅤT13f内H87	二里头四期	木炭	3240 ± 85	1625～1430

（自：张雪莲，仇士华，蔡连珍，等. 新砦—二里头—二里冈文化考古年代序列的建立与完善［J］. 考古，2007，（8）：76）

九、1980～1983年二里头遗址测年数据

实验室编号	原编号	分期	样品物质	^{14}C年代（5568，BP1950）	校正年代（按新表，BC）
ZK-680	ⅤD2H12	二期晚	木炭	3800 ± 115	2645～1885
ZK-1082-C	ⅣT1A④B	三、四期	木炭	3560 ± 70	2145～1730
ZK-926	ⅣT3④	二、三期	木炭	3530 ± 85	2165～1675
ZK-829	D2北灰坑	一、二期	木炭	3480 ± 100	2135～1655
ZK-1175	ⅣT117H29	一期	木炭	3490 ± 70	1995～1680
ZK-923	ⅣT2⑤		木炭	3480 ± 80	2125～1650
ZK-1178	ⅤT26⑤B	一、二期	木炭	3480 ± 70	1985～1675
ZK-1080	ⅣT1AH8	三期	木炭	3470 ± 70	1975～1670
ZK-927	ⅣT3⑧		木炭	3450 ± 80	2080～1575
ZK-1079	ⅣT1AH5	二期	木炭	3440 ± 70	1995～1660
ZK-1082-B	ⅣT1A④B	三、四期	木炭	3440 ± 70	1955～1660
ZK-1035	ⅢT14④H19	二期	木炭	3430 ± 80	1990～1560
ZK-1081	ⅣT1A④A	三、四期	木炭	3420 ± 75	1920～1645
ZK-1033	ⅢT1东扩③H23	四期	木炭	3400 ± 110	1965～1540
ZK-1166	ⅤT15⑨	一期	木炭	3400 ± 70	1895～1585
ZK-924	ⅣT1⑦		木炭	3380 ± 80	1950～1525
ZK-925	ⅣT3③		木炭	3370 ± 80	1935～1440
ZK-929	ⅣT4⑤		木炭	3350 ± 80	1900～1425
ZK-928	ⅣT4⑥⑦		木炭	3350 ± 80	1900～1425
ZK--764-0	ⅤD2南T5H12	二期	骨头	3350 ± 95	1910～1435
ZK-1176	ⅤT20⑥C	一、二期	谷子	3350 ± 70	1865～1545
ZK-922	ⅣT2③		木炭	3330 ± 80	1885～1415

续表

实验室编号	原编号	分期	样品物质	^{14}C年代（5568，BP1950）	校正年代（按新表，BC）
ZK--1082-A	ⅣT1	三、四期	木炭	3330±90	1885~1415
ZK-1078	ⅣT1AH4	三期	木炭	3300±75	1870~1395
ZK-1036	ⅢT3⑤H21	二期	木炭	3280±85	1860~1385
ZK-1034	ⅢT2③	四期	木炭	3260±90	1770~1370
ZK-930	ⅣT4⑧		木炭	3250±70	1760~1365
ZK-1077	ⅤM3底部	三期	炭泥	3130±70	1625~1260

（自：张雪莲，仇士华，蔡连珍等. 新砦—二里头—二里冈文化考古年代序列的建立与完善［J］. 考古，2007，（8）：76）

十、1984~1991年二里头遗址测年数据

实验室编号	原编号	分期	样品物质	^{14}C年代（5568，BP1950）	校正年代（按新表，BC）
ZK-1397	ⅣT27②H20		木炭	3400±75	1871~1624
ZK-1398	ⅣT6H22	三期	木炭	3420±75	1876~1671
ZK-2082	ⅤT1H12		木炭	3640±80	2138~1906
ZK-2083	ⅤT1③C		木炭	3480±80	1909~1696
ZK-2085	ⅤT6①		木炭	3490±215	2134~1530
ZK-2089	ⅤT1③D：11		木炭	3380±75	1756~1549
ZK-2090	ⅤT1③D：12		木炭	3050±95	1426~1168
ZK-2093	ⅤT7③A：18		木炭	3280±160	1740~1412
ZK-2095	ⅤT7③A：20		木炭	3180±125	1610~1319

（自：张雪莲，仇士华，蔡连珍，等. 新砦—二里头—二里冈文化考古年代序列的建立与完善［J］. 考古，2007，（8）：77）

十一、洛达庙类型晚期遗存和郑州商城分期及常规^{14}C测年数据

分期		原编号	样品	实验室编号	^{14}C年代（BP）	拟合后日历年代（BC）
洛达庙类型晚期遗存		ⅤT155G3	兽骨	XSZ142	3286±36	1680~1670（4.8%） 1630~1540（63.4%）
第一期	二里冈下层一期早	ⅡT166G2	兽骨	ZK5371	3261±35	1580~1490
	二里冈下层一期晚	ⅡT203H56	兽骨	ZK5373	3202±37	1518~1478
		ⅡT159	兽骨	ZK5370	3174±41	1515~1480

续表

分期		原编号	样品	实验室编号	^{14}C年代（BP）	拟合后日历年代（BC）
第二期	二里冈下层二期	ⅡT202H150	兽骨	ZK5369	3221 ± 36	1474 ~ 1436
		ⅡT202H60	兽骨	XSZ144	3184 ± 35	1485 ~ 1425
		ⅡT236H156	兽骨	XSZ147	3148 ± 40	1485 ~ 1480（6.14%） 1455 ~ 1415（62.1%）
第三期	二里冈上层一期	ⅡT201H69	兽骨	ZK5368	3130 ± 34	1427 ~ 1392
		ⅡT234H28	兽骨	XSZ145	3140 ± 35	1429 ~ 1395
		ⅡT234G2	兽骨	XSZ146	3138 ± 37	1429 ~ 1393
		ⅡT234G1	兽骨	XSZ141	3125 ± 48	1429 ~ 1393
第四期	二里冈上层二期	98ZS②H12	木炭	ZK5353	3094 ± 34	1390 ~ 1300（0.95）（64.8%） 1280 ~ 1260（0.05）（3.4%）
		98ZS②H12	兽骨	XSZ081	3061 ± 37	1380 ~ 1260
		ⅡT157H17	兽骨	ZK5372	3030 ± 38	1370 ~ 1210
		ⅡT201H2	兽骨	ZK5366	3136 ± 34	1400 ~ 1370（22.5%） 1340 ~ 1315（45.7%）

（自：张雪莲，仇士华，蔡连珍，等. 新砦—二里头—二里冈文化考古年代序列的建立与完善［J］. 考古，2007，（8）：79）

十二、郑州商城^{14}C年代数据

实验室编号	原编号	^{14}C年代（5568，BP1950）	校正年代（BC，达曼表）	校正年代（BC，新数据集）	校正年代（BC，OxCal.3.5）
ZK-0177	T7③	3200 ± 95	1595 ± 110	1618 ~ 1417	1620 ~ 1400（68.2%）
ZK-0178	T7⑤	3240 ± 95	1620 ± 140	1635 ~ 1425	1620 ~ 1410（68.2%）

（自：张雪莲，仇士华，蔡连珍，等. 新砦—二里头—二里冈文化考古年代序列的建立与完善［J］. 考古，2007，（8）：80）

十三、洛达庙、二里冈遗存与郑州商城数据拟合结果

实验室编号	原编号	分期	样品	^{14}C年代（BP）	拟合后日历年代（BC）
ZK-5381	99ZSC8IIT265H58	洛达庙中期	骨头	3270 ± 37	1680 ~ 1670（8.7%） 1630 ~ 1570（59.5%）
ZK-5383	99ZSC8IIT264H80	洛达庙中期	骨头	3275 ± 37	1680 ~ 1660（9.6%） 1630 ~ 1570（58.6%）
ZK-5378	99ZSC8IIT261H28	洛达庙晚期	骨头	3164 ± 38	1520 ~ 1494（68.2%）

续表

实验室编号	原编号	分期	样品	^{14}C年代（BP）	拟合后日历年代（BC）
ZK-5375	99ZSC8IIT268H68	洛达庙晚期	骨头	3232±32	1580～1570（3.1%） 1530～1485（65.1%）
ZK-5380	99ZSC8IIT265H56	洛达庙晚期	骨头	3298±34	1580～1520（68.2%）
XSZ142	ⅤT155G3	洛达庙晚期	骨头	3286±36	1580～1515（68.2%）
ZK-5379	99ZSC8IIT261⑥	洛达庙晚期	骨头	3333±36	1573～1524（68.2%）
ZK-5371	ⅡT166G2	二里冈下一期早	兽骨	3261±35	1509～1488（43.1%） 1480～1465（25.1%）
ZK-5377	99ZSC8IIT261H21	二里冈下一期早	骨头	3111±35	1504～1474（68.2%）
ZK-5373	ⅡT203H56	二里冈下一期晚	兽骨	3202±37	1481～1448（68.2%）
ZK-5370	ⅡT159	二里冈下一期晚	兽骨	3174±41	1485～1448（68.2%）
ZK-5369	ⅡT202H150	二里冈下层二期	兽骨	3221±36	1460～1429（68.2%）
XSZ144	ⅡT202H160	二里冈下层二期	兽骨	3184±35	1456～1424（68.2%）
XSZ147	ⅡT236H156	二里冈下层二期	兽骨	3148±40	1450～1419（68.2%）
ZK-5368	ⅡT201H69	二里冈上层一期	兽骨	3130±34	1427～1388（68.2%）
XSZ145	ⅡT234H28	二里冈上层一期	兽骨	3140±35	1426～1391（68.2%）
XSZ146	ⅡT234G2	二里冈上层一期	兽骨	3138±37	1428～1390（68.2%）
XSZ141	ⅡT202G1	二里冈上层一期	兽骨	3125±48	1428～1380（68.2%）
ZK-5353	97ZZH12	二里冈上层二期	木炭	3094±34	1390～1370（7.8%） 1360～1290（54.7%） 1280～1260（5.7%）
ZK-5372	ⅡT57H17	二里冈上层二期	兽骨	3030±38	1380～1330（12.9%） 1320～1250（41.9%） 1240～1210（13.4%）
ZK-5366	ⅡT201H2	二里冈上层二期	兽骨	3136±34	1400～1370（17.1%） 1340～1315（51.1%）

（自：张雪莲，仇士华，蔡连珍，等．新砦—二里头—二里冈文化考古年代序列的建立与完善［J］．考古，2007，（8）：81）

十四、二里头遗址木炭样品^{14}C测定结果

实验室编号	原编号	考古分期	物质	^{14}C年代（5568，BP1950）
ZK52001	02YLVT12G10（G10：11）	一二期之交	木炭	3388±34
ZK52002	02YLVT12G10（G10：24）	一二期之交	木炭	3356±33
ZK52003	02YLVT12G10（G10：19）	一二期之交	木炭	3475±44
ZK52004	02YLVT12G10（G10：20）	一二期之交	木炭	3440±32

续表

实验室编号	原编号	考古分期	物质	^{14}C年代（5568，BP1950）
ZK52005	02YLVT12G10（G10：21）	一二期之交	木炭	3389 ± 33
ZK52006	02YLVT12G10（G10：22）	一二期之交	木炭	3445 ± 35
ZK52015	02YLVT12G10（G10：1）	一二期之交	木炭	3420 ± 44
ZK52017	02YLVT12G10（G10：14，15，26）	一二期之交	木炭	3322 ± 45
ZK52018	02YLVT12G10（G10：23）	一二期之交	木炭	3409 ± 65
ZK52007	02YLVT12H84（H84：7）	二期	木炭	3346 ± 36
ZK52008	02YLVT12H84（H84：1）	二期	木炭	3371 ± 32
ZK52009	02YLVT12H84（H84：6）	二期	木炭	3387 ± 33
ZK52010	02YLVT12H84（H84：2）	二期	木炭	3340 ± 38
ZK52011	02YLVT12H84（H84：3）	二期	木炭	3368 ± 36
ZK52012	02YLVT12H84（H84：4）	二期	木炭	3381 ± 39
ZK52013	02YLVT12H84（H84：5）	二期	木炭	3331 ± 41
ZK52014	02YLVT12H84（H84：8）	二期	木炭	3332 ± 42
ZK-52019	02YLVT12G10（G10：25）	一二期之交	木炭	3508 ± 45

（自：张雪莲，仇士华，蔡连珍，等.新砦—二里头—二里冈文化考古年代序列的建立与完善［J］.考古，2007，(8)：75）

十五、新砦、二里头第一至第五期的拟合结果*

<table>
<tr><th colspan="2">实验室编号</th><th>原编号</th><th>考古分期</th><th>物质</th><th>14C年代
（5568，BP1950）</th><th>拟合年代（BC）</th></tr>
<tr><td colspan="2">SA00002-1</td><td>T1H123</td><td>龙山文化晚期</td><td>骨头</td><td>3700 ± 65</td><td>2200 ~ 2010（64.5%）
2000 ~ 1980（3.7%）</td></tr>
<tr><td rowspan="4">SA00014</td><td>SA00014-1</td><td rowspan="4">T1H126</td><td rowspan="4">龙山文化晚期</td><td rowspan="4">骨头</td><td>3675 ± 35</td><td rowspan="4">2190 ~ 2180（2.5%）
2140 ~ 2120（14.5%）
2100 ~ 2040（51.2%）</td></tr>
<tr><td>SA00014-2</td><td>3740 ± 30</td></tr>
<tr><td>SA00014-V1</td><td>3760 ± 45</td></tr>
<tr><td>SA00014-V2</td><td>3695 ± 35</td></tr>
<tr><td colspan="2">SA00008</td><td>T1H122</td><td>龙山文化晚期</td><td>骨头</td><td>3570 ± 35</td><td>1955 ~ 1880（68.2%）</td></tr>
<tr><td colspan="2">SA00007-2</td><td>T1H120</td><td>龙山文化晚期</td><td>骨头</td><td>3590 ± 30</td><td>1980 ~ 1895（68.2%）</td></tr>
<tr><td rowspan="2">SA00001</td><td>SA00001-1</td><td rowspan="2">T1H119</td><td rowspan="2">龙山文化晚期</td><td rowspan="2">骨头</td><td>3485 ± 30</td><td rowspan="2">1890 ~ 1855（68.2%）</td></tr>
<tr><td>SA00001-2</td><td>3490 ± 35</td></tr>
<tr><td rowspan="2">SA00006</td><td>SA00006-1</td><td rowspan="2">T1⑥C</td><td rowspan="2">新砦早期</td><td rowspan="2">骨头</td><td>3535 ± 35</td><td rowspan="2">1855 ~ 1785（68.2%）</td></tr>
<tr><td>SA00006-2</td><td>3470 ± 35</td></tr>
</table>

续表

实验室编号		原编号	考古分期	物质	^{14}C年代（5568，BP1950）	拟合年代（BC）
SA00012	SA00012-1 SA00012-V1 SA00012-V2	T1H116	新砦早期	骨头	3480 ± 35 3500 ± 45 3490 ± 35	1865 ~ 1795（68.2%）
SA00005-2		T1H112	新砦早期	骨头	3465 ± 35	1870 ~ 1835（34.7%） 1830 ~ 1795（33.5%）
SA00019	SA00019-1 SA00019-1	T1H115	新砦早期	骨头	3530 ± 35 3500 ± 35	1850 ~ 1780（68.2%）
SA00028		T1H61⑥	新砦早期	骨头	3500 ± 35	1860 ~ 1790（68.2%）
SA00018	SA00018-1 SA00018-2	T1H40	新砦晚期	骨头	3500 ± 30 3470 ± 35	1785 ~ 1745（68.2%）
SA00017	SA00017-1 SA00017-2	T1H26	新砦晚期	骨头	3395 ± 40 3455 ± 30	1760 ~ 1700（68.2%）
SA00009		T1H76	新砦晚期	骨头	3415 ± 35	1750 ~ 1700（68.2%）
SA00010	SA00010-V1 SA00010-V2	T1H48	新砦晚期	骨头	3460 ± 50 3425 ± 35	1770 ~ 1725（53.3%） 1720 ~ 1705（14.9%）
SA00013	SA00013-1 SA00013-2 SA00013-V1 SA00013-V2	T1H45	新砦晚期	骨头	3430 ± 55 3390 ± 35 3450 ± 45 3380 ± 35	1740 ~ 1705（68.2%）
SA00016	SA00016-1 SA00016-V1 SA00016-V2	T1H29①	新砦晚期	骨头	3410 ± 50 3430 ± 50 3390 ± 50	1745 ~ 1705（68.2%）
SA00021-2		T1H66	新砦晚期	骨头	3425 ± 30	1755 ~ 1700（68.2%）
SA00020-2		T1H30	新砦晚期	骨头	3490 ± 30	1790 ~ 1745（68.2%）
XSZ104		97YLVT3H58	二里头一期	兽骨	3445 ± 37	1710 ~ 1685（68.2%）
ZK5206		97VT2⑪	二里头一期	木炭	3406 ± 33	1710 ~ 1680（68.2%）
ZK5227		97YLVT4H54	二里头二期	木炭	3327 ± 34	1670 ~ 1605（68.2%）
XSZ098		97YLVT4⑦B	二里头二期	兽骨	3327 ± 32	1670 ~ 1605（68.2%）
ZK5226		97YLVT4H46	二里头二期	木炭	3407 ± 36	1690 ~ 1635（68.2%）
ZK5244		97YLVT1H48	二里头二期	兽骨	3348 ± 36	1675 ~ 1615（68.2%）
ZK5253		97YLVT4GG6	二里头二期	兽骨	3341 ± 39	1675 ~ 1615（68.2%）
ZK5257		97YLVT7⑦	二里头二期	兽骨	3313 ± 37	1665 ~ 1595（68.2%）
ZK5228		97YLVT4⑥A	二里头二期	木炭	3318 ± 34	1670 ~ 1600（68.2%）
ZK5209		97YLVT2⑨A	二里头二期	木炭	3374 ± 34	1680 ~ 1625（68.2%）

续表

实验室编号	原编号	考古分期	物质	^{14}C年代 （5568，BP1950）	拟合年代（BC）
ZK5236	97VT6H53	二里头二期	人骨	3294 ± 35	1660 ~ 1650（2.7%） 1640 ~ 1585（65.5%）
ZK5249	97YLVT6⑰A	二里头三期	兽骨	3347 ± 36	1615 ~ 1600（6.5%） 1595 ~ 1555（61.7%）
ZK5200	97YLVT1⑨	二里头三期	木炭	3343 ± 35	1615 ~ 1600（7.2%） 1595 ~ 1555（61.0%）
ZK5247	97YLVT6⑫B	二里头三期	兽骨	3272 ± 39	1605 ~ 1560（68.2%）
ZK5255	97YLVT3G4	二里头四期	兽骨	3355 ± 40	1570 ~ 1535（68.2%）
ZK5229	97YLVT4⑤A	二里头四期	木炭	3304 ± 36	1570 ~ 1530（68.2%）
ZK5242　ZK5242a ZK5242　ZK5242b	97YLVT6	二里头四期	木炭	3270 ± 32 3350 ± 33	1570 ~ 1530（68.2%）
XZS101	97YLVT4H28	二里头五期	兽骨	3241 ± 30	1530 ~ 1490（51.1%） 1480 ~ 1455（17.1%）
XZS103	97YLVT4④A	二里头五期	兽骨	3222 ± 35	1515 ~ 1450（68.2%）
XZS114	97YLVT1②B	二里头五期	兽骨	3248 ± 48	1535 ~ 1490（46.5%） 1480 ~ 1455（21.7%）
XZS115	97YLVT1②C	二里头五期	骨头	3227 ± 29	1520 ~ 1485（35.9%） 1480 ~ 1450（32.3%）
XZS165	97YLVH2	二里头五期	骨头	3280 ± 29	1540 ~ 1500（68.2%）
XZS166	97YLVT3H5	二里头五期	兽骨	3270 ± 29	1540 ~ 1495（68.2%）
ZK5215	97YLVT1⑤	二里头五期	木炭	3197 ± 34	1500 ~ 1435（68.2%）
ZK5202	97YLVT1H2	二里头五期	木炭	3160 ± 34	1490 ~ 1475（10.7%） 1460 ~ 1405（57.5%）
ZK5224	97YLVT3②	二里头五期	木炭	3141 ± 33	1455 ~ 1385（68.2%）
ZK5243	97YLVT4④	二里头五期	兽骨	3273 ± 35	1545 ~ 1495（68.2%）
ZK5245	97YLVT2③B	二里头五期	兽骨	3245 ± 36	1530 ~ 1485（48.8%） 1480 ~ 1455（19.4%）
ZK5254	97YLVT1H1	二里头五期	兽骨	3187 ± 34	1495 ~ 1430（68.2%）
ZK5252	97YLVT1H49	二里头五期	兽骨	3245 ± 35	1535 ~ 1490（48.4%） 1480 ~ 1455（19.8%）

*拟合条件与《夏商周断代工程1996—2000年阶段成果报告·简本》上二里头遗址拟合条件一致

（自：张雪莲，仇士华，蔡连珍，等. 新砦—二里头—二里冈文化考古年代序列的建立与完善［J］. 考古，2007，（8）：82 ~ 83）

十六、二里头第一至五期拟合结果*

实验室编号	原编号	考古分期	物质	14C年代（5568，BP1950）	拟合年代（BC）
XSZ104	97YLVT3H58	一期	兽骨	3445±37	1885～1840（68.2%）
ZK52001	02YLVT12G10（G10：11）	一二期之交	木炭	3388±34	1745～1705（68.2%）
ZK52003	02YLVT12G10（G10：19）	一二期之交	木炭	3475±44	1850～1840（5.1%） 1830～1730（63.1%）
ZK52004	02YLVT12G10（G10：20）	一二期之交	木炭	3440±32	1810～1800（1.0%） 1780～1690（67.2%）
ZK52005	02YLVT12G10（G10：21）	一二期之交	木炭	3389±33	1745～1705（68.2%）
ZK52006	02YLVT12G10（G10：22）	一二期之交	木炭	3445±35	1810～1800（5.8%） 1780～1690（62.4%）
ZK52015	02YLVT12G10（G10：1）	一二期之交	木炭	3420±44	1775～1690（68.2%）
ZK52018	02YLVT12G10（G10：23）	一二期之交	木炭	3409±65	1810～1800（4.3%） 1780～1690（63.9%）
ZK52007	02YLVT12H84（H84：7）	二期	木炭	3346±36	1685～1615（68.2%）
ZK52008	02YLVT12H84（H84：1）	二期	木炭	3371±32	1685～1625（68.2%）
ZK52009	02YLVT12H84（H84：6）	二期	木炭	3387±33	1695～1630（68.2%）
ZK52010	02YLVT12H84（H84：2）	二期	木炭	3340±38	1680～1610（68.2%）
ZK52011	02YLVT12H84（H84：3）	二期	木炭	3368±36	1685～1625（68.2%）
ZK52012	02YLVT12H84（H84：4）	二期	木炭	3381±39	1690～1625（68.2%）
ZK52013	02YLVT12H84（H84：5）	二期	木炭	3331±41	1680～1605（68.2%）
ZK52014	02YLVT12H84（H84：8）	二期	木炭	3332±42	1680～1605（68.2%）
ZK5227	97YLVT4H54	二期	木炭	3327±34	1670～1600（68.2%）
XSZ098	97YLVT4⑦B	二期	兽骨	3327±32	1670～1600（68.2%）
ZK5226	97YLVT4H46	二期	木炭	3407±36	1705～1635（68.2%）
ZK5244	97YLVT1H48	二期	兽骨	3348±36	1685～1615（68.2%）
ZK5253	97YLVT4G6	二期	兽骨	3341±39	1685～1610（68.2%）
ZK5257	97YLVT7⑦	二期	兽骨	3313±37	1665～1590（68.2%）
ZK5228	97YLVT4⑥A	二期	木炭	3318±34	1670～1590（68.2%）
ZK5209	97YLVT2⑨A	二期	木炭	3374±34	1690～1630（68.2%）
ZK5236	97VT6H53	二期	人骨	3294±35	1635～1580（68.2%）

续表

实验室编号	原编号	考古分期	物质	¹⁴C年代（5568，BP1950）	拟合年代（BC）
ZK5249	97YLVT6⑰A	三期	兽骨	3347 ± 36	1595 ~ 1550（68.2%）
ZK5200	97YLVT1⑨	三期	木炭	3343 ± 35	1595 ~ 1550（68.2%）
ZK5247	97YLVT6⑫B	三期	兽骨	3272 ± 39	1600 ~ 1555（68.2%）
ZK5255	97YLVT3G4	四期	兽骨	3355 ± 40	1565 ~ 1530（68.2%）
ZK5229	97YLVT4⑤A	四期	木炭	3304 ± 36	1565 ~ 1530（68.2%）
ZK5242	97YLVT6	四期	木炭	3270 ± 32	1565 ~ 1530（68.2%）
ZK5242b	97YLVT6	四期	木炭	3350 ± 33	
XSZ101	97YLVT4H28	五期	兽骨	3241 ± 30	1530 ~ 1490（48.1%） 1480 ~ 1455（20.1%）
XSZ103	97YLVT4④A	五期	兽骨	3222 ± 35	1515 ~ 1450（68.2%）
XSZ114	97YLVT1②B	五期	兽骨	3248 ± 48	1530 ~ 1485（45.0%） 1480 ~ 1450（23.2%）
XSZ115	97YLVT②C	五期	骨头	3227 ± 29	1520 ~ 1490（34.5%） 1480 ~ 1455（33.7%）
XSZ165	97YLVH2	五期	骨头	3280 ± 29	1535 ~ 1500（68.2%）
XSZ166	97YLVT3H5	五期	兽骨	3270 ± 29	1535 ~ 1495（68.2%）
ZK5215	97YLVT1⑤	五期	木炭	3197 ± 34	1495 ~ 1435（68.2%）
ZK5202	97YLVT1H2	五期	木炭	3160 ± 34	1490 ~ 1475（11.6%） 1460 ~ 1405（56.6%）
ZK5224 A=99.7%	97YLVT3②	五期	兽骨	3141 ± 33	1455 ~ 1385（68.2%）
ZK5243	97YLVT4④	五期	兽骨	3273 ± 35	1540 ~ 1495（68.2%）
ZK5245	97YLVT2③B	五期	兽骨	3245 ± 36	1530 ~ 1490（48.3%） 1480 ~ 1455（19.9%）
ZK5254	97YLVT1H1	五期	兽骨	3187 ± 34	1495 ~ 1430（68.2%）
ZK5252	97YLVT1H49	五期	兽骨	3245 ± 35	1530 ~ 1490（50.4%） 1480 ~ 1455（17.8%）

*其中ZK52019，ZK52017，ZK5242b，ZK5206，ZK52002因符合率低被舍弃。拟合条件与《夏商周断代工程1996—2000年阶段成果报告·简本》上二里头遗址拟合条件一致

（自：张雪莲，仇士华，蔡连珍，等. 新砦—二里头—二里冈文化考古年代序列的建立与完善［J］. 考古，2007，（8）：75）

十七、新砦、二里头第一至第五期的拟合结果*

实验室编号		原编号	考古分期	物质	^{14}C年代（5568，BP1950）	拟合年代（BC）
SA00002-1		T1H123	龙山文化晚期	骨头	3700±65	2200～2010（63.9%） 2000～1970（4.3%）
SA00014（49.8%）	SA00014-1 SA00014-2 SA00014-V1 SA00014-V2	T1H126	龙山文化晚期	骨头	3675±35 3740±30 3760±45 3695±35	2190～2180（1.0%） 2140～2120（15.3%） 2100～2040（51.9%）
SA00008		T1H122	龙山文化晚期	骨头	3570±35	1955～1880（68.2%）
SA00007-2		T1H120	龙山文化晚期	骨头	3590±30	2010～2000（3.0%） 1980～1890（65.2%）
SA00001	SA00001-1 SA00001-2	T1H119	龙山文化晚期	骨头	3485±30 3490±35	1890～1855（68.2%）
SA00006	SA00006-1 SA00006-2	T1⑥C	新砦早期	骨头	3535±35 3470±35	1855～1790（68.2%）
SA00012	SA00012-1 SA00012-V1 SA00012-V2	T1H116	新砦早期	骨头	3480±35 3500±45 3490±35	1865～1795（68.2%）
SA00005-2		T1H112	新砦早期	骨头	3465±35	1870～1835（37.2%） 1830～1795（31.0%）
SA00019	SA000019-1 SA000019-2	T1H115	新砦早期	骨头	3530±35 3500±35	1850～1785（68.2%）
SA00028		T1H61⑥	新砦早期	骨头	3500±35	1865～1795（68.2%）
SA00018	SA00018-1 SA00018-2	T1H40	新砦晚期	骨头	3500±30 3470±35	1790～1745（68.2%）
SA00017	SA00017-1 SA00017-2	T1H26	新砦晚期	骨头	3395±40 3455±30	1770～1730（68.2%）
SA00009		T1H76	新砦晚期	骨头	3415±35	1760～1720（68.2%）
SA00010	SA00010-V1 SA00010-V2	T1H48	新砦晚期	骨头	3460±50 3425±35	1770～1730（68.2%）
SA00013	SA00013-1 SA00013-2 SA00013-V1 SA00013-V2	T1H45	新砦晚期	骨头	3430±55 3390±35 3450±45 3380±35	1745～1720（68.2%）

续表

实验室编号		原编号	考古分期	物质	^{14}C 年代（5568，BP1950）	拟合年代（BC）
SA00016	SA00016-1	T1H29①	新砦晚期	骨头	3410 ± 50	1755 ~ 1720（68.2%）
	SA00016-V1				3430 ± 50	
	SA00016-V2				3390 ± 50	
SA00021-2		T1H66	新砦晚期	骨头	3425 ± 30	1765 ~ 1725（68.2%）
SA00020-2		T1H30	新砦晚期	骨头	3490 ± 30	1790 ~ 1745（68.2%）
XSZ104		97YLVT3H58	二里头一期	兽骨	3445 ± 37	1735 ~ 1705（68.2%）
ZK5206		97YLVT2⑪	二里头一期	木炭	3406 ± 33	1735 ~ 1710（68.2%）
ZK52001		02YLVT12G10（G10：11）	二里头一二期之交	木炭	3388 ± 34	1715 ~ 1675（68.2%）
ZK52002		02YLVT12G10（G10：24）	二里头一二期之交	木炭	3356 ± 33	1720 ~ 1705（10.5%） 1700 ~ 1670（57.7%）
ZK52004		02YLVT12G10（G10：20）	二里头一二期之交	木炭	3440 ± 32	1715 ~ 1685（68.2%）
ZK52005		02YLVT12G10（G10：21）	二里头一二期之交	木炭	3389 ± 33	1715 ~ 1675（68.2%）
ZK52006		02YLVT12G10（G10：22）	二里头一二期之交	木炭	3445 ± 35	1715 ~ 1685（68.2%）
ZK52015		02YLVT12G10（G10：1）	二里头一二期之交	木炭	3420 ± 44	1715 ~ 1680（68.2%）
ZK52018		02YLVT12G10（G10：23）	二里头一二期之交	木炭	3409 ± 65	1715 ~ 1680（68.2%）
ZK52007		02YLVT12H84（H84：7）	二里头二期	木炭	3346 ± 36	1675 ~ 1610（68.2%）
ZK52008		02YLVT12H84（H84：1）	二里头二期	木炭	3371 ± 32	1680 ~ 1625（68.2%）
ZK52009		02YLVT12H84（H84：6）	二里头二期	木炭	3387 ± 33	1680 ~ 1630（68.2%）
ZK52010		02YLVT12H84（H84：2）	二里头二期	木炭	3340 ± 38	1670 ~ 1605（68.2%）
ZK52011		02YLVT12H84（H84：3）	二里头二期	木炭	3368 ± 36	1675 ~ 1620（68.2%）
ZK52012		02YLVT12H84（H84：4）	二里头二期	木炭	3381 ± 39	1680 ~ 1625（68.2%）

续表

实验室编号	原编号	考古分期	物质	^{14}C 年代（5568，BP1950）	拟合年代（BC）
ZK52013	02YLVT12H84 （H84：5）	二里头二期	木炭	3331 ± 41	1670 ~ 1600（68.2%）
ZK52014	02YLVT12H84 （H84：8）	二里头二期	木炭	3332 ± 42	1670 ~ 1600（68.2%）
ZK5227	97YLVT4H54	二里头二期	木炭	3327 ± 34	1670 ~ 1600（68.2%）
XSZ098	97YLVT4⑦B	二里头二期	兽骨	3327 ± 32	1670 ~ 1600（68.2%）
ZK5226	97YLVT4H46	二里头二期	木炭	3407 ± 36	1680 ~ 1630（68.2%）
ZK5244	97YLVT1H48	二里头二期	兽骨	3348 ± 36	1675 ~ 1610（68.2%）
ZK5253	97YLVT4G6	二里头二期	兽骨	3341 ± 39	1670 ~ 1605（68.2%）
ZK5257	97YLVT7⑦	二里头二期	兽骨	3313 ± 37	1665 ~ 1650（7.7%） 1640 ~ 1580（60.5%）
ZK5228	97YLVT4⑥A	二里头二期	木炭	3318 ± 34	1665 ~ 1645（9.2%） 1640 ~ 1580（59.0%）
ZK5209	97YLVT2⑨A	二里头二期	木炭	3374 ± 34	1680 ~ 1625（68.2%）
ZK5236	97YLVT6H53	二里头二期	人骨	3294 ± 35	1630 ~ 1575（68.2%）
ZK5249	97YLVT6⑰A	二里头三期	兽骨	3347 ± 36	1585 ~ 1545（68.2%）
ZK5200	97YLVT1⑨	二里头三期	木炭	3343 ± 35	1585 ~ 1545（68.2%）
ZK5247	97YLVT6⑫B	二里头三期	兽骨	3272 ± 39	1585 ~ 1550（68.2%）
ZK5255	97YLVT3G4	二里头四期	兽骨	3355 ± 40	1565 ~ 1530（68.2%）
ZK5229	97YLVT4⑤A	二里头四期	木炭	3304 ± 36	1560 ~ 1530（68.2%）
ZK5242：ZK5242a ZK5242b	97YLVT6	二里头四期	木炭	3270 ± 32 3350 ± 33	1560 ~ 1530（68.2%）
XZS101	97YLVT4H28	二里头五期	兽骨	3241 ± 30	1530 ~ 1490（50.8%） 1480 ~ 1455（17.4%）
XZS103	97YLVT4④A	二里头五期	兽骨	3222 ± 35	1520 ~ 1450（68.2%）
XSZ114	97YLVTI②B	二里头五期	兽骨	3248 ± 48	1530 ~ 1485（44.6%） 1480 ~ 1450（23.6%）
XSZ115	97YLVTI②C	二里头五期	骨	3227 ± 29	1520 ~ 1485（37.7%） 1480 ~ 1450（30.5%）
XSZ165	97YLVH2	二里头五期	骨	3280 ± 29	1540 ~ 1500（68.2%）
XSZ166	97YLVT3H5	二里头五期	兽骨	3270 ± 29	1535 ~ 1495（68.2%）
ZK5215	97YLVT1⑤	二里头五期	木炭	3197 ± 34	1500 ~ 1435（68.2%）
ZK5202	97YLVT1H2	二里头五期	木炭	3160 ± 34	1495 ~ 1475（9.6%） 1460 ~ 1405（58.6%）
ZK5224 A=99.7%	97YLVT3②	二里头五期	木炭	3141 ± 33	1455 ~ 1385（68.2%）

续表

实验室编号	原编号	考古分期	物质	^{14}C 年代（5568，BP1950）	拟合年代（BC）
ZK5243	97YLVT4④	二里头五期	兽骨	3273 ± 35	1540 ~ 1495（68.2%）
ZK5245	97YLVT2③B	二里头五期	兽骨	3245 ± 36	1530 ~ 1490（47.6%） 1480 ~ 1455（20.6%）
ZK5254	97YLVT1H1	二里头五期	兽骨	3187 ± 34	1495 ~ 1430（68.2%）
ZK5252	97YLVT1H49	二里头五期	兽骨	3245 ± 35	1530 ~ 1485（51.0%） 1475 ~ 1455（17.2%）

*其中ZK52017、ZK52019、ZK52003因为符合率低而被舍弃，拟合条件与《夏商周断代工程1996—2000年阶段成果报告·简本》上二里头遗址拟合条件一致

（自：张雪莲，仇士华，蔡连珍，等. 新砦—二里头—二里冈文化考古年代序列的建立与完善［J］. 考古，2007，（8）：75）

附 录 A

由于李伯谦先生的大作《对郑州商城的再认识》一文对本书的观点有着深刻的影响，为了完整表述先生的本义，故将其原文附录于后，以供参阅。谨此特向李伯谦先生致谢。

对郑州商城的再认识

李伯谦

（北京大学中国考古学研究中心）

1955年发现的郑州商城，经过近半个世纪的钻探、发掘和研究①，已确知其乃由内城和外廓城所构成（图一）。内城略呈长方形，周长约6960米；外廓城现仅发现于内城之南面、东南面和西南面，已知长度约5000米，大体呈弧形，如按其走向复原，郑州商城（包括内城和外廓城）约有16平方千米的面积②。内城东北部在东西长约800、南北宽约500米，总面积总计约40万平方米的范围内，发现成片的大型夯土建筑基址，是宫殿区所在；内城与外廓城之间，发现有成片的居住区、墓葬区和制骨、烧陶、铸铜等手工业作坊区；出土了大量制作精致的陶器、青铜器、玉、石器和骨器等文物。其规模之大，内涵之丰富，为当时世界诸文明古国中所仅见，堪称世界大都会。

郑州商城遗址早于安阳殷墟，这一观点已是学术界的共识。但其具体始建于何时，意见尚未统一。根据考古工作者在郑州二里冈和郑州商城内城及外廓城内的发掘，郑州商系统文化大体已分为南关外期—二里冈下层一期—二里冈下层二期—二里冈上层一期—二里冈上层二期—人民公园期六个大的发展阶段。除人民公园期属商代晚期殷墟早段遗存，其他均早于安阳殷墟。关于郑州商城的始建年代，究竟相当于上述分期的哪一段，迄今共有四种说法：

以安金槐先生为代表，主张始建于二里冈下层二期③；

以杨育彬先生为代表，主张始建于二里冈下层一期偏晚④；

---

① 河南省文物考古研究所. 郑州商城：1953～1985年考古发掘报告［M］. 北京：文物出版社，2001.

② 河南省文物考古研究所. 郑州商城外廓城的调查与试掘［J］. 考古，2004，（3）.

③ 河南省文物考古研究所. 郑州商城：1953～1985年考古发掘报告（中）结语五之（四）［M］. 北京：文物出版社，2001.

④ 杨育彬、袁广阔. 20世纪河南考古发现与研究［M］. 郑州：中州古籍出版社，1998.

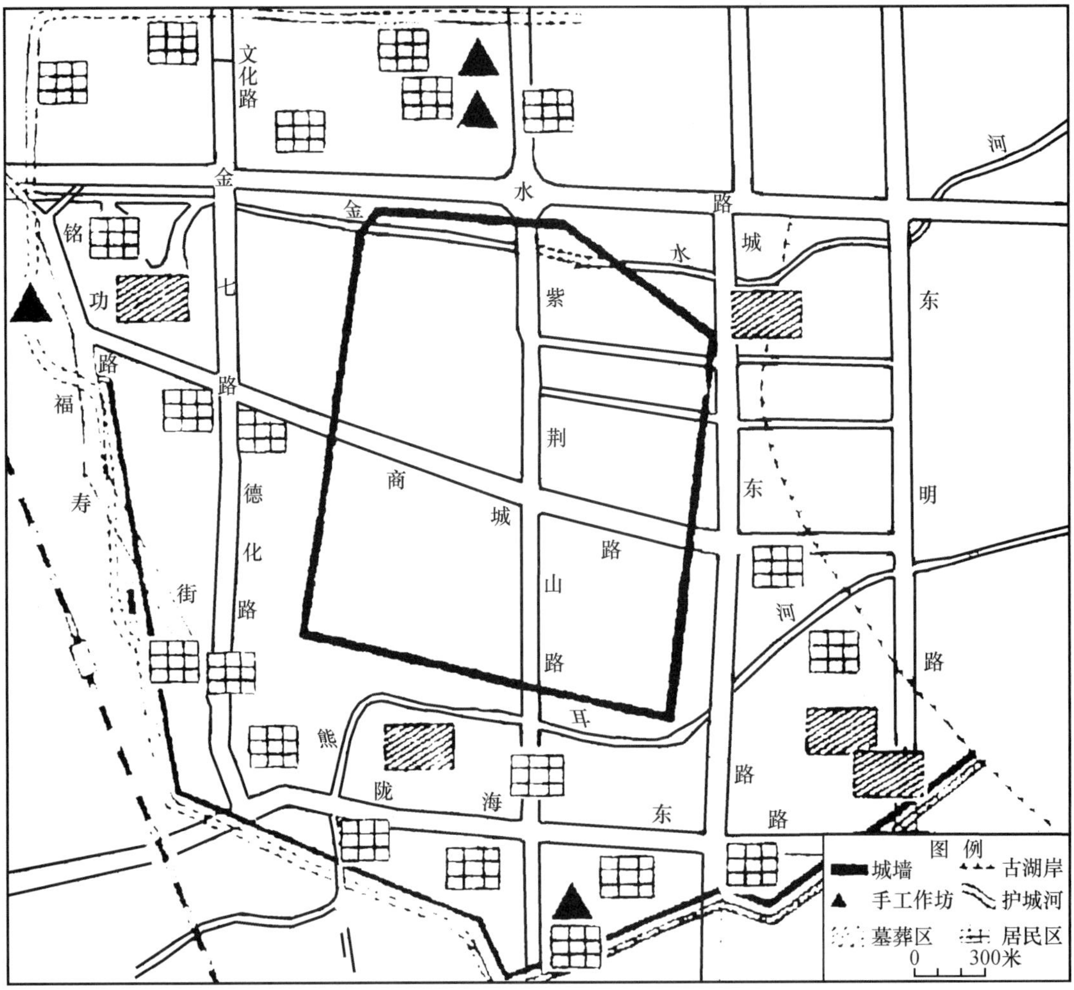

图一　郑州商城平面图

以高煦先生为代表，主张始建于二里冈下层一期，笔者也持相同的观点[①]；

以邹衡、陈旭先生为代表，主张始建于南关外期[②]。

邹衡先生和陈旭先生所说的南关外期，是包括南关外下层、中层和公认的二里冈下层一期典型单位二里冈ClH9在内的。这就是说，认真分析起来，对郑州商城的具体始建年代，实际上只有二里冈下层一期和二里冈下层二期两种不同的意见。

---

① 高煦．略论二里冈期商文化的分期和商城年代——兼论其与二里头文化的关系［J］．中原文物，1985，（2）；李伯谦．先商文化探索［G］//《庆祝苏秉琦考古五十五年论文》编辑组．庆祝苏秉琦考古五十五年论文集［M］．北京：文物出版社，1989；李伯谦．中国青铜文化结构体系研究［M］．北京：科学出版社，1998.

② 邹衡．试论夏文化［G］//邹衡夏商周考古学论文集［M］．北京：文物出版社，1980：107；陈旭. 郑州商代王都的兴与废［J］．中原文物，1987，（2）；陈旭．夏商文化论集［M］．北京：科学出版社，2000：64～67.

安金槐先生提出郑州商城始建于二里冈下层二期的观点是建立在根据郑州商城1953～1985年发掘资料做出的“郑州二里冈下层一期遗迹，仅在郑州商城（笔者按：指内城）之外的东南部二里冈和西南的铭功路西侧的两个商代二里冈下层一期村落遗址中有所发现”的判断基础之上的[①]。但后来在内城宫殿区和其他地点的继续发掘，却发现了多处二里冈下层一期文化层叠压或打破同期或早期大型夯土建筑基址的地层关系[②]，从而动摇了安金槐先生做出上述判断的基础。《郑州商城》考古报告在叙述城墙和大型夯土基址层位时，都是被二里冈下层二期遗存叠压、打破而无一处是被二里冈下层一期遗存叠压、打破，显然与事实不符。造成这一误判的原因，固然是因为当时发掘资料少且十分零碎，但也与对上册第268～269页图一六一、图一六二所载城内宫殿区第五夯土小区叠压夯土打破城墙及夯土建筑基址的某些单位的年代推断不确有关。例如，《郑州商城》的C8T62③所出的鬲、盆、豆、大口尊、缸等器物，均定为二里冈下层二期。但若与第163～170页图一〇三～图一〇七所载二里冈下层一期诸单位所出同类陶器相比，却很难看出两者之间有什么区别（图二）。事实说明，过去定为二里冈下层二期的一些单位如同C8T62③层一样，其实都应是二里冈下层一期的遗存，即是较二里冈下层一期晚一些，也不会晚到二里冈下层二期。这种情况不少学者如陈旭、袁广阔等先生早就注意到了。陈旭在《郑州商城宫殿基址的年代及其相关问题》[③]一文中将《郑州商城》考古报告定为始建于二里冈下层二期或更晚的C8T39基址，C8T43、T45基址，C8G8基址，C8G15基址，C8T55、T60、T6l基址，C8T62等6组基址，均定为始建于南关外期；袁广阔在《关于郑州商城夯土基址的年代问题》[④]一文中，也将C8G15基址、C8T55、T60、T61基址及1998年9月～1999年5月为配合“夏商周断代工程”在管城区北大街发掘的6号、10号、11号、14号基址定为二里冈下层一期。因为陈旭先生的“南关外期”包括了二里冈下层一期的典型单位二里冈C1H9，所以两人对上举这些单位的始建年代的认识是一致的，即都属于二里冈下层一期或更早。不仅内城如此，外廓城的发掘资料，也同样可以证明这一判断是正确的。袁广阔在《关于郑州商城外廓城的几个问题》[⑤]一文中，根据以往和新近对外廓城的解剖，提出“内外城墙夯土相比，二者的夯筑方法、夯窝形制大小基本相同。外墙夯土出土陶片很少，一部分为龙山时期，一部分为洛达庙时期，与内城墙内的包含物一样，可以认为二者的修筑时代是相同的”。事实表明，郑州商城内城和外廓城的始建年代的确应该是在二里冈下层一期或更早，不会晚到二里冈下层二期之时。

城址年代的确定，是正确判断其为何王所都的前提。郑州商城发现以后，围绕着其

① 河南省文物考古研究所．郑州商城：1953～1985年考古发掘报告［M］．北京：文物出版社，2001：146.

② 河南省文物考古研究所．郑州商城北大街商代宫殿遗址的发掘和研究［J］．文物，2002，（3）.

③ 陈旭．郑州商城宫殿基址的年代及其相关问题［J］．中原文物，1985，（2）；陈旭．夏商文化论集［M］．北京：科学出版社，2000.

④ 袁广阔．关于郑州商城夯土基址的年代问题［G］//河南省文物考古学会．中原文物考古研究［M］．郑州：大象出版社，2003.

⑤ 袁广阔．关于郑州商城外廓城的几个问题［J］．古代文明研究通讯，2002，（12）.

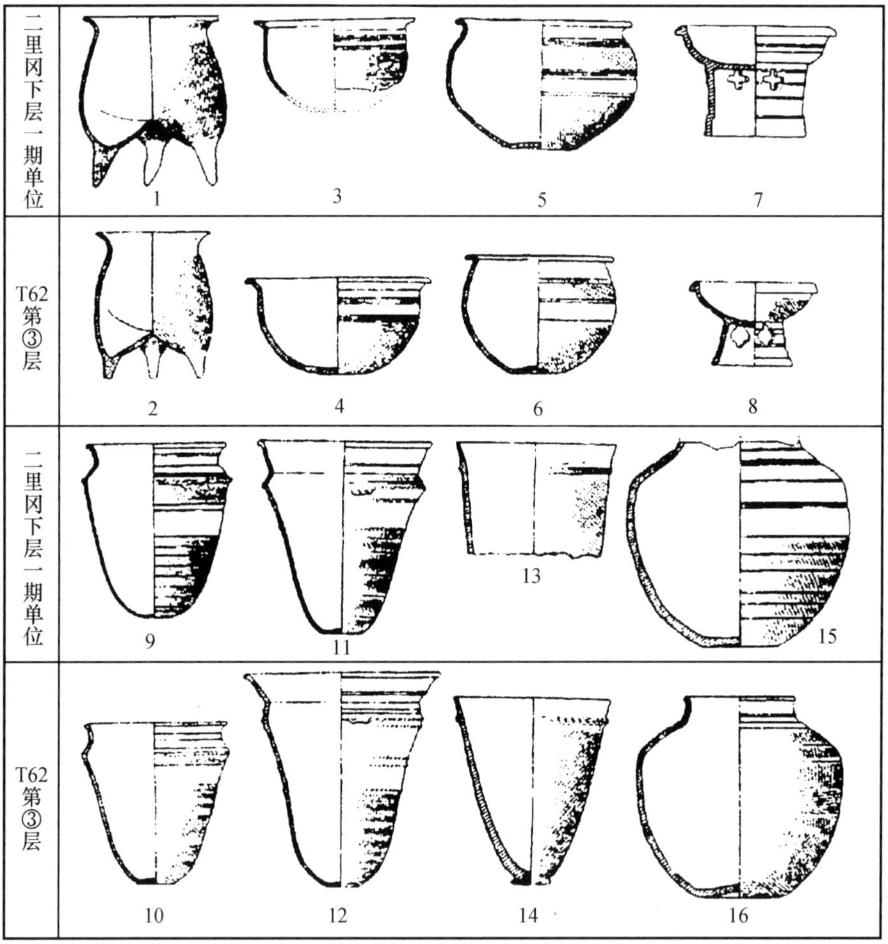

图二　二里冈下层一期与打破夯土基址之T62③文化层出土陶器之比较

1. C1H9∶36　2. T62③∶19　3. C1H9∶15　4. T62③∶6　5. C1H9∶354　6. T62③∶4　7. C1H154∶9　8. T62③∶1　9. C1H14∶75　10. T62③∶10　11. C1H14∶3　12. T62③∶14　13. C1H9∶53　14. T62③∶7　15. CH15∶44　16. T62③∶12

为何王所都问题，先后出现了安金槐先生的“隞都说”①和邹衡先生的“亳都说”②两种主要意见。这两种看法长期以来争论不决，成为商代考古的一大难题。1983年偃师商城的发现③，意外地为解开这一难题提供了可喜的契机。自1983年发现至今，偃师商城的勘探发掘迄未停止，现已发现宫城、小城、大城三重城垣和多组宫殿基址，提出了偃师商城文化三期七段（或三期六段）的年代分期标尺④。成为推定郑州商城的年代和性质的重要

① 安金槐. 试论郑州商代城址——隞都［J］. 文物，1961，（4、5）.

② 邹槐. 郑州商城即汤都亳说（摘要）［J］. 文物，1978，（2）.

③ 社会科学院考古研究所洛阳汉魏故城工作队. 偃师商城的初步勘探和发掘［J］. 考古，1984，（6）.

④ 杜金鹏. 偃师商城初探·五［M］. 北京：中国社会科学出版社，2003.

参照系。在偃师商城宫城尚未发现和偃师商城商文化分期标尺尚未完全建立之前，笔者根据当时掌握的资料，曾将偃师商城的始建年代推定在相当于郑州商文化分期的二里冈下层二期，认为其始建年代略晚于郑州商城（内城、外廓城）的始建年代[①]。偃师商城商文化三期七段（或六段）的年代分期标尺建立之后，以宫城及宫殿开始兴建为标志，偃师商城确应始建于一期[②]，尽管在郑州商文化分期与偃师商城商文化分期如何更好对应上，我们之间的认识可能还略有差异，但偃师商城始建于偃师商城商文化分期的一期的论断是可信的。而偃师商城分期的一期正与郑州商城分期的二里冈下层一期相对应。过去，我将偃师商城的始建年代推定为相当于郑州商文化分期的二里冈下层二期显然是晚了。“夏商周断代工程”基于这一认识，明确做出“郑州商城与偃师商城基本同时或略有先后”的论断，是正确的、符合实际情况的[③]。

偃师商城西南距二里头遗址约6千米。二里头文化属夏文化，二里头遗址是夏王朝最后一个王夏桀的都城斟𬩽（鄩）所在地，目前已成为学术界的主流认识。偃师商城城垣略呈南北长方形，南北不少于1710、东西最宽1215米，规模如此之大的一座城址在距夏都如此之近的地方出现，自然非同寻常。尽管学术界对偃师商城性质的认识有汤之“西亳”[④]和太甲“相（桐）宫”[⑤]或亳之陪都、军事重镇[⑥]等不同，但其为汤灭夏之后所建，则是大家一致的意见。正如前面已经指出的，偃师商城与郑州商城的始建年代基本同时，既然偃师商城是汤灭夏之后，而不能早到灭夏之前。实际上冷静思考一下，便不难理解。《孟子·滕文公（下）》载“汤十一征”而灭夏，在戎马倥偬之际，在没有灭掉夏王朝，没有建立自己的稳定的政权的情况下，商汤怎么可能劳师动众，经年累月地建造一个规模达16平方千米的城池呢？即便不包括在建筑顺序上可能稍晚一些的外廓城，单就内城来说，也是不可能的。笔者是郑州商城“亳都说”的拥护者，虽然没有写过专门研究郑州商城的论文，但在发表的涉及郑州商城的文章中，曾不止一次表达过郑州商城始建的二里冈下层一期属于先商文化、郑州商城是汤灭夏前始建的观点[⑦]。但是，在参与夏商周断代工程多次到郑州商城、偃师商城、二里头遗址发掘现场学习考察，对郑州商城和偃师商城新发现的材料认真比较研究之后，我不得不改变看法，放弃原来的主张。郑州二里冈下层一期属

① 李伯谦. 先商文化探索［G］//庆祝苏秉琦考古五十五年论文集编辑组. 庆祝苏秉琦考古五十五年论文集［M］. 文物出版社，1989；李伯谦. 中国青铜文化结构体系研究［M］. 北京：科学出版社，1998：80.

② 杜金鹏. 偃师商城初探·五［M］. 北京：中国社会科学出版社，2003.

③ 夏商周断代工程专家组. 夏商周断代工程1996—2000年阶段成果报告·简本［M］. 北京：世界图书出版公司，2000：72.

④ 黄石林、赵芝荃. 偃师商城的发现及其意义［N］. 光明日报，1984-4-4.

⑤ 邹衡. 偃师商城即太甲桐宫说［J］. 北京大学学报（哲学社会科学版），1984，（4）.

⑥ 郑杰祥. 关于偃师商城的年代和性质问题［J］. 中原文物，1984，（4）.

⑦ 李伯谦. 先商文化探索［G］//《庆祝苏秉琦考古五十五年论文集》编辑组. 庆祝苏秉琦考古五十五年论文集［M］. 北京：文物出版社，1989；李伯谦. 中国青铜文化结构体系研究［M］. 北京：科学出版社，1998：84.

于早商文化，不是先商文化，郑州商城的内城、外廓城始建于灭夏之后，是早商城址，不是先商城址。《夏商周断代工程1996—2000年阶段成果报告（简本）》将包括郑州二里冈C1H9典型单位在内的二里冈下层一期作为郑州商城商前期考古学文化序列的第一期以及关于“郑州商城和偃师商城基本同时或略有先后，是商代最早的两处具有都邑规模的遗址”的论断[①]，代表了大多数学者的观点。笔者是十分赞同的。

不过，熟悉古代文献的人都知道，《尚书序》明言“汤始居亳”、汤“既丑有夏，复归于亳，入自北门”。表明汤灭夏之前已居亳。此类记载尚有很多，恕不再一一征引[②]。《夏商周断代工程1996—2000年阶段成果报告（简本）》在肯定郑州商城（内城、外廓城）和偃师商城“是商代最早的两处具有都邑规模的遗址”之后，“又推断其分别为汤所居之亳和汤灭夏后在下洛之阳所建之‘宫邑’亦即‘西亳’”[③]，显然在逻辑上存在矛盾，至少也是不够严密的。将考古实际和文献记载结合起来分析，我们只能说郑州商城（内城、外廓城）是汤灭夏复亳之后所建，而不能说是灭夏前始居之都。当然，这就给考古工作者提出了一个问题，即郑州有没有灭夏之前先商时期商人所建的都邑遗迹？如果按照《郑州商城》考古报告的观点，郑州商城是仲丁所迁的隞都，属中商时期，当然不会有了。但正如前面我们所分析的那样，在郑州商城和城内某些大型夯土建筑基址的下面尚叠压有文化层和遗迹，这些遗存有的是同期之间的叠压、打破，时代相同。但更多的是早于郑州商城的遗存，这些遗存有属于河南龙山文化的，也有属于二里头文化、南关外类型的[④]。二里头文化遗存在郑州最早发现于洛达庙。因此有人也称之为洛达庙文化[⑤]。郑州地区的洛达庙文化可分为三期，就其文化面貌来讲，一、二期与二里头文化的二、三期相同。可以归入典型的二里头文化。但到第三期文化面貌则变得十分复杂，袁广阔将其文化因素分为4组[⑥]，A组数量最多，直接源于当地的早期洛达庙文化（即由二里头文化三期发展而来）；B组数量次之，同漳河型先商文化和杞县鹿台岗先商文化的特征一致；C组、D组数量较少。C组同“豫东及山东地区的岳石文化关系密切”；D组来源不详。与其看法相近的还有曾晓敏、李素婷、宋国定等，他们在1998年商城宫殿区夯土墙发掘简报中，对这一时期的文化遗存的特征也进行了分析。将其分为3组：A组同于袁广阔所分A组，约占出土物总数的85%；B组同于袁广阔的B组，数量约占10%；C组同于袁广阔的C组，约占5%[⑦]。这种情形，和偃师商城宫城内北部蓄水池（原称大灰沟）第9、第10层非常相像，

---

① 夏商周断代工程专家组. 夏商周断代工程1996—2000年阶段成果报告·简本［M］. 北京：世界图书出版公司，2000：72.

② 杜金鹏. 偃师商城初探［M］. 北京：科学出版社，2003：171～172.

③ 夏商周断代工程专家组. 夏商周断代工程1996—2000年阶段成果报告·简本［M］. 北京：世界图书出版公司，2000：72.

④ 河南省文物考古研究所. 郑州商城：1953～1985年考古发掘报告［M］. 北京：文物出版社，2001：59～138.

⑤ 河南省文物考古研究所. 郑州洛达庙遗址发掘报告［J］. 华夏考古，1989，（4）.

⑥ 袁广阔. 试论夏商文化的分界［J］. 考古，1998，（10）.

⑦ 河南省文物考古研究所. 河南郑州商城宫殿区夯土墙1998年的发掘［J］. 考古，2002，（2）.

其出土遗物主要是二里头文化四期的典型陶器，但也有一定数量的以卷沿细绳纹薄胎鬲、橄榄形深腹罐等为代表的典型商文化因素。偃师商城的发掘者将以⑨、⑩层为代表的遗存定为偃师商城第一期1段，认为其时代已经进入商纪年了[①]。以此为例，郑州商城发现的洛达庙文化晚期遗存很可能是商人进入该地区之后所形成的一种新的文化类型，或可称为洛达庙类型。南关外型则以1955年发掘的郑州南关外C5T95第四层（通称南关外下层）为代表[②]，出土陶器以夹砂褐陶为主，有厚胎的鬲、甗、斝、爵、瓮等，形制与二里冈商文化，洛达庙一、二期夏文化和洛达庙三期以二里头文化因素为主也有相当数量商文化因素的混合文化类型均不同。关于其文化性质，有人认为其为先商文化[③]，笔者则觉得其主要因素和二里冈下层早段商文化没有直接的承袭关系[④]，笔者推断其为夏之某一方国的文化遗存固然缺乏根据，但要真正弄清其渊源和性质，目前尚缺乏足够的资料。洛达庙一、二期遗存主要分布于郑州市偏西；洛达庙三期遗存即洛达庙类型分布范围较广，主要在郑州商城内城一带；南关外类型发现最少，主要集中于南关外地区。洛达庙一、二期约与二里头文化二、三期相当，时代较早。洛达庙类型与南关外类型约略同时，或与二里头文化四期偏早阶段相对应。过去我在追溯二里冈下层一期商文化的来源时，是与分布在豫北冀南的下七垣先商文化直接相联系的[⑤]，杞县鹿台岗先商文化遗存发现以后[⑥]，大家纷纷把目光由豫北冀南投向了豫东[⑦]。从大的渊源关系来讲，从豫北冀南下七垣先商文化到豫东鹿台岗先商文化再到郑州二里冈下层一期早商文化是顺理成章的。但实际上郑州二里冈下层

---

① 中国社会科学院考古研究所河南第二工作队. 河南偃师商城宫城北部“大灰坑”发掘简报［J］. 考古，2000，（7）.

② 河南省博物馆. 郑州南关外商代遗址的发掘［J］. 考古学报，1973，（1）.

③ 邹衡. 试论夏文化［G］//邹衡. 夏商周考古学论文集［M］. 北京：文物出版社，1980：107；陈旭. 郑州商文化的发现与研究［J］. 中原文物，1983，（3）；陈旭. 夏商文化论集［M］. 北京：科学出版社，2000：64～67.

④ 高煦. 略论二里冈期商文化的分期和商城年代——兼论其与二里头文化的关系［J］. 中原文物，1985，（2）；李伯谦. 先商文化探索［G］//《庆祝苏秉琦考古五十五年论文集》编辑组. 庆祝苏秉琦考古五十五年论文集［M］. 北京：文物出版社，1989；李伯谦. 中国青铜文化结构体系研究［M］. 北京：科学出版社，1998：84.

⑤ 高煦. 略论二里冈期商文化的分期和商城年代——兼论其与二里头文化的关系［J］. 中原文物，1985，（2）；李伯谦. 先商文化探索［G］//《庆祝苏秉琦考古五十五年论文集》编辑组. 庆祝苏秉琦考古五十五年论文集［M］. 北京：文物出版社，1989；李伯谦. 中国青铜文化结构体系研究［M］. 北京：科学出版社，1998：84.

⑥ 郑州大学考古专业. 河南杞县鹿台岗遗址发掘简报［J］. 考古，1994，（8）；郑州大学文博学院. 豫东杞县发掘报告［M］. 北京：科学出版社，2000.

⑦ 宋豫秦. 夷、夏、商三种考古学文化交汇地域浅谈［J］. 中原文物，1992，（1）；宋豫秦. 论杞县与郑州新发现的先商文化［G］//中国社会科学院考古研究所. 中国商文化国际学术讨论会论文集［M］. 北京：中国大百科全书出版社，1998；魏兴涛. 试论下七垣文化鹿台岗类型［J］. 考古，1999，（5）.

一期早商文化与洛达庙类型中的商文化因素的承袭关系则更为直接，洛达庙类型中的商系文化因素才是直接来源于豫东鹿台岗先商文化。前面我们已经指出，洛达庙类型很可能是商人进入郑州地区之后与二里头文化融合所形成，洛达庙类型已是商人在郑州地区居于统治地位后的先商时期的文化遗存。如果这一观点能够成立，那么，只要在洛达庙类型分布地域内找到洛达庙时期的城墙、大型夯土建筑基址或贵族墓葬，而其又与二里冈下层一期早商文化有直接发展演化关系，我们就应该承认它是商人灭夏前在该地所建的与亳邑有关的遗存。以下所举三项，笔者认为不但时代属于洛达庙期，早于郑州二里冈下层一期，而且都直接与郑州商城（内城、外廓城）有密切联系。

第一项编号为W22的夯土墙。该墙于1985年8月～1986年6月配合郑州商城宫殿区黄委会青年公寓建设工程发掘时发现①，呈东北、西南走向。此次发掘25.2米，经钻探得知，继续由北、南两端向外延伸，发掘与钻探的长度约80米。夯土墙挖有基槽，槽口最宽处约17米，夯土墙的夯层一般厚12厘米，夯窝口径5～7厘米，深7～8厘米。1998年3月～9月“夏商周断代工程”商前期年代学研究课题组在该地区又一次组织发掘，在黄委会一号高层住宅楼建筑工地发现一段残长约24米的夯土墙基槽②，发掘者对1985年～1986年发现的夯土墙“从其位置、形制结构与方向等分析”，认为“与此次发掘的夯土墙应为同一道夯土墙”。关于W22的时代，1985年～1986年发掘简报定为二里冈下层，1998年的发掘简报认为“其建筑及使用时间应大体相当于二里冈下层的C1H9阶段”。但我们经过对W22两次发掘的地层关系及出土物重新审视，认为W22叠压和打破的第五层及H73，从出土物判断为洛达庙晚期，W22夯土墙的包含物与之相同。而叠压和打破W22夯土墙的第四层及H35，从出土遗物判断时代也较早，最晚不过二里冈C1H9阶段。1998年发掘，被W22叠压、打破的H46、H85、H86、H87等单位出土的遗物及夯土墙内包含的出土物特征相同，均为洛达庙晚期，而叠压、打破夯土墙的第四层及H56、H114的出土物也具有类似的特点，最晚也晚不过二里冈ClH9。据此，W22的始建年代应在洛达庙晚期，不会晚到二里冈下层一期之时（图三）。1998年的发掘简报虽说了W22始建于二里冈下层C1H9阶段的话，但并未进行论证，也没有提出任何证据，反倒是用了一段不算太短的文字论证W22应始建于更早时期。这段文字的原文是：“经过1998年的发掘，我们认为打破夯土墙的两个灰坑H56、H114的出土物可能要早于二里冈下层，最晚可至二里冈下层偏早阶段ClH9时期，如H56的夹砂褐陶橄榄形罐，唇缘上翘。陶胎极薄，大口尊的口径小于肩径等，这些都是比较早的特征。另外值得注意的是这两个灰坑打破的是夯土墙的基槽部分，H114打破墙基的中部，表明在这个阶段这段墙已完全废弃，否则这些灰坑就不可能落在墙基的中部。”细细品味作者的这段文字，我们必然会得出这段夯土墙应早于打破它的H56和H114，其始建年代应与被它叠压的H46等单位同时即洛达庙晚期，因为当晚于它的H56、H114挖建之时它早已废弃只剩下墙基槽了。况且，简报虽发表了大量夯土墙包含的遗物的图像，却无一处讲道这些遗物会晚到二里冈下层一期。显然，兴建夯土墙时，并没有破

① 河南省文物研究所．郑州黄委会青年公寓考古发掘报告［G］//河南省文物研究所．郑州商城考古新发现与研究1985—1992［M］．郑州：中州古籍出版社，1993.

② 河南省文物考古研究所．河南郑州商城宫殿区夯土墙1998年的发掘［J］．考古，2000，（2）.

坏二里冈下层一期的文化层或遗迹，它破坏的只是洛达庙晚期的遗存。将商城宫殿区内发现的W22的时代推定为始建于洛达庙晚期不是我的发明，最早提出并进行论证的是袁广阔先生[①]，这是特别需要说明的。

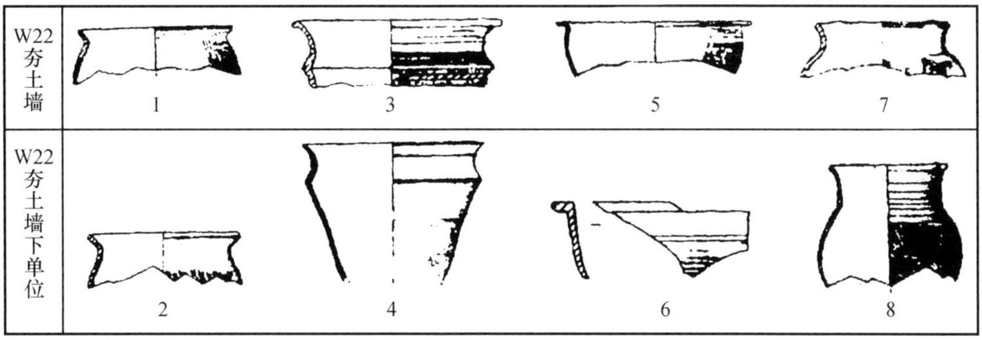

图三　W22夯土墙与墙下单位出土陶器之比较

1. T207：22　2. H46：27　3. T203：1　4. T36⑤：21　5. T207：28　6. H46：10　7. T207：18　8. H87：3

第二项是宫殿区发现的一批大型夯土建筑基址。前面我们已经提到陈旭和袁广阔两位先生已将被《郑州商城》推定为二里冈下层二期的一些夯土建筑基址改定为二里冈下层一期。其实除此之外，他们还认为有些基址的时代可早到洛达庙晚期。袁广阔在《关于郑州商城夯土基址的年代问题》[②]一文中，推定始建于洛达庙晚期的有北大街夯土7、夯土9和夯土12。陈旭推定始建于南关外期的有6组夯土基址[③]，由于她同意邹衡先生将二里冈下层一期典型单位二里冈C1H9和南关外中层归入南关外期，尽管她认为南关外期尚可分为偏早、偏晚两个小阶段，但这6组夯土基址中何者属南关外期偏早，何者属南关外偏晚，她没有明言，因此，我们无从知道这6组基址中哪几组是真正属于南关外下层即相当于洛达庙时期的遗存。但与《郑州商城》[④]考古报告相对照，至少发表有相关夯土器物图像的C8T62夯土有可能是洛达庙时期的。从《郑州商城》考古报告上册268～269页图一六一、图一六二打破T62夯土的文化层中出土的陶器形制观察，前面我们曾经指出，均具有与二里冈下层一期单位二里冈C1H9同类器相似的特征，其时代应属于二里冈下层一期，被它打破和叠压的夯土基址又打破和叠压洛达庙期的文化层，因此其很可能就是洛达庙期的夯土。尽管由于发表的材料太少，在已发掘的几十座夯土基址中，能够确认属于洛达庙晚期的还只有很少几座，但即此已足以说明在郑州商城（内城、外廓城）建立之前，与宫殿区

① 袁广阔. 关于郑州商城夯土基址的年代问题［G］//河南省文物考古学会. 中原文物考古研究［M］. 郑州：大象出版社，2003.

② 袁广阔. 关于郑州商城夯土基址的年代问题［G］//河南省文物考古学会. 中原文物考古研究［M］. 郑州：大象出版社，2003.

③ 陈旭. 郑州商城宫殿基址的年代及其相关问题［J］. 中原文物，1985，（2）；陈旭. 夏商文化论集［M］. 北京：科学出版社，2000.

④ 河南省文物考古研究所. 郑州商城：1953～1985年考古发掘报告［M］. 北京：文物出版社，2001：268～269.

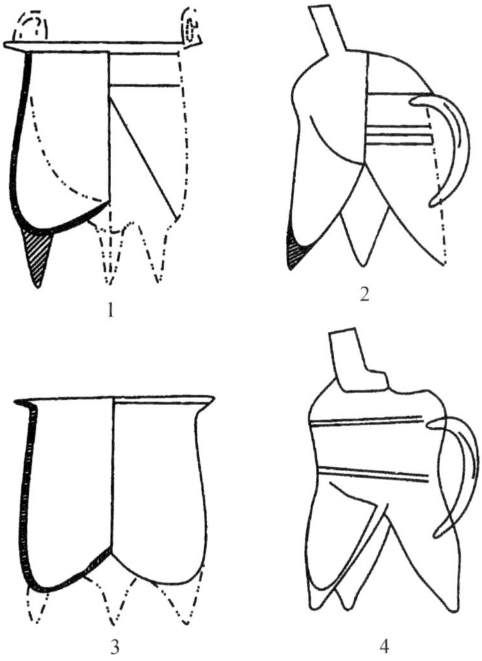

图四　T 166M6出土陶器与二里头、洛达庙出土同类陶器之比较

1. T166M6：1　2. 洛达庙T23：12　3. T166M6：2　4. 二里头87NM44：6

发现的W22那段夯土墙基本同时，也已经有宫殿性质的大型夯土建筑了①②。

第三项是编号97C8ⅡT166M6的铜器墓②。该墓位于商城宫殿区内今东里路和顺河路之间，墓室长2.4、宽1.1、深0.3米。墓内有人骨架3具，中间1具为墓主人，左右各1具为殉葬人，均俯身。随葬有铜鬲1件、铜盉1件、铜戈1件、玉柄形器1件及骨镞、蚌镞、贝饰、石饰、圆陶片等。铜鬲长身直腹，高锥足，沿上立双耳，造型类洛达庙类型出土的陶鬲；铜盉体瘦长，造型类二里头文化三期陶盉（图四）；铜戈长援直内，形制类二里头文化出土铜戈；玉柄形器较厚重，也有二里头文化出土的玉柄形器的特点。发掘者认为该墓为洛达庙晚期，是商文化中最早的一座铜器墓。从墓葬规模较大，用人殉葬，随葬有青铜礼器、兵器和玉器等，由此分析墓主人无疑是一位身份较高的贵族。

以上三项发现，从分布地域来看，均集中于宫殿区内同一地带；从年代来看均属于洛达庙晚期，早于郑州内城和外廓城；从规格来看，均属于与高等级的统治者有关的遗迹；从文化传承关系来看，均与早商文化有明显的承袭。因此，笔者认为它们连同在郑州地区有广泛分布的洛达庙类型其他遗存，应该就是"汤始居亳"时留下的遗迹。如果说以郑州商城内城、外廓城为代表是汤灭夏后又复亳时兴建的亳都，那么，以这三项为代表的则是汤灭夏之前始居亳时兴建的亳邑。至于为什么汤在伐桀的行军途中要在距偃师二里头夏都约80千米的郑州地区建立这一根据地，分析一下当时夏、商两族角力的郑州军事形势便会知道，汤在此驻军，实在是迫不得已，因为由郑州往西北大约22千米有一座夏人的城邑——大师姑二里头文化城址。大师姑城址略呈方形，东西长约900、南北长约600米，总面积约51万平方米。该城始建于二里头文化二期，使用至二里头四期早段。很显然，这是商汤灭夏进军路线上最大的障碍。大约正是因为夏、商两军在此地曾有过较长时间的对峙，商汤才不得不筑城屯守，积聚力量，准备做最后灭夏的准备。大师姑城衰落于二重头文化四期，与偃师二里头遗址的衰落及偃师商城的兴建基本在同一时段。联系有关文献记载，看来这些不会说话的遗迹、遗物都成了夏、商更替这一中国上古史上重大历史事件活的见

① 据《郑州商城》考古报告上册第五章第233～234页载，1995年5月在北大街亦发现一段夯土墙，呈西北至东南走向，已发掘出的夯土墙基长62米，底宽3米。《郑州报告》报告认为该墙始建于二里冈下层二期，推测其用途可能与商代宫城墙有关。由于该墙宽度与W22相差悬殊，二者应无关系。

② 河南省文物考古研究所. 郑州商城新发现的几座商墓［J］. 文物，2003，（4）.

证：偃师二里头遗址为桀都斟𬩽（鄩）；偃师商城为汤灭夏后在下洛之阳所建的“宫邑”即西亳；郑州商城包括W22夯土墙等可能代表的宫城和内城、外廓城是灭夏前后商汤所建的亳都。

关于W22夯土墙、北大街7号夯土等建筑基址和T166M6等遗迹可能是“汤始居亳”时所建亳都遗存的推定，可能会有不同看法。但汤灭夏之前，郑州存在一个先商之亳，并非只是我们的主张。力主偃师商城为汤都西亳的杜金鹏先生早就认为郑州可能存在一个先商之亳。他在《偃师商城为夏商界标说》①的文章中明确写道：“就目前考古发现并结合有关文献记载来看，不能排除先商晚期之亳在郑州的可能性。商族对于郑州地区的经营，可能始于先商时期，而郑州商城在早商时期也不失为统治中心之地位，这大概是我们必须直面的事实。”又说：“商汤在灭夏之前可能即在今郑州一带建立据点，营造了灭夏根据地——不排除修建大、中型建筑物的可能性。”“我们否定郑州商城界标说……并不意味着否定灭夏前后郑州商城作为商都的历史地位。”杜金鹏先生对郑州商城的这些看法，实际上也否定了郑州商城是隞都的可能。看来，在对郑州发现的城墙、夯土基址、墓葬等重要遗迹的年代和性质进一步明确并与偃师商城认真比较之后，在对其如何定位上已接近形成共识了。

新材料的发现是学科前进的重要推动力，以田野调查发掘为特征的考古学尤其如此。随着新材料的不断发现，原有的学术观点也必将不断更新、补充和完善。一劳永逸，一成不变是很难做到的。对郑州商城这些新的认识，正确与否，当然仍需要新材料的检验。

［原文载于《古都郑州》2005年第4期（总第6期）］

① 杜金鹏. 偃师商城初探·五［J］. 北京：中国社会科学出版社，2003.

附　录　B

郑州大师姑城址学术价值浅识

李　锋

（郑州大学历史学院考古系）

大师姑城址位于郑州市西北郊，隶属荥阳市广武镇大师姑村，东南距郑州商城22千米，西南距荥阳市约13千米。2002年郑州市文物考古研究所发现该城址，2004年《郑州大师姑》一书披露了其发掘与调查的成果①。城址内的文化面貌和主要遗迹的兴废年代显示，它早期曾是一座二里头文化晚期城址，晚期则是一座二里冈文化早期城址。从二里冈文化早期城址取代二里头文化晚期城址的考古实际中不难发现，这座城址既蕴涵着有关夏商分界问题的研究价值，又对商汤亳都和郑州商城的性质研究具有深远意义。

一、关于对夏商分界问题研究的价值

夏商分界问题在学术界久讼未决，二里头文化一期与二期、二期与三期、三期与四期、四期早段与晚段、二里头文化四期与二里冈文化下层一期、二里头文化四期与二里冈文化下层二期等诸多分界观点竞相纷呈②。在二里头文化各期间分界的诸说中，因难以区分各期之间在考古学文化性质上的差异，又难以找出各期重要遗迹前后兴废替代的考古实证，时至今日，诸说之间仍不分伯仲。而在二里头文化四期与二里冈文化下层一期或二期间分界的诸说中，尽管二里头文化与二里冈文化之间在文化面貌上存在明显不同，但二里头文化四期与二里冈文化下层一期或二期之间的连续性同样难以用考古学方法将两者割裂为不同性质的考古学文化，尤其是两者重要遗迹之间因缺乏直接替代的考古实证，故而也未得学术界公认。显然，解决夏商分界问题的关键，就是要在同一遗址中既能发现不同性质考古学文化前后直接替代的考古实证，又能发现不同性质考古学文化前后重要遗迹直接兴废替代的考古实证，而且两种不同性质考古学文化之间直接替代的相对年代又必须与夏、商交替年代基本相当。依此而论，我们认为在现今发现的夏商城址中，唯有大师姑城址的考古实际蕴含着这方面比较明显的考古实证。

首先，从考古学文化性质而言，大师姑城址内既发现了丰富的二里头文化遗存，又

---

① 郑州市考古研究所. 郑州大师姑·2002—2003［M］. 北京：科学出版社，2004.

② 中国社会科学院考古研究所. 中国考古学·夏商卷［M］. 北京：中国社会科学出版社，2003：10.

发现了相对丰富的二里冈文化早期遗存。址内的二里头文化遗存暂分为五段，“以第二段和第三段遗存最为丰富，遗迹众多，分布范围遍布整个遗址，表明此时为大师姑遗址二里头文化的繁盛期。第一段遗存发现的遗物数量虽然相对较少，但发现有地层堆积和数量较多的遗迹单位，尤其是夯土城垣在此段始建，表明此段也应是大师姑遗址二里头文化遗存的重要阶段。第四段发现的遗迹数量较少，地层堆积主要集中在遗址南部。第五段遗存仅在遗址个别地方发现有少量的遗迹单位，没有发现普遍堆积的地层”[①]。代之而起的是相对丰富的二里冈文化遗存。二里冈文化遗存共分三期，其中，一期、三期遗存丰富，尤其是一期还扩充了二里头文化时期的城壕，二期遗存相对较少[②]。城址内的二里头文化一、二、三、四、五段出土物特征分别与偃师二里头文化二期偏晚、三期偏早、三期偏晚、四期偏早和四期偏晚出土物特征相近[③]。二里冈文化一、二、三期出土物特征分别与二里冈下层C1H9偏早阶段、C1H17偏晚阶段和二里冈上层一期出土物特征相近[④]。属二里冈文化一期的H9、H13、H40分别打破城内二里头文化五段的H16、H20、H34[⑤]，H55分别打破城内二里头文化四段的H61、H66[⑥]，H59分别打破城内二里头文化三段的H71、H73[⑦]。可见，大师姑城内的二里冈文化替代二里头文化应该是一个渐进的过程，其上限可能会早到城内二里头文化三段或略早，下限则不会晚于城内二里头文化五段。

值得关注的是属于二里头文化三期G5内的堆积成分。G5位于城内中部略偏西南的T5内，口部呈不甚规则的长方形，已知长度为10、宽3.6～7.5、深约2.1米。开口于T5第2层下，其上分别被H36、H37、H38、H39、H42、G3、M6等单位打破，其下分别打破H75、H76、H88等单位。在打破G5的单位中，H36、H37、H42被发掘者归入城内二里头文化三段，H38、H39被发掘者归入城内二里头文化五段，G3、M6无遗物。在被G5打破的单位中，H75、H76被发掘者归入城内二里头文化二段，H88被发掘者归入城内二里头文化一段。G5自身被发掘者归入城内二里头文化三段。G5堆积分为4大层11小层，其中第1层分4小层，第2层分3小层，层内堆积成分中含大量草木灰和丰富陶片等遗物，陶片中有排水管道残片。第3层与第4层内堆积成分主要是坍塌的夯土墙体和夯土墙风化土为主[⑧]。堆积现象显示，城内建筑在不晚于城内二里头文化三段之时曾遭受到毁灭性破坏。尽管从地层关系中观察到的直接打破者是同一文化三段的H36、H37、H42等遗存，但从毁灭性的破坏程度推断，应该不会是创造同一性质考古学文化者所为。根据城内二里冈文化一期H59直接打破城内二里头文化三段H71、H73的地层关系，我们推测毁灭性破坏城内二里头文化的元凶当是以H59为代表的二里冈文化一期遗存。原因有二：一是同一文化的变革或修

---

① 郑州市考古研究所. 郑州大师姑·2002—2003［M］. 北京：科学出版社，2004：273.

② 郑州市考古研究所. 郑州大师姑·2002—2003［M］. 北京：科学出版社，2004：332～334.

③ 郑州市考古研究所. 郑州大师姑·2002—2003［M］. 北京：科学出版社，2004：273～274.

④ 郑州市考古研究所. 郑州大师姑·2002—2003［M］. 北京：科学出版社，2004：332～334.

⑤ 郑州市考古研究所. 郑州大师姑·2002—2003［M］. 北京：科学出版社，2004：293～312.

⑥ 郑州市考古研究所. 郑州大师姑·2002—2003［M］. 北京：科学出版社，2004：317.

⑦ 郑州市考古研究所. 郑州大师姑·2002—2003［M］. 北京：科学出版社，2004：323.

⑧ 郑州市考古研究所. 郑州大师姑·2002—2003［M］. 北京：科学出版社，2004：21～24.

补所形成的堆积不可能呈现出毁灭性的特征；二是从^{14}C测年结果看，城内二里头文化三段的年代在公元前1610～前1555年①，城内二里冈文化一期的年代在公元前1580～前1480年②，表明二里冈文化一期遗存的创造者在年代上存在着毁灭性破坏者的可能性。

尽管二里头文化某期属夏文化或是属商文化在学术界还尚存争议，但二里头文化三期与二里冈下层偏早阶段之间的文化面貌存在较大差异则应是不争的事实。近年有不少学者研究发现，在整个二里头文化分布的范围内，除偃师二里头夏代都城遗址外、其他的方国都城遗址或区域中心内，都在这一阶段出现了二里头文化的衰落和先商或早商文化的兴起现象，并认为造成这种兴废交替现象的直接原因是商汤的灭夏战争③。

而与上述情况相比，大师姑城址内的考古实际不仅显示了二里头文化的衰落和二里冈早期文化的兴起现象，更重要的是显示了此时的二里头文化遗存已经遭到了毁灭性的破坏。G5内坍塌的夯土墙体、陶排水管道残片及大量草木灰等堆积物表明，其所受到的破坏很难用同一性质考古学文化自身变迁的原因去诠释，而应该是和不同性质考古学文化的替代有关，亦即和商汤伐韦的战争有关。

因此，我们认为大师姑城址内的二里冈早期文化取代二里头晚期文化应是夏、商两种不同性质考古学文化之间的取代。

其次，大师姑城址内发现了二里冈文化早期城址替代二里头文化晚期城址的考古实证。根据发掘与调查的成果，大师姑城址周围不仅发现有城墙，而且城墙之外还发现有两条城壕。发现的城墙分别为南墙西段480、西墙北段80、北墙西段220米，其他地段暂未发现④。叠压城墙内侧的地层中出土陶器年代为大师姑城址二里头文化第一段，其始建年代当不晚于此。城墙顶部“由于缺乏直接打破城墙的遗迹单位，夯土城垣的废弃年代尚不清楚”⑤。

城壕位于城墙之外，北、东、南、西分别长980、620、770、300米。解剖资料显示，城壕分内外两条，内城壕的东壕为G2、南壕为G7；外城壕的东壕为G1、南壕为G6。其中，G2、G7分别被G1、G6所打破。G1出土少量敛口瓮、大口尊、缸等器物残片，G6出土少量深腹罐、甑、盆等器物残片，发掘者均将其归入为二里冈早商一期（因其与二里冈

① 方燕明. 河南龙山文化和二里头文化碳十四测年的若干问题讨论［J］. 中原文物，2005，（2）：31.

② 张雪莲. 郑州商城和偃师商城的碳十四年代分析［J］. 中原文物，2005，（1）：37.

③ 中国社会科学院考古研究所二里头工作队. 河南偃师二里头遗址中心区的考古新发现［J］. 考古，2005，（7）；高炜. 偃师商城与夏商文化分界［J］. 考古，1998，（10）；袁广阔. 试论夏商文化的分界［J］. 考古，1998，（10）；赵芝荃. 综论夏商分界的问题［G］// 河南省文物研究所. 华夏文明的形成与发展——河南省文物考古研究所建所五十周年庆祝会暨华夏文明的形成与发展学术研讨会论文集［M］. 郑州：大象出版社，2003：240～251；杜金鹏. “偃师商城界标说”解析［G］// 河南省文物研究所. 华夏文明的形成与发展——河南省文物考古研究所建所五十周年庆祝会暨华夏文明的形成与发展学术研讨会论文集［M］. 郑州：大象出版社，2003：252～264.

④ 郑州市考古研究所. 郑州大师姑·2002—2003［M］. 北京：科学出版社，2004：27.

⑤ 郑州市考古研究所. 郑州大师姑·2002—2003［M］. 北京：科学出版社，2004：337.

下层C1H9偏早阶段相当，我们暂称其为二里冈文化早期。下同）[①]。G2出土器物为二里头文化时期，G7内出土器物极少，发掘者将其归为二里头文化时期城壕[②]。城壕解剖的实际显示，二里冈文化早期环壕位于二里头文化城墙的外侧与二里头文化城壕之间，环壕的“外侧或打破二里头文化护城壕沟，或利用该壕沟的外侧壕壁，内侧则为新挖，并打破了叠压城墙外侧的二里头文化地层”[③]。表明二里冈文化早期环壕是在二里头文化城壕的基础上扩充而成的，而且并未对二里头文化时期的城墙造成任何破坏。从“缺乏直接打破城墙的遗迹单位”的考古实际来看，即使是到了二里冈文化早期，城墙也不曾遭受到破坏，显然修筑二里冈文化早期环壕的目的是在有计划地利用和保护城墙。至此，二里冈文化早期环壕已经不仅仅是孤立的二里冈文化早期环壕，事实上，二里冈文化早期环壕已经和原二里头文化时期的城墙及城内的二里冈文化早期遗存一起组成了新的城址，即二里冈文化早期城址。二里冈文化早期环壕的修筑与使用，既标志着二里头文化时期城址的终结，又标志着二里冈文化早期城址的新生[④]。

最后，根据前述地层叠压和遗迹打破关系可以看出，大师姑城址内的二里冈文化取代二里头文化的时间约在城内二里头文化三段前后，即相当于偃师二里头文化三期偏晚前后。^{14}C测年研究成果显示，偃师二里头文化三期的年代在公元前1610～前1555年，四期的年代在公元前1560～前1521年[⑤]，而二里冈下层偏早阶段（即先商期第Ⅱ组或二里冈下层C1H9阶段）的年代则在公元前1580～前1480年[⑥]。二里冈下层偏早阶段的年代与二里头文化四期的年代是基本相当或略早，二里冈下层偏早阶段的年代上限与二里头文化三期的年代下限已经有部分重叠。偃师二里头文化三期与二里冈下层偏早阶段之间在时间序列上已经不存在缺环。而这一时间段恰好与传统史学所持商灭夏在公元前1600年左右的观点基本吻合。

综上不难发现，大师姑城址既蕴涵着夏、商两种不同性质考古学文化之间的交替、又蕴涵着夏、商两种不同性质考古学文化之间重要城址遗迹的明显兴废等重要研究信息，且夏、商城址之间交替和兴废的年代又与^{14}C所测夏、商之间交替的年代基本相吻合。它的发现对当今夏、商分界问题研究所具有的重要学术价值就不言而喻。

二、关于在汤亳研究方面的价值

商汤都亳，史无异议。但在一亳或是多亳以及亳之地望等问题上的认识却是百花齐放，迄今的“偃师二里头西亳说”“偃师商城西亳说”“郑州商城亳都说”等主流观点仍

① 郑州市考古研究所. 郑州大师姑·2002—2003［M］. 北京：科学出版社，2004：332.

② 郑州市考古研究所. 郑州大师姑·2002—2003［M］. 北京：科学出版社，2004：27～28.

③ 郑州市考古研究所. 郑州大师姑·2002—2003［M］. 北京：科学出版社，2004：274.

④ 拙著. 郑州大师姑城址先商韦亳说［J］. 考古与文物，2007，（1）.

⑤ 方燕明. 河南龙山文化和二里头文化碳十四测年的若干问题讨论［J］. 中原文物，2005，（2）：31.

⑥ 张雪莲. 郑州商城和偃师商城的碳十四年代分析［J］. 中原文物，2005，（1）：37.

处在相互纠葛之中。“偃师二里头西亳说”和“偃师商城西亳说”的文献依据大致相同，区别在于前者是将二里头文化某期推断为商代文化，后者则是将二里头文化推断为夏代文化。前者由于是在同一考古学文化中区分夏、商文化而不为持异议者所赞赏；后者则是因其对偃师商城始建年代的推断遭受质疑而难以定鼎。“郑州商城亳都说”虽然在夏、商文化性质的区分上得到多数学者的赞同，但其所推断的郑州商城始建年代既得不到考古地层学的支持，又得不到测年成果的支持，同样难成落锤之论。显然，关于汤亳问题的研究目前仍然是在山穷水复之困境中徘徊。而大师姑城址的发现却有可能使这一问题柳暗花明。

大师姑城址西距偃师二里头城址约70千米，是商汤由东向西灭夏的必经之地，城址内二里冈文化早期城址取代二里头文化晚期城址时间又与商汤灭夏前后的时间基本相当。因而大师姑二里冈文化早期城址就与文献所载商汤灭夏前所居的亳产生了千丝万缕的联系。

《书·商书序》：“汤始居亳，从先王居。”“汤既黜夏命，复归于亳，作《汤诰》。”《史记·殷本记》：“汤归至于泰卷陶，中蘁作诰。既绌夏命，还亳，作《汤诰》。”《吕氏春秋·具备》：“汤尝约于郼薄矣，武王尝穷于毕、裎矣，伊尹尝居于庖厨矣，太公尝隐于钓鱼矣，贤非衰也，智非愚也，皆无其具也。”《慎势篇》：“汤其无郼，武其无岐。”《慎大览》：“汤立为天子，夏民大说，如得慈亲，朝不易位，农不去畴，商不变肆，亲郼如夏。”根据这些文献记载，商汤在灭夏之前确曾居住过亳和郼薄。

由于“泰卷”多被后世学者指定在山东定陶一带，大师姑城址应该与“汤始居亳”之亳无涉。

郼即韦。关于郼薄地望，学术界存有两说。一是依据《左传》襄公二十四年杜预注“豕韦，国名。东郡白马县东南有韦城”之记载，将韦之地望确定在今河南滑县①。二是将韦之地望确定在今河南郑州一带。其依据是豕韦属彭姓，“按《诗·郑风·清人·正义》：‘彭，卫之河上，郑之郊也’。今郑州在新郑百里之内，可称为‘郑之郊’”②。“《国语·郑语》言祝融之后有昆吾、大彭、豕韦等，豕韦氏是祝融氏八姓中彭姓之一。《左传》昭公十七年云：‘郑，祝融之墟也。’杜注：‘祝融，高辛氏之火正，居郑。”商汤在灭韦之后，居其地而袭其名。此举后世也曾屡见不鲜。而杜预所注的白马县东南韦城则是豕韦氏残部北迁之后所建③。

从前引“汤尝约于郼薄矣，武王尝穷于毕、裎矣，伊尹尝居于庖厨矣，太公尝隐于钓鱼矣”“汤其无郼，武其无岐”“汤立为天子，夏民大说……亲郼如夏”等文献中分析，商汤在灭夏之前曾居于郼亳应当无疑，虽然其在此地也曾受到过夏的制约，但其在此也酝酿着灭夏的大计，蓄积着灭夏的力量，而且其经营也受到了民众的拥戴。既然豕韦氏是祝

① 黄盛璋.《孙膑兵法·擒庞涓》篇释地［J］. 文物，1977，（2）：75.

② 邹衡. 夏文化分布区域内有关夏人传说的地望考［G］// 邹衡. 夏商周考古学论文集［M］. 北京：文物出版社，1980：247～250.

③ 王晖. 汤都偃师新考——兼说“景亳”、“邦薄”（郑亳）及“西亳”之别［G］//杜金鹏，王学荣. 偃师商城遗址研究［M］. 北京：科学出版社，2004：429.

融氏八姓中的彭姓之一，那么其封地在祝融之墟的郑地也当在情理之中。因此，我们赞赏郼亳郑地说。

在没有发现大师姑城址之前，曾有学者把郑州商城确定为商汤灭夏前所建的“郼薄”[①]，或商汤灭夏前的先商方国之亳[②]。两者皆以前述商汤灭夏后又返亳的文献记载为前提，再加上郑州商城的始建年代又被不少学者认定在南关外期或二里冈下层一期，故而其说并非没有合理性。不过，按一般正常逻辑而言，一座规模庞大的郑州商城当不会建于商汤灭夏之前。正如有学者在分析郑州商城不能早到灭夏之前的理由时曾指出：“实际上冷静思考一下，便不难理解。《孟子·滕文公（下）》载‘汤十一征’而灭夏，在戎马倥偬之际，在没有灭掉夏王朝，没有建立自己的稳定的政权的情况下，商汤怎么可能劳师动众，经年累月地建造一个规模达16平方千米的城池呢？即便不包括在建筑顺序上可能稍晚一些的外廓城，单就内城来说，也是不可能的。”“将考古实际和文献记载结合起来分析，我们只能说郑州商城（内城、外廓城）是汤灭夏复亳之后所建，而不能说是灭夏前始居之都。”[③]“这座规模宏伟的城墙和宫殿建筑，在商汤灭夏之前是不大可能建筑起来的，因为商汤建立商王朝的统治之前，正致力于灭夏的战争。频繁的战争，必须把他的部族的主要力量（包括人力、物力），集中到灭夏战争上来，如果一方面把部族的力量投入战争，另方面又把部族的力量投入到大规模地建设上，势必影响到灭夏战争的顺利进行，两者不可兼得。因此，商城的建造，只有在商汤灭夏之后才有可能进行。”[④]显然，文献所记载的商汤灭夏后所返之亳应该不是郑州商城。

尽管我们不赞赏郑州商城“郼薄”或先商方国之亳说的观点，但对其所考“郼薄”在郑州一带的结论却十分钦佩，因为大师姑二里冈文化早期城址的发现，印证了郑州一带有商汤韦亳的正确性。

考古实际显示，大师姑二里冈文化早期城址是在大师姑二里头文化晚期城址的基础上扩建而成的，从“缺乏直接打破城墙的遗迹单位”的考古实际看，二里冈文化早期城址应是在原封不动地利用二里头文化城墙的基础上，仅对二里头文化城壕进行了重新扩宽和加深。这些考古实际与有些学者所做的商汤灭夏之前在郑州所建的亳都只能是利用韦之旧城的分析完全是不谋而合的[⑤]。

如若从当时的地理和历史环境而言，大师姑二里冈文化早期城址也应是商汤灭夏之前最佳的战略经营场所。《诗·商颂·长发》云：“韦、顾既伐，昆吾、夏桀。”表明商汤

---

① 邹衡. 夏文化分布区域内有关夏人传说的地望考［G］// 邹衡：夏商周考古学论文集［M］. 北京：文物出版社，1980：247～250.

② 杜金鹏. “偃师商城界标说”解析［G］// 河南省文物研究所. 华夏文明的形成与发展——河南省文物考古研究所建所五十周年暨华夏文明的形成与发展学术研讨会论文集［M］. 郑州：大象出版社，2003：252.

③ 李伯谦. 对郑州商城的再认识［J］. 古都郑州，2005，（4）：24～33.

④ 陈旭. 郑州商代王都的兴与废［J］. 中原文物，1987，（2）：116～117.

⑤ 王晖. 汤都偃师新考——兼说“景亳”、“邦薄”（郑亳）及“西亳”之别［G］//杜金鹏，王学荣. 偃师商城遗址研究［M］. 北京：科学出版社，2004：435.

在灭韦后和灭夏前还面临着灭顾和昆吾的战争。有学者将顾确定在怀庆府的沁水附近、将昆吾确定在今天的新郑与新密之间[①]，那么，夏桀、顾、昆吾三者正好形成一个等腰三角形，夏桀位居角端，顾与昆吾为两底角，而大师姑城址则正好处在顾、昆吾之三角形底边的中部，呈箭在弦之势，前面可直接与夏对峙，左右又可征伐顾和昆吾。尤为重要的是，此时的大师姑城址不仅有了城池之固可凭，而且北有黄河、敖山之险可依，西有虎牢可拥，西南又有颍洛通道，守攻皆宜，环境十分优越。因此，在灭韦之后至灭夏之前，无论是从地理环境考虑，还是从征伐顾、昆吾及夏桀之需着想，大师姑城址都应该是商汤灭夏前最佳的亳都经营场所[②]。

大师姑二里冈文化早期城址为商汤灭夏前所建韦亳说的确立，既可证明“郑亳说”所考商汤灭夏前所居之亳在郑州一带的可信性，又为偃师商城商汤灭夏后所建西亳说找到了合理的考古实证，这对汤亳问题的最终冰释无疑是送上了温暖的春风。

三、关于对郑州商城性质研究的重要意义

郑州商城发现于20世纪50年代中期，因其在文化序列上早于殷墟商代晚期文化、晚于偃师二里头早商文化而被安金槐先生推断为仲丁隞都[③]。虽然当时就有个别学者曾提出过质疑[④]，但终因其与当时的考古实际比较相符，而成为当时学界的不二之论。1978年，有学者提出了郑州商城汤都亳说的新观点[⑤]，肇启了郑州商城是隞或是亳的学术大讨论。随着偃师商城、郑州小双桥商代遗址、济南大辛庄遗址等相关考古新资料的不断发现和研究，有关郑州商城是属隞或是属亳的争论却仍未能水落石出。尽管新的^{14}C测年成果基本排除了郑州商城大城作为商汤亳都的可能，而且有不少学者也认为规模庞大的郑州商城不可能在商汤灭夏前建成，但城内发现的部分洛达庙晚期遗存则被有些学者推定为商汤灭夏前所建亳之载体（下称“先商郑亳说”）[⑥]。显然，关于郑州商城的隞、亳之争也一时难以尘埃落定。而大师姑二里冈文化早期城址的发现则有可能会使郑州商城隞都说重现生机。

我们知道，现今郑州商城隞都说成立的重要前提之一就是要证明郑州商城本身及其前身均与汤亳无关。换言之，就是不仅要将“汤都亳说” 从郑州商城中剥离出去，而且也要将“先商郑亳说”从郑州商城的前身中剥离出去。而大师姑二里冈文化早期城址的考古实际就为其剥离提供了实证。

第一，大师姑二里冈文化早期城址取代二里头文化晚期城址的考古实际，证明郑州

① 邹衡．夏文化分布区域内有关夏人传说的地望考［G］// 邹衡．夏商周考古学论文集［M］．北京：文物出版社，1980：229～232.

② 李锋．郑州大师姑城址先商韦亳说［J］．考古与文物，2007，（1）.

③ 安金槐．试论郑州商代城址——隞都［J］．文物，1961，（4、5）.

④ 刘启益．“隞都”质疑［J］．文物，1961，（10）：39～40.

⑤ 邹衡．郑州商城即汤都亳说（摘要）［J］．文物，1978，（2）.

⑥ 李伯谦．对郑州商城的再认识［J］．古都郑州，2005，（4）.

商城始建年代的上限不会早到商汤灭夏之前。大师姑城内最早的二里冈文化属早商一期，年代约与二里冈下层C1H9时期相当；早商城壕内堆积物的年代最早也与二里冈下层C1H9时期相当，证明大师姑二里冈文化早期城址取代二里头文化晚期城址的年代下限不会晚于二里冈下层C1H9时期。而郑州商城的考古实际所显示的则是在其西墙下叠压有二里冈下层C1H9时期的一条小灰沟[①]。从地层学上证明郑州商城的始建年代不会早于二里冈下层C1H9时期。尽管学术界对二里冈下层C1H9所代表的考古学文化是属先商文化或是属早商文化存在不一致的看法，但这些考古实际完全可以证明郑州商城的始建年代上限不会早到商汤灭夏之前。因此，将郑州商城排除于先商汤亳之外不仅符合考古实际，同时也与当时历史实际相符。

第二，大师姑二里冈文化早期城址的发现对郑州商城内部分洛达庙晚期遗存“先商亳都说”也产生了冲击，为“先商亳都说”从郑州商城的前身中剥离出去提供了契机。近年，郑州商城内发现有部分洛达庙晚期重要遗存，如 W22夯土墙、C8T62、北大街夯土7、夯土9和夯土12以及97C8ⅡT166M6铜器墓等，其年代可能略早于二里冈下层C1H9时期。有学者将其确定为商汤灭夏前始居亳时所建的亳都遗存。理由是：“由郑州往西北大约22千米有一座夏人的城邑——大师姑二里头文化城址，很显然，这是商汤灭夏进军路线上最大的障碍。大约正是因为夏、商两军在此地曾有过较长时间的对峙，商汤才不得不筑城屯守，积聚力量，准备作最后灭夏的准备。大师姑城衰落于二里头文化四期，与偃师二里头遗址的衰落及偃师商城的兴建基本在同一时段。联系有关文献记载，看来这些不会说话的遗迹、遗物都成了夏、商更替这一中国上古史上重大历史事件活的见证：偃师二里头遗址为桀都斟-鄩；偃师商城为汤灭夏后在下洛之阳所建的‘宫邑’即西亳；郑州商城包括W22夯土墙等可能代表的宫城和内城、外廓城是灭夏前后商汤所建的亳都。”[②]这一诠释的合理性不言自明。不过，从考古实际和历史实际而言，我们也可以得出另外一种相对合理的结论，即大师姑二里冈文化早期城址是灭夏前商汤所建的韦亳。除了前述的理由之外，还有以下理由可以做支撑。①商汤率族西进灭夏至郑州一带时，其面临征伐韦、顾、昆吾三个夏代方国的艰巨任务，不可能将人力、物力用于筑城。且居其西北20千米左右的韦，以及新密一带的昆吾、黄河以北的顾也不可能坐视商族在其卧榻之侧从容筑城建都。②从“汤尝约于郼亳矣”和“汤立为天子，夏民大说……亲郼如夏”等记载中可知，商汤不仅在灭夏前确曾受制于韦亳，而且在灭夏前还曾经营过韦亳。显然，作为韦亳遗址不仅应该具有夏代晚期城址遗存，而且还应该具有先商和早商时期城址遗存。而在郑州商城内目前还尚缺乏相当于夏代晚期的城市建筑遗存，大师姑二里冈文化早期城址灭夏前商汤所建韦亳说的合理性愈以突出。商汤灭夏前所建韦亳从郑州商城的前身中剥离出去就为郑州商城隞都说的最终定鼎提供了坚实的基础。

当然，大师姑城址的考古工作才刚刚起步，相关资料还很不充裕，其所显示的学术价值也仅仅是个端倪而已。不过，随着资料的积累，我们相信其学术价值一定会异彩盛放。

---

① 河南省博物馆，郑州市博物馆．郑州商代城遗址发掘报告［J］．文物资料丛刊，1977，（1）．

② 李伯谦．对郑州商城的再认识［J］．古都郑州，2005，（4）．

补　　记

拙文草就至今，郑州地区又相继发现了望京楼和东赵两座夏商城址，两者与大师姑夏商城址一起在郑州地区自北向南组成了一个夏商城址群。它们西界偃师二里头和偃师商城，东界郑州商城（图1）①，既是商族由东向西灭夏的前沿，又是其灭夏后由西向东发展的坚强后盾，故在解决夏商分界与汤亳问题上的重要价值不言而喻，三者均被评为当年全国考古十大新发现。

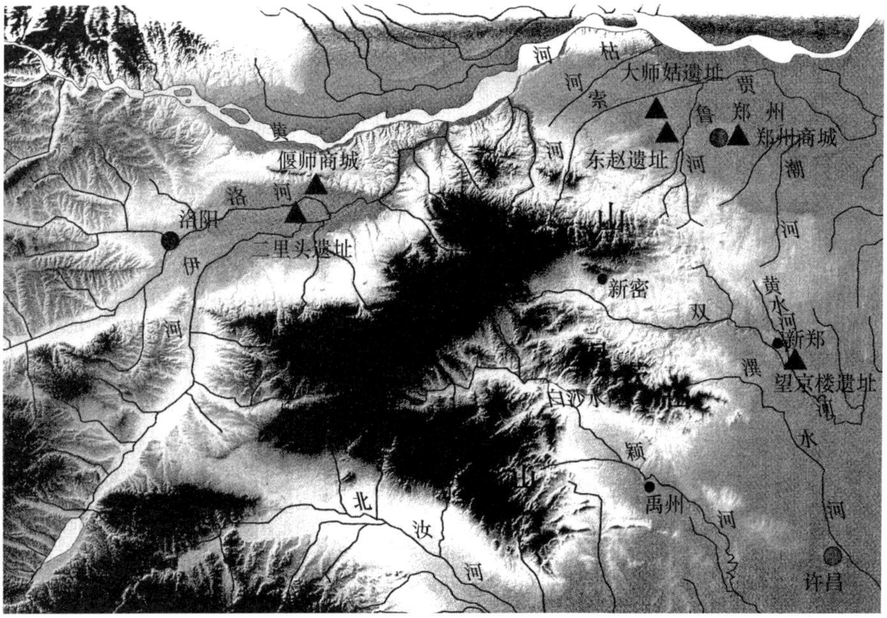

图1　二里头城址、偃师商城、大师姑城址、东赵城址、望京楼城址、郑州商城地理位置图

（采自《新郑望京楼——2010～2012年田野考古发掘报告·下》图版一）

一、望京楼城址

望京楼城址位于新郑市新村镇望京楼水库的东部，利用黄水河而建，北距郑州市区35千米，因遗址西南角的一处夯土台基称为望京楼而得名。

1996年6月，郑州市考古研究所进行考古发掘，确定其年代属夏商时期。2010年9月，

---

① 郑州市文物考古研究院. 新郑望京楼——2010～2012年田野考古发掘报告·下［M］. 北京：科学出版社，2016，图版一.

郑州市文物考古研究院对望京楼遗址进行了全面钻探及考古发掘，证明遗址堆积以二里头文化和商代文化遗存为主，同时还发现了二里头文化城墙及护城河、二里岗文化城墙及护城河、外廓城墙及护城河（图2）[①]。

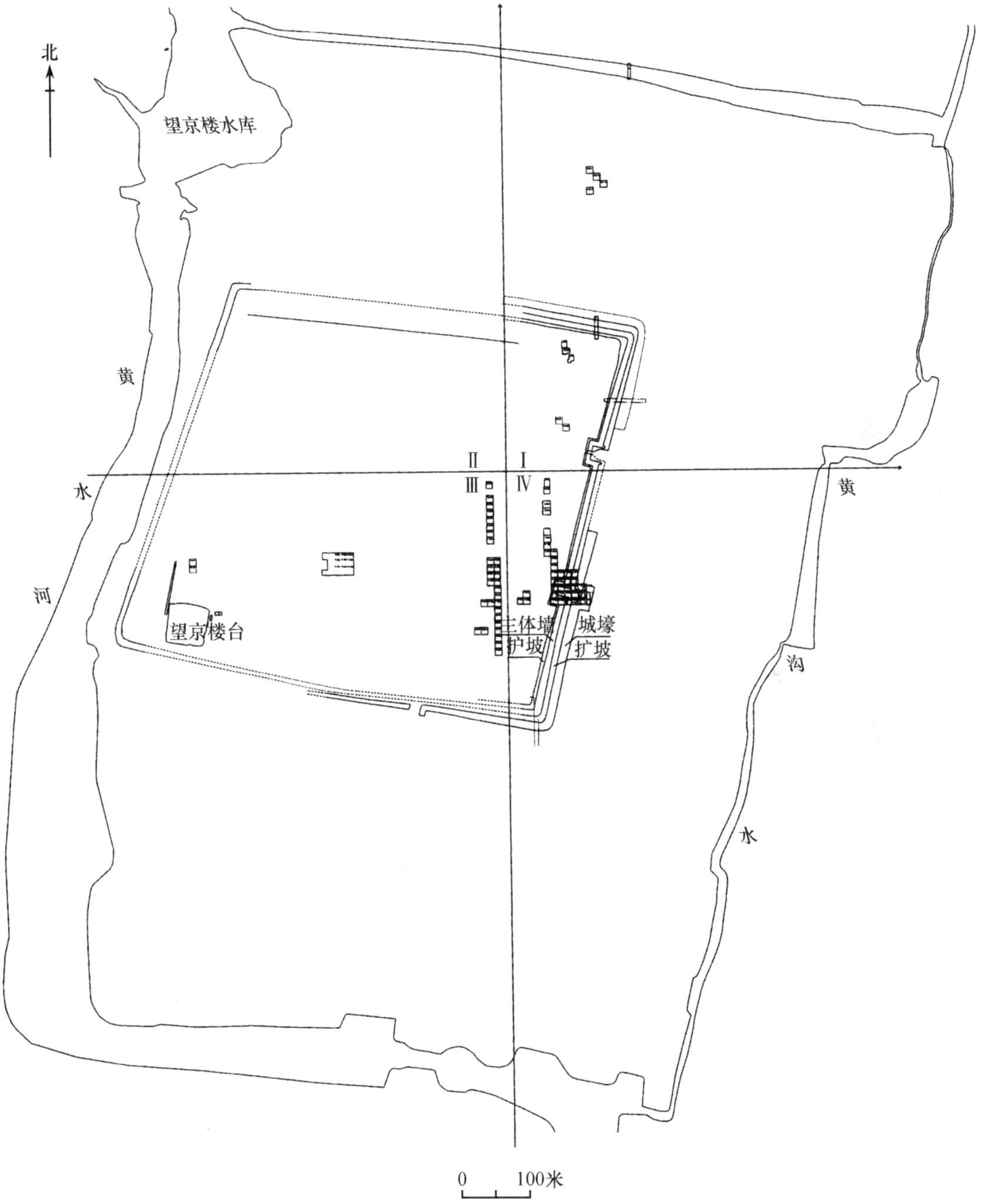

图2　望京楼城址布局图

（采自《新郑望京楼——2010～2012年田野考古发掘报告·上》14页）

① 郑州市文物考古研究院. 新郑望京楼——2010～2012年田野考古发掘报告·上［M］. 北京：科学出版社，2016：14.

二里头文化晚期城址由内、外城组成。外城未发现城墙，由一条人工壕沟和自然河流构成，平面呈不规则长方形，南北长约1510米，北壕沟长约1181米，南壕沟长约985.4米，面积约168万平方米。内城几乎被二里岗时期护城壕破坏殆尽，目前仅发现了东城墙和东南、东北拐角处城墙及外侧的护城壕，东城墙长625米，其外侧城壕长约645米；南城墙残长41米，外侧城壕残长约220米；北城墙残长32米，外侧城壕残长约180米（图3）[①]。

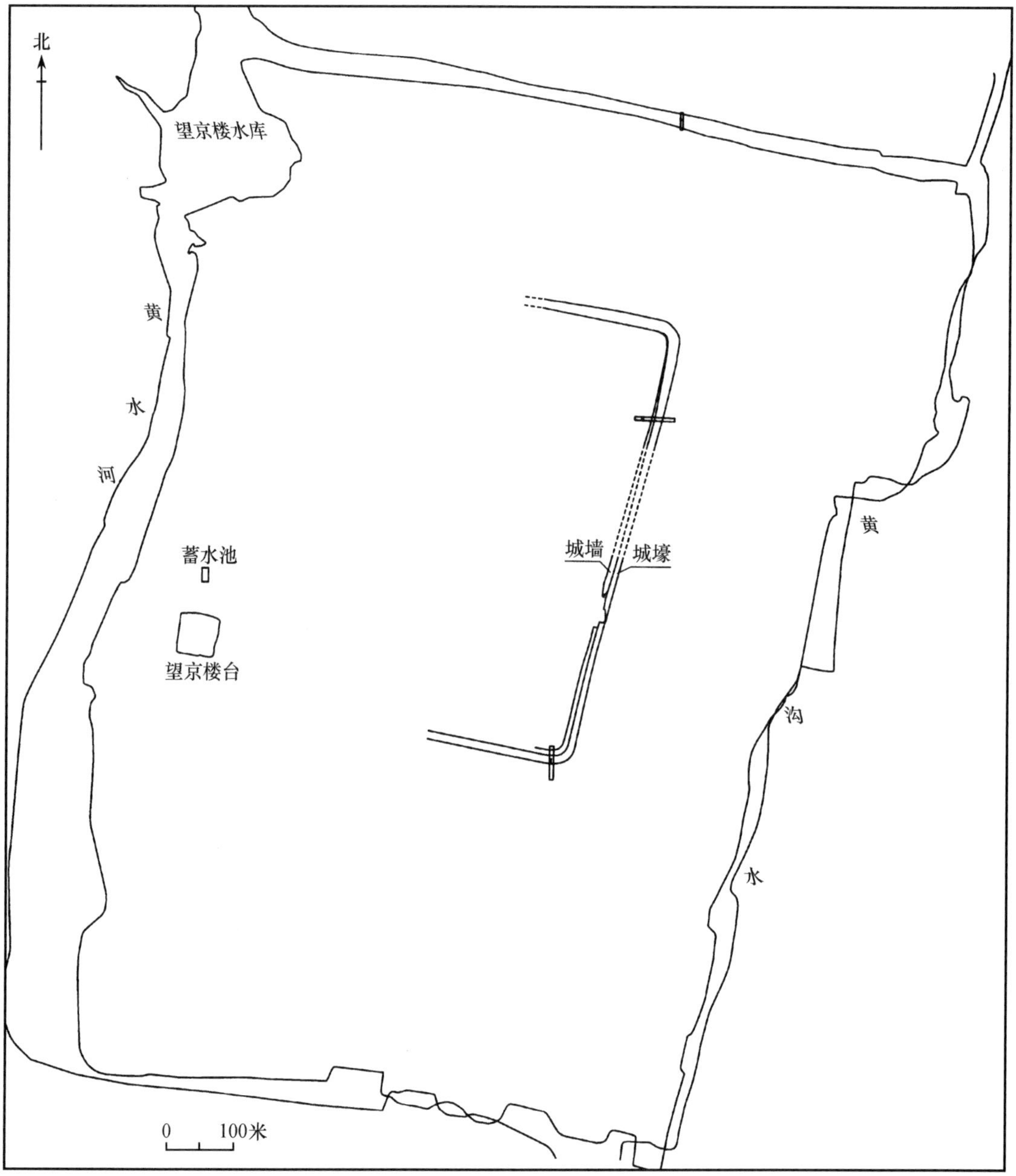

图3　望京楼二里头城址平面图

（采自《新郑望京楼——2010～2012年田野考古发掘报告 · 上》70页）

① 郑州市文物考古研究院. 新郑望京楼——2010～2012年田野考古发掘报告·上［M］. 北京：科学出版社，2016：70.

二里岗文化时期城址是在二里头文化城址之上建造的，也分内、外两城。内城东西长624米，南北宽590米，总面积37万平方米。在城墙护坡之外，分别发现了东护城壕和残存的南、北护城壕东段。其中，东护城壕全长约600米、北护城壕和南护城壕分别残存约187米和345米（图4）①。

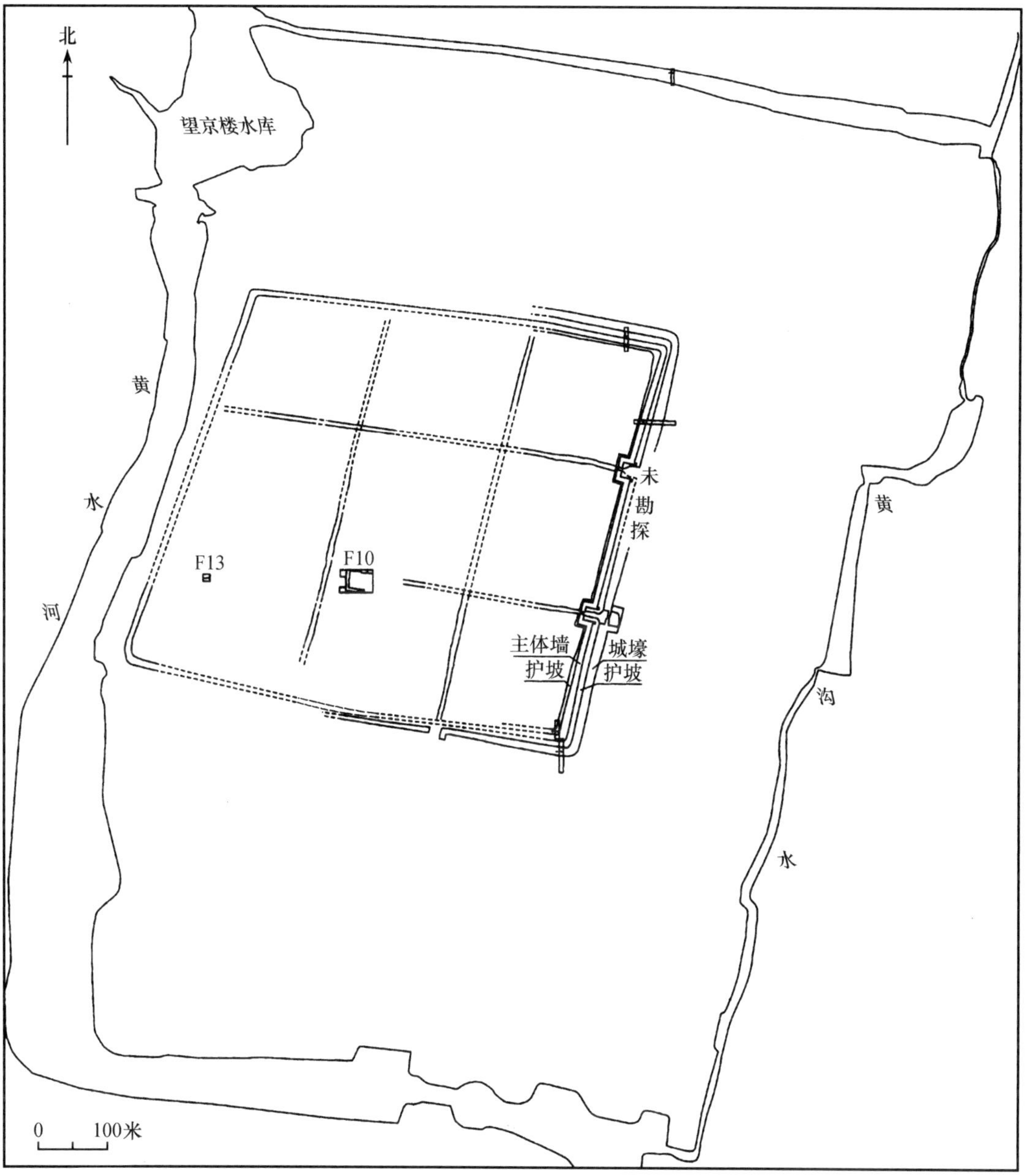

图4　望京楼二里岗城址平面图

（采自《新郑望京楼——2010～2012年田野考古发掘报告·上》386页）

① 郑州市文物考古研究院. 新郑望京楼——2010～2012年田野考古发掘报告·上［M］. 北京：科学出版社，2016：385～386.

根据解剖的情况看，南城墙靠近东南拐角的地方和东城墙的北段，相较于二里头城墙而言，二里岗内城则是向内缩小了一圈（图5）[①]。

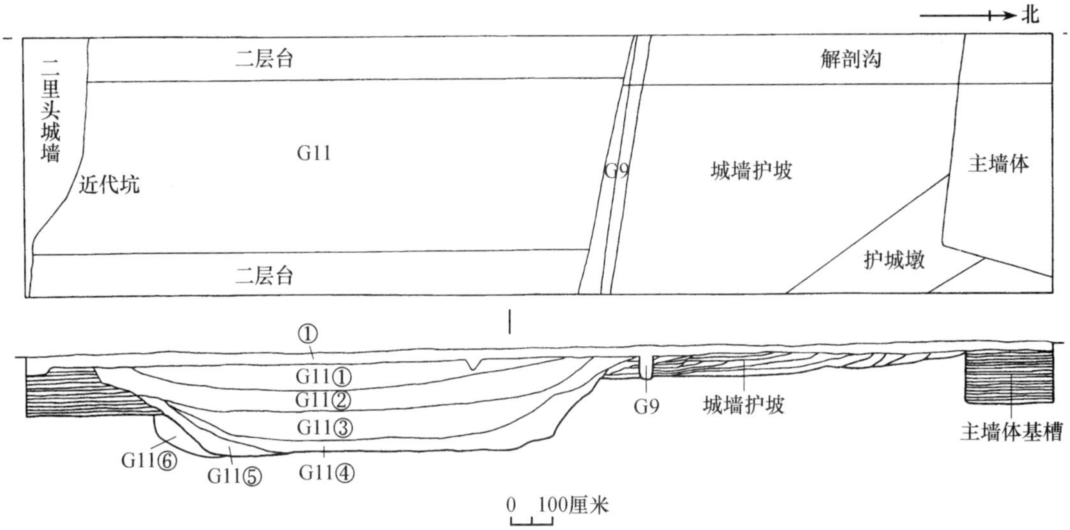

图5A　IVT1南城墙东南拐角处二里岗城墙与二里头城墙关系剖面图

（采自《新郑望京楼——2010～2012年田野考古发掘报告上》403页）

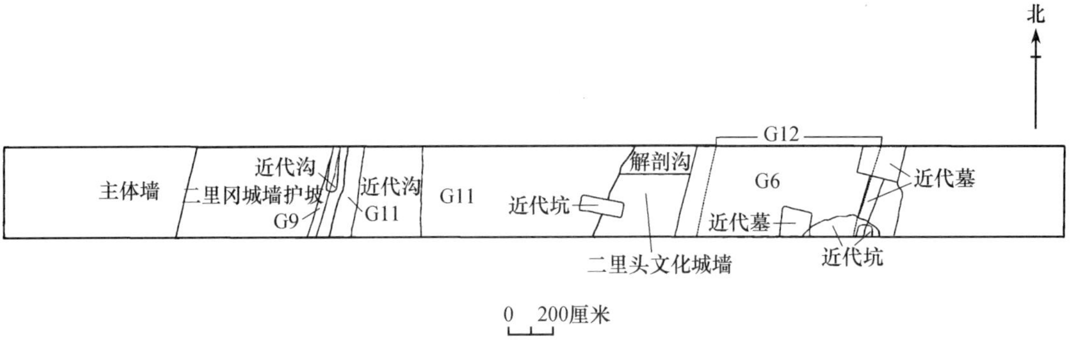

图5B　IT3东城墙北段二里岗城墙与二里头城墙关系平面图

（采自《新郑望京楼——2010～2012年田野考古发掘报告·上》35页）

东一城门附近则是二里岗文化城墙直接叠压二里头文化城墙，位于东一城门西南角的二里岗下层二期M8直接打破了二里岗文化城墙和二里头文化城墙（图6）[②]。

① 郑州市文物考古研究院. 新郑望京楼——2010～2012年田野考古发掘报告·上［M］. 北京：科学出版社，2016：385、403、35.

② 郑州市文物考古研究院. 新郑望京楼——2010～2012年田野考古发掘报告·上［M］. 北京：科学出版社，2016：414.

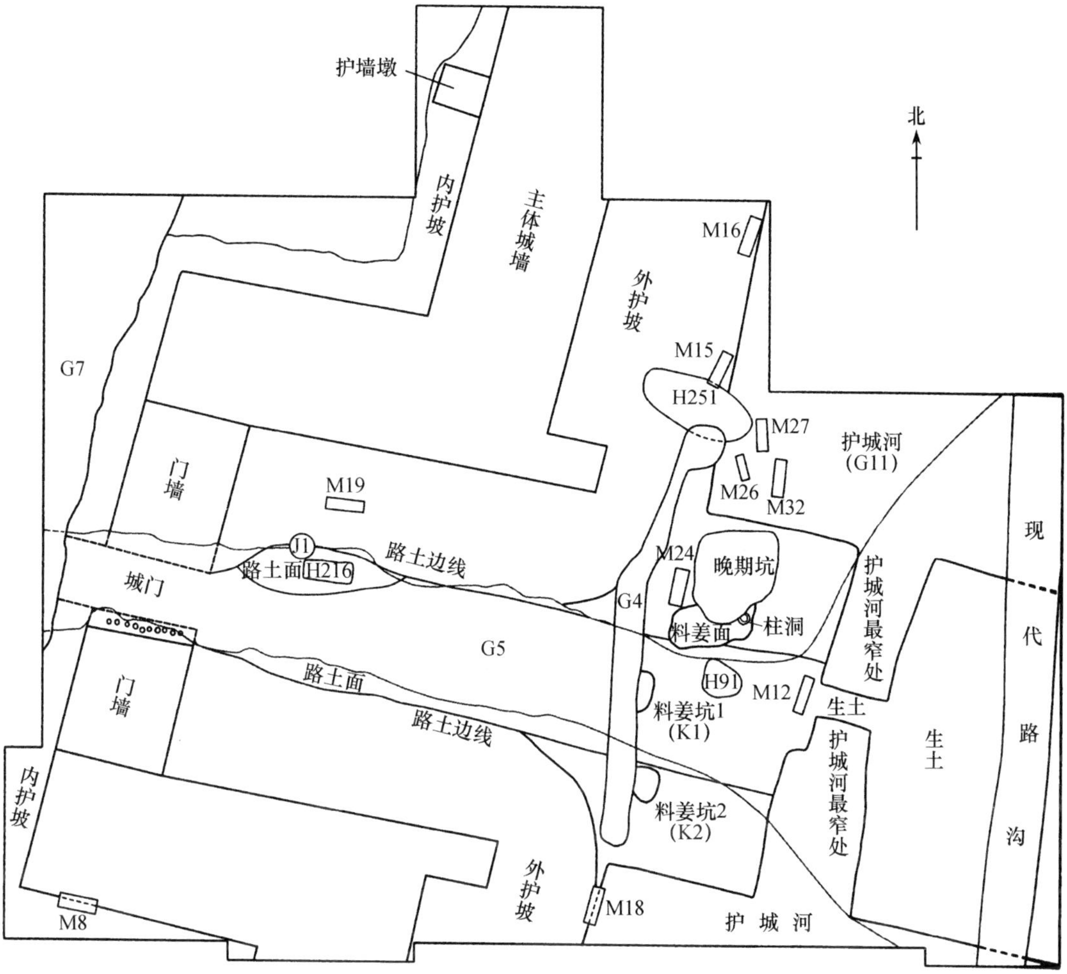

图6　望京楼二里岗下层二期M8位置图

（采自《新郑望京楼——2010～2012年田野考古发掘报告·上》414页）

由于缺乏城墙直接打破的遗迹单位，发掘者根据城内发现较厚的二里头文化三、四期地层，尤其是丰富的二里头文化四期遗存，间接推测望京楼二里头文化城址始建于二里头文化三期早段，兴盛于二里头文化四期[①]。

而有关二里岗文化城址的始建年代，发掘者根据二里岗下层二期M8直接打破二里岗文化城墙的事实，认为其始建年代不会晚于二里岗下层二期，加之内城发现的二里岗下层一期遗存极其少量，确定其始建年代为二里岗下层二期，与郑州商城基本同时[②]。

报告披露的二里岗下层一期遗存仅有灰坑7座、墓葬1座，其层位关系显示，没有一个

① 郑州市文物考古研究院. 新郑望京楼——2010～2012年田野考古发掘报告·中［M］. 北京：科学出版社，2016：717.

② 郑州市文物考古研究院. 新郑望京楼——2010～2012年田野考古发掘报告·中［M］. 北京：科学出版社，2016：719.

单位打破二里头文化三、四期遗迹[①]。

上述资料显示，望京楼遗址中的二里岗文化城址与郑州商城同时，与拙文中厘定的大师姑先商或早商城址明显晚了一个考古学文化期，其前的二里头文化三、四期城址遗存与大师姑城址中二里头文化三、四期城址遗存的年代、性质大体相当，应当为夏遗民之遗存。为拙文中所倡大师姑先商或早商城址夏商分界界标的确立又提供了重要证据。

二、东赵遗址

东赵遗址位于郑州市高新区沟赵乡东赵村南，东距郑州商城约 14千米，处于夏商文化分布核心区域。2011年至2014年北京大学考古文博学院与郑州市文物考古研究院联合对东赵遗址进行了考古发掘与勘探，发现了新砦期、二里头期及战国时期三座城址[②]。其中二里头时期城址的发现，对拙文的观点至为重要（图7）[③]。

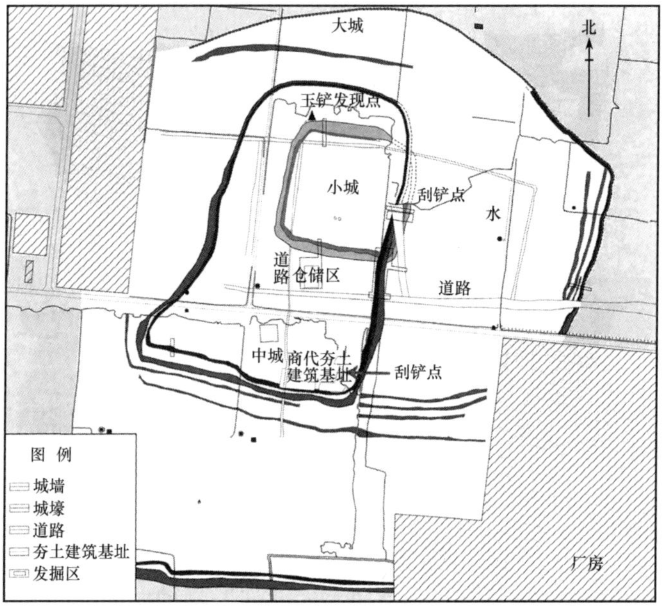

图7　东赵遗址平面图

（采自《沧海遗珠郑州东赵城发现记》，《大众考古》2015年第8期）[③]

二里头时期城址位于遗址中部，整体呈梯形，南城墙东西长256米，北城墙长 150 米，南北长 350 米，面积 7.2 万平方米。解剖情况显示，墙基被二里头四期的沟打破，东、南、北墙基基槽内包含的陶片年代均为二里头二期，城垣内外分布有大量二里头二期晚段、三期早段的遗存。尽管发掘者判定该城始建于二里头二期，兴盛于二里头二期晚三

① 郑州市文物考古研究院. 新郑望京楼——2010～2012年田野考古发掘报告·中［M］. 北京：科学出版社，2016：431～436.

② 顾万发，雷兴山，张家强. 夏商考古的又一重大收获［J］. 中国文物报，2015-4-17.

③ 张家强，郝红星. 沧海遗珠郑州东赵城发现记［J］. 大众考古，2015，（8）.

期早，废弃于二里头四期，但其详细披露的遗存如圆形地穴、出土卜骨的祭祀坑、城墙内儿童奠基遗存等重要遗迹的年代均属二里头二期，不见三期遗存，尤其是典型遗存，这就为三期衰落留下了广阔的空间。

不过，值得关注是在该城东南角发现商代大型回廊式建筑基址，东西长 75 米，南北长约 40 米，围成面积 3000 平方米。包含物时代为二里岗下层早段，其下叠压二里头晚期文化层，发掘者认为该建筑年代的上限为二里岗下层早段，下限为二里岗下层晚段。与望京楼二里岗下层二期城址始建的情况基本相同（图8）。

图8　东赵商代建筑基址剖面

（采自《夏商周考古的又一重大收获》，《中国文物报》2015年2月27日）

鉴上我们不难发现，偃师二里头文化二期晚段之时，西有大型宫殿基址的二里头遗址[①]，而郑州地区则是大师姑城址和东赵城址，后两者与前者的主次关系，尤其后两者的屏障作用淋漓尽致。

偃师二里头文化三期之时，偃师二里头大型宫殿基址重新建造，宫城、铸铜、绿松石作坊及完善路网等帝都特征恢宏[②]，而郑州地区则是东赵城址衰落，大师姑城址二里岗下

① 中国社会科学院考古研究所二里头工作队. 河南偃师二里头遗址中心区的考古新发现［J］. 考古，2005，（7）.

② 中国社会科学院考古研究所二里头工作队. 河南偃师二里头遗址中心区的考古新发现［J］. 考古，2005，（7）.

层一期先商城址代替二里头文化二期城址、望京楼二里头文化三期城址形成。

其后，随着郑州商城大城的拔地而起与繁荣，偃师二里头文化四期遗存、偃师商城、大师姑、东赵、望京楼等城址的配角角色昭然若揭。

显然，望京楼、东赵城址的发现，为拙文中的论点提供了重要学术支撑，也为夏商分界及汤亳问题的研究拓展了空间，期盼东赵遗址考古报告的早日付梓。

后　　记

本书是在博士论文基础上修改而成，回想这五年的学习过程感慨颇多。由于精力所限而没有充裕的时间去静心读书，论文的写作一直不尽如人意，曾萌生了放弃论文写作的想法。这一苗头被李民师发现后，曾多次召我于其家中多方鼓励、谆谆教导，最终使我有信心完成论文。浓浓师情铭记在心。师母任翠萍先生在生活上的关心无微不至，令人难忘。学生谨在此对两位恩师道谢了！

学习期间，杨天宇、袁祖亮、姜建设、安国楼、王献进、程明欣等先生的精心授课使我受益匪浅，历史学院领导、研究生教学秘书、资料室管理人员、办公室人员及校研究生部相关领导都为我研究生阶段的学习给予了支持和帮助，令我感激不尽。

本书的草成，首先得益于郑州大师姑城址的发掘资料，其次得益于书中所引学者的研究成果，再次得益于预答辩及答辩专家杨育彬、孙新民、袁广阔、张得水、李君靖、安国楼、王星光、陈朝云、罗家湘、岳红琴等先生的指导。谨此对发掘资料的提供者和文中涉及的学者及预答辩、答辩专家们表示诚挚的谢意。

书中排版、插图和校对由研究生肖露露、王富国协助完成，同事部向平也提供了不少帮助。谨在此一并致谢！

李　锋

2010年5月30日